행복한 우동가게

- 두 번째 이야기 -

행복한 우동가게
- 두 번째 이야기 -

| 초판 1쇄 인쇄일 | ｜ 2012년 2월 29일 |
| 초판 1쇄 발행일 | ｜ 2012년 3월 1일 |

지은이	｜ 강순희
펴낸이	｜ 정구형
출판이사	｜ 김성달
편집이사	｜ 박지연
책임편집	｜ 장정옥
본문편집	｜ 이하나 정유진
디자인	｜ 정문희 김현경
마케팅	｜ 정찬용
영업관리	｜ 김정훈 권준기 정용현
인쇄처	｜ 미래 프린팅
펴낸곳	｜ 북치는 마을

등록일 2006 11 02 제2007-12호
서울시 강동구 성내동 447-11 현영빌딩 2층
Tel 442-4623 Fax 442-4625
www.kookhak.co.kr
kookhak2001@hanmail.net

| ISBN | ｜ 978-89-93047-23-3 *03800 |
| 가격 | ｜ 12,000원 |

* 저자와의 협의하에 인지는 생략합니다.
  북치는 마을은 국학자료원, 새미 의 자회사입니다.
  잘못된 책은 구입하신 곳에서 교환하여 드립니다.

행복한 우동가게

- 두 번째 이야기 -

강순희

일러스트·김보나

북치는마을

• 우동가게 문을 열며 •

"언니는 가을이 되면 몸이 아무리 바빠도 글을 쓰지 않고는 못 배기더니 왜 요즈음에는 느티나무 밑에 앉아 있기만 해?"

농사철에 농사를 짓다가 농한기가 되어 돌아온 아줌마가 아주 맑은 목소리로 말을 했다.

"아니, 나는 지금은 막 살고 있지만, 뚜껑을 열어 글을 쓰려던 참이야. 꼭 한 권만 더 써봐야겠어."

속절없이 거짓말을 하고 말았다.

안 쓰고는 못 배기는 성미에, 나는 또 내 앞치마 안에 두런두런 이야기를 만들고 있는데, 그 이야기는 바로 나에게 글을 쓰라 은근히 투정하고 있는 아줌마들에 관한 이야기이다.

오랜 세월 식당을 하면서 함께 생활해온 사람들의 끈끈한 인심들, 그리고 나만 알고 있는 그대들의 삶의 애환들…… 눈만 뜨면 그것들을 들을 수밖에 없었다.

각자의 삶이 소중했으니까, 한 곳에 모여 살면서 그 사연을 본의 아니게 노출시킬 수밖에 없었다.

그 고귀하고 소중한 사람들의 이야기에 비하면, 나의 한 귀퉁이의 삶의 현장은 아주 작고 누추하기 이를 데 없었다. 이곳 일터로 몰려 와서 설거지를 하면서, 밥을 지으면서, 김치를 담그면서, 밀가루 반죽을 하면서 겨우 숨을 쉬어왔다. 나에게 가장 가까운 친구이며 동료로 이곳에 인연을 갖고 돌아온 사람들, 또 이 집에서 일을 하다가 밀가루 기계에 손을 다치고 눈물로 돌아간 사람들, 그들에게 나는 늘 언니였고 주인 여자였다.

처음에는 세상 물정도 모르고 이들과 정신적인 것 물질적인 것에 얽매여 실랑이를 하곤 했으나, 어느 순간 이들이 내 영혼에 가장 가깝고 고마운 사람들이라는 것을 깨달았다.

항상 세 명의 아줌마가 이곳에 있었다. 많은 이들이 이곳을 거쳐 갔다. 왔다 갔다 하면서 살 부딪친 아줌마들도 꽤나 많았다.

나와 인연이 닿아서 이 책 속으로 들어온 나의 친구들에게 미안하다.

이렇게 웅크리고 있는 이 속없는 주인 여자는 당신들의 이야기를 섣부르게 털어놓았지만 마음 한 구석에는 당신들의 따뜻한 체취를 그리워한다네. 그리고 진정으로 좋아했다네.

나를 용서하길 바라네. 글을 쓸 수밖에 없는 이 주인댁의 외로운 가슴을…….

차례

- 우동가게 문을 열며 ... 4
- 귀여운 여인의 외출 ... 8
- 시인의 공원, 기타 치는 아저씨 ... 36
- 아르바이트생의 새벽 ... 54
- 이상한 우동가게 ... 78
- 비닐 하우스 지붕 아래서, 계수나무 일기 ... 100

❀	작은 새가 사는 법	166
❀	방글라데시 여인의 하룻밤	200
❀	해바라기의 눈물	234
❀	나는 춤추고 싶다	266
❀	충주댐, 벚꽃들의 수다	316
•	우동가게 문을 닫으며	342

귀여운 여인의 외출

 귀여운 여인의 외출

　일자리를 구하다가 우연히 눈에 들어온 글귀가 있었다.
　가족처럼 따뜻하게 지내실 분을 구한다는 글이었다. 이름까지 행복한 우동가게인데다가 사랑이 들어 있는 가게 같아서 전화를 했더니 주인아줌마는 터프한 목소리로 광고가 나간 후 처음으로 온 전화이니 속히 오라는 말을 했다. 주인이 덧붙이는 말은 처음 전화 거는 사람과의 인연을 소중히 여긴다는 것이었다.
　어쩐지 전화 속에 들어 있는 주인아줌마의 목소리에 정감이 가서 부랴부랴 옷을 입었다. 빨간색 얇은 스웨터에 운동화를 신고 머리를 질끈 묶었다. 주방아줌마를 구하는 사람은 일할 수 있는 복장과 순해 보이는 인상을 좋아한다는 것을 알기 때문이다. 나는 늘 주인 쪽에서 나를 못마땅해 퇴짜를 놓을까봐 그집에 맞추어 세심하게 신경을 쓰는 편이라 인상 좋다는 이유로 합격을 잘한다.

어둠이 내리는 연수동 거리를 빨간 프라이드를 몰고 행복한 우동가게를 찾았다.
내가 찾은 집은 겉에서 보기엔 아주 허름한 비닐하우스 포장마차다.
이런 집에서 과연 주방아줌마가 필요할까. 요즈음 같은 불경기에 장사가 될까 고개를 살래살래 흔들어 본다. 잘못 엮였다가는 뼈빠지게 일해 주고 봉급을 받기 힘들다는 것을 안다. 포장마차 앞에서 한참을 망설였다. 주인아줌마가 일을 하다가 혹 병이 나서 사람을 구하는 것이 아닐까. 고물상처럼 느껴지는 이 집은 간판 역시 이상하다.

돈지갑을 도둑맞았다. 필요한 사람이 가져갔겠지.
마누라를 도적맞았다. 필요한 사람이 가져갔겠지.

누런 백로지에 친필로 쓴 글씨, 이천 년 칠월이라 적혀 있는 것으로 보면 꽤나 오래된 집 같기도 하다. 간판에 또 이런 글도 적혀 있다.

각기우동집에 회를 놓고 가면 안 된다.
회를 놓고 간 후 아줌마가 덥석 먹어버렸다.

희한한 글이 간판에 붙어 있어서 넋을 잃고 읽어 보았다.

양심자전거 출발!

우동집에 들어서면 아줌마 기분을 본다.
아줌마 기분에 따라 우동면도 많이 주고 잘 삶아 준다.
음악도 틀어 주며 커피도 타준다.
그날 기분이 좋지 않으면
고춧가루 많이 넣는다고 윽박지르고
국물 많이 남긴다고 야단을 친다.
커피는 커녕 물은 셀프라 큰소리친다.
서운해도 시인의 집이려니 하고 나간다.

웃음이 나와서 깔깔 웃기 시작했다. 겨울에 월세방에서 난방비가 없어서 덜덜 떨며 간신히 입에 풀칠을 해오던 터라 내 몸이 아주 작아졌다는 것을 안다.

오늘 만약 취직을 하면 당장 먹고 사는데 도움을 얻게 될 것이다.

진작 일을 나오려 했지만 이래도 한세상 저래도 한세상, 마흔 일곱이 되도록 되는 일이 하나도 없어서 좌절과 절망의 끝에서 그냥 삶의 끈을 놓아버리고 싶어서 찬방에서 숨만 쉬어 왔다. 이런 나를 대책없는 실업자라 욕할지 모른다. 아니 공원을 떠도는 노숙자의 근성이 숨어있다 할지 모른다.

쌀이 바닥이 나버려서 이제 굶어 죽게 되어서 일자리를 구한다. 그래서 나는 광고지에 큰 글씨로 급구함을 찾아나서야 당연하지만 한겨울 추위에 배고픔에 쫓아버린 나를 그런 곳에서는 채용하지 않을지 모른다는 생각이 들었다. 따뜻하게 일할 사람을 구하는 것이 아니라 가족처럼 따뜻하게 지내실 분을 구한다는 글이 마음에 들어서 이 집 앞에 왔지만 간판에 쓰여 있는 글을 보면 주인아줌마가 해괴한 사람처럼 느껴진다.

한쪽에서 글을 보며 히죽히죽 웃어보다가 그냥 돌아갈까 하는데 양키시장에서나 굴러다닐 듯한 독일 군복 같은 잠바를 입고 머리가 히끗히끗한 남자가 기타를 메고 비닐문을 살짝 밀며 들어갔다.

그 남자는 흥얼흥얼 노래를 불렀다. 작은 새를 어울리지 않게 부르는 노랫소리에 이끌리어 나도 모르게 따라 들어갔다.

안에는 너절하게 낙서장이 붙어있다. 예상대로 미칠한 집이다. 검은 시멘트 위에 하얗거나 파란 플라스틱 의자가 비틀비틀 술 취한 사람이 길을 걸어가는 모습을 하고 늘어져 있다. 플라스틱 의자는 빨간색과 파란색으로 여기저기 흠집이 나있다. 겨울에 쓰다 남은 연탄이 봄바람을 거부한 채 우두커니 서 있다. 녹이 슨 연탄난로며 집게가 늘어져 있다. 여기저기 봄 냄새가 풍기는데 이 집안에는 아직 겨울 그림자가 웅크리고 앉아 연탄불을 지피는 느낌이다. 비닐 안에 이 풍경이 다인 줄 알았는데 기타를 멘 아저씨는 낡은 샷시 문을 밀며 안으로 들어갔다. 따라 들어가니 안에는 여기저기 검은 글씨가 하얀 종이에 빼곡히 적혀있다. 잠시 혼란스러웠다. 가운데 벽 사이로 빨래를 널어놓은 듯한 모습으로 글이 적힌 종이들이 천장으로부터 줄을 이어 늘어져 있다.

아찔할 정도로 정신없는 이 집안에서 군데군데 사람들이 앉아 음식을 먹고 있었다. 주방과 가게 사이에 커튼처럼 늘어져 있는 글 종이 사이로 앞치마에 손을 닦으며 주인 여자가 다가왔다.

"안녕하세요. 구인 광고 보고 온 아줌마지요?"

엉거주춤 서 있는데 주인아줌마는 이 집에 어울리지 않게 들꽃이 그려져 있는 도자기 잔에 녹차 두 잔을 타서 나와 마주 보고 앉았다.
"아줌마! 몇 살이에요?"
두 살 정도 접어서 이야기해야 내가 취직하는데 도움이 될 듯싶었다.
"마흔 다섯이에요."
주인아줌마는 얼굴에 함박꽃같은 웃음을 띠며 놀랐다.
"어머나, 나이가 들어 보이지 않아요. 삼십대 후반 정도로 보여요."
그 말에 얼어붙은 듯한 긴장감이 사르르 녹는 느낌이 들어서 가만히 웃어보았다.
"아휴, 눈웃음까지 치고 얼굴이 환해서 인상이 참 선해 보여요."
주인아줌마의 다정스런 말이 한겨울 찬방의 찬기를 모두 지워버렸다. 그동안 내 몸 안에 찬 서리가 꽁꽁 얼어 있는 듯했다.
"밤을 새워 일을 해야 하는데 혹 혼자 사는 것은 아니지요."
주인아줌마의 진지한 눈망울을 보며 퉁명하게 대꾸했다.
"왜 그런 말을 하세요. 아들 둘에 딸이 둘이에요. 그런데 그 질문이 왜 필요한 거죠?"
"미안해요. 요즈음은 하도 이혼을 많이 해서요. 이혼한 여자들은 이곳에서 남자들에게 시달리게 돼서 힘이 들어요. 만약 일하다 바람이 났다 하면은 일을 계속 할 수 없어서 물어보는 거에요."
어이가 없는 말이었다. 일을 하려고 온 아줌마의 개인 생활을 이렇게 적나라하게 파헤치는 이 주인 여자의 인격이 참으로 믿어지지 않았다.
우동향이 홍건하게 배어 있는 가게 안에서 기타를 메고 함께 들어온 아저씨는 기타 줄을 맞추며 나를 힐끗힐끗 쳐다보았다.

"앵두나무네. 선홍색 부드럽게 익어가는 앵두 같아. 이제부터 앵두라 해요. 그대 이름은 앵두 앵두 앵두…….."

기타에 곡을 맞추어 축하연처럼 나를 보며 노래를 불렀다.

점점 이상해지는 분위기였다.

"아! 아줌마 오해하지 말아요. 이 분은 이 집에 드나드는 시인아저씨에요. 기타 치는 시인아저씨 말이에요. 이 집에 처음으로 오신 아줌마가 마음에 들면 저렇게 애칭을 지어 준답니다."

그날부터 나는 '앵두'라 이 집에서 부르게 되었다. 사람들은 앵두 아줌마인 나를 늘 쳐다봤다.

기타 치는 시인아저씨는 그날 밤 내가 입고 온 빨간 스웨터와 내 얼굴이 너무 잘 어울려서 앵두라는 느낌이 와서 애칭을 붙여 주었다는 것이다.

주인아줌마의 두 얼굴을 보기 시작한 것은 내가 온 후 한 달 정도가 지나서였다.

늘 웃어주며 마음에 들어 하는 표정을 지어 주던 아줌마가 날이 갈수록 나를 마음에 들어 하지 않는 표정을 짓는 듯했다.

주인아줌마가 무슨 생각을 하는지 모르는 나는 이 집이 정말 따뜻하게 느껴져서 정이 들기 시작했다. 어느 날, 딱딱한 당근을 나무 도마 위에서 열심히 썰고 있었는데

"어머나! 왼손잡이네요."

많이 놀라 하는 주인아줌마 말에 슬쩍 대꾸했다.

"이제 알았어요? 한 달이 지났는데 어떻게 이제 알아요."

주인 여자는 나를 빤히 쳐다보았다.

"몰랐어요. 말하지 않았네요."

"왼손을 쓴다는 이야기까지 보고 해야 하나요. 왼손으로 못한 것이 무엇 있어요. 아들 낳고 딸 낳고 할 것은 다 하고 살았구먼."

언니는 약간 의아해 하는 표정을 지으며 골방으로 가서 앉아 내 손놀림을 찬찬히 쳐다봤다. 단 한 번도 주인 여자가 저 골방에서 내가 일하는 모습을 본다는 생각을 못했던 나는 갑자기 주인 여자가 나를 감시한다는 불쾌감이 밀려왔다.

한 달 월급을 받아서 그동안 밀린 전기세, 물세, 핸드폰세를 냈고 마트에 가서 그동안에 못 샀던 생리대, 샴푸, 린스, 비누까지 샀다. 그동안 먹고 싶었던 생굴과 갈치 한 마리, 양념이 된 수입 갈비 5인분을 사서 돈 못 벌어 온 남편과 덩치가 산만큼 큰 의붓아들과 함께 먹고 나니 또다시 나는 빈털터리가 됐다. 이제 직장도 잡았겠다 사람답게 살아보려면 월급을 탈 때까지 먹고 살 돈을 가불해야겠다는 생각을 했다.

빨간 승용차를 끌고 다니는 나를 보고 기타아저씨는 부르조아가 막노동하는 이곳에서 어떻게 오래 일을 할 수 있겠냐며 우스개 소리로 말했지만 내 마음에 와 닿지 않았다.

한때 나는 이런 포장마차보다 어마어마하게 큰 규모의 기사식당을 운영했던 사장이었으니까.

이 작은 공간, 지극히 소박한 이 가게 안에서 노래를 부르는 기타아저씨나 밤낮으로 잠을 자지 못하며 우동을 끓여대며 사람에게 시달리는 주인 아줌마가 손톱만큼도 부럽지 않다.

일의 규모를 모르는 채, 너저분하게 늘어놓고 십 년을 가깝게 해온 일을, 덜그럭덜그럭 소리만 잘 낼 뿐 김밥 옆구리 터지게 싸는 주인아줌마에게 배울 일은 없다는 생각이 들어서 주인아줌마가 일머리를 가르쳐주면 자연스럽게 나는 거부를 한다. 겉으로는 말대꾸한다는 말을 들을까봐 속으로 '웃기고 있네, 아줌마나 잘하세요. 이렇게 일을 하는 것이 아니랍니다. 지금 당신이 하는 방식은 완전히 시골 방식이지요.' 계속 거부반응을 하며 귀담아 듣지 않는다.

나보다 칼질을 훨씬 못하는 주인아줌마가 왼손으로 칼질한다는 트집을 잡으니 분이 날 수밖에 없다. 하지만 마음으로 '주인아줌마나 잘하세요.' 야무지게 거부하는 말을 하면서도 당장 내가 아쉬우니 부탁을 할 수밖에 없었다.

"차 한 잔 함께 마셔요."

녹차 두 잔을 타서 골을 내고 있는 듯한 주인아줌마 옆에 앉았다.

"저기요. 입에 풀칠하고 살자니 어쩔 수가 없어요. 언니! 제가 한 달 생활비가 없거든요. 가불 좀 해주세요."

입에서 나오는 말치고는 쉽지 않았지만 억지로 당당하게 주인아줌마를 똑바로 쳐다보면서 말을 했다.

주인아줌마는 기다리고 있었다는 듯이 실로 짠 가방을 열어 노리끼리한 봉투에서 만 원권 지폐를 꺼내어 세기 시작했다.

"여기 백만 원이에요."

주인아줌마는 이미 나의 가불을 기다리고 있지 않았을까. 거절할지 모른다는 생각이 들었는데 이렇게 빨리 응답을 해주니 가슴이 뭉클해졌다.

"언니! 어떻게 일도 안했는데 가불을 선뜻해 주세요?"

주인아줌마는 왼손으로 칼질한다는 가시 돋친 말하고는 달리 조용하게 말했다.

"가불을 해달라 하면 해주려고 준비하고 있었어요."

아니 모든 면이 제대로 반듯하게 준비되지 않은 삶을 산 듯한 이 엉성한 주인아줌마가 어떻게 나의 가불을 예감하고 있었을까.

순간적으로 얼굴이 달아오르며 자존심이 상했다. 앙큼하게 나를 얕보았다는 거야. 가불을 기다리는 주인이 세상에 어디에 있어. 만약 내가 내일이라도 출근하지 않으면 이 돈을 송두리째 떼어 버린 것이다. 왜냐하면 주인 언니는 내 전화번호나 주민등록 번호, 이름까지 모른다. 내가 대구에서 왔다는 것과 기타아저씨가 지어준 앵두나무로만 알고 있다.

"언니! 나 여기 오기 전에 지난 겨울 찬방에서 불을 때지 못하고 살았어요. 여기 와서 요즈음에 우동, 쫄면, 잔치국수, 메밀국수 많이 먹을 수 있어서 참 좋아요. 언니가 나를 별로 안 좋아한다는 것을 알지만 나는 이 집에서 돈을 가불했고 국수를 먹어야 하기에 그만둘 수 없어요. 그러니까 오늘 가불한 돈 떼어먹지 않을 것이니 안심하세요."

주인아줌마는 눈을 크게 뜨며 호기심에 가득한 표정으로

"요즈음 같은 세상에 어떻게 불을 지피지 못하고 겨울을 났어요. 세상에 그럴 수가……."

애처롭게 쳐다보는 주인아줌마의 관심 앞에 나는 내 속내를 끄집어 내고 말았다. 말을 꺼내지 않고는 못 배기는 이상한 우동집에 내 치부를 들추고 말았다. 주인아줌마는 검은 눈동자를 깜박이며 아주 진지하게 내 이야기에 귀 기울였다.

언니! 사실 나는요, 아이가 둘 딸린 남자랑 결혼을 했어요. 내가 무슨 유부남과 불륜을 해서가 아니라. 처녀시절에 배운 것 없고 가진 것 없어서 먹고살기 위해 기사식당에 접대부로 취직을 하게 되었지요. 공장을 다니다 공장장이랑 싸움이 붙어서 그냥 때려치우고 마땅히 할 일이 없어서 홀어머니와 먹고 살려고 집과 가까운 곳에 취직을 한 것이지요. 그때 내 나이가 스물 셋이라서 그곳에서 갓 핀 봉선화 같다는 말을 들었어요. 이곳에서는 별로 매력 없는 잔챙이 과일인 앵두라 부르지만 그곳에서는 물봉선화라 사람들이 부르며 엄청 인기가 있었지요.

그 집의 장사가 얼마나 잘 되었는지 주인남자가 밤새워 다린 육수국물에 오징어, 낙지, 주꾸미, 돼지고기, 소고기에 국물만 넣고 버섯과 파, 마늘을 넣어 끓이면 입에 착 달라붙는 맛을 냈어요. 찌개집으로 기사아저씨들이 입소문을 내서 문을 닫을 수 없을 만큼 손님들이 줄을 섰어요. 그런데 그 집의 안주인이 내가 오기 전에 돈을 많이 만지다가 춤바람이 나서 도망을 가버렸대요. 주인 남자는 아이 둘을 데리고 밤을 새워 국물을 끓이며 식당을 운영한 거에요.

그 집 아들이 다섯 살이었고 딸은 일곱 살이었어요. 아들이 나를 이모라 부르며 졸졸 따르기 시작하여 처음에는 이 아이들이 안됐다는 생각에 잘해주다가 정이 들었지요.

밤이면 주인 남자는 돈을 셀 힘을 잃어서 나에게 도움을 청해서 라면 박스에 담은 돈을 세곤 했어요. 주인남자의 돈을 세어준 후 집에 퇴근하면 매일 해소 기침을 하는 홀어머니와 마음대로 군불을 지피지 못하여 웃풍이 센 찬방에서 추위에 떨면서 잠을 자는 내 모습이 너무 초라하더라고요.

그래서 꿈을 꾸기 시작했어요. 이 지긋지긋한 가난과 이별하는 연습을 하기 시작한 것이지요. 어떻게 하면 주인남자의 눈 안으로, 아니 가슴 안으로 내가 들어갈 수 있을까. 그러면 귀여운 아이들과 부귀영화를 누릴 수 있을 거라는 생각이 든 거에요.

겉으로는 약해 보이지만 안으로 뜨거운 피가 끓고 있는 내 청춘의 화살을 뽑아 그 주인 남자를 향해 당겼지요.

매일 남자를 향해 웃었어요. 긴 머리를 풀었다가 묶어다가 출근 전에 거울을 한참 보고 출근해서도 화장실을 들락거리며 거울을 봤지요.

아이들에게는 지극 정성으로 대했지요. 아이들이 좋아하는 음식을 만들어 주고 월급을 타면 여자 아이에겐 예쁜 원피스를 사주고, 남자 아이에게는 청으로 된 멜빵바지를 사 주었지요. 그리고 주인 남자의 신발을 시간나는 대로 깨끗하게 닦아 가지런히 놓곤 했지요.

주인남자의 돈을 세어 주다가 주인남자가 전화를 받으러 가게 안으로 가면 슬며시 파란 지폐 몇 장을 내 브라자 속에 구겨넣은 것 빼고는 절대로 주인남자의 눈을 속이는 일을 하지 않았어요. 나는 천성적으로 약간의 거짓말과 수다를 적당히 떨어야 직성이 풀리는 아가씨였는데 주인 남자 앞에 잘 보여야 해서 입을 꼭 다물고 정말 물봉선화처럼 꽃잎 위에 아침 이슬을 떨구는 시늉을 할 수밖에 없었다고요.

날이 갈수록 아주 자연스럽게 그집의 안주인 행세를 하게 되었지요. 딸 아이가 유치원에 다녔는데 부모가 가야 할 자리에 이모라는 이름을 가지고 내가 대신 가게 되었지요. 아이들이 쇼핑을 할 때 아주 자연스럽게 내가 데리고 다녔어요. 그러다가 외식을 할 때도 함께 가서 좀처럼 마음의 문을 열지 않았던 주인 남자와 삼복더위에 목선과 젖가슴이 드러나 보이는 옷을 입고 레스토랑에 가게 된 거에요. 남자 앞에서 가슴이 보이도록 열심히 고개를 숙여 돈가스를 잘라서 아이들 입에 넣어주었지요. 그리고 와인 한 잔 두 잔을 마시며 스무 살 적에 사귀던 남자친구와의 철없는 불장난을 더듬으며 남자를 유혹했어요. 사랑이었는지 아니면 극본이었는지 모르게 빠르게 진행된 관계가 되었지요. 안주인으로 자리를 잡은 나를 보며 사람들은 아깝다는 말을 종종했고 남편에게는 미성년자 같은 처녀를 탐한 나쁜 놈이라는 소문이 나기 시작했어요.

남편은 이런 소문을 잘 견디는 사람이 아니라 소심해서 자꾸 술을 먹기 시작하더라고요. 가게 안의 주방아줌마부터 설거지하는 아줌마들이 나에게 눈총을 주면서 안주인 대우를 하지 않더라고요.

내가 돈 있는 집에서 돈을 쓰고 사는 모습이 역겨워서 그런지 아니면 질투가 나서 그런지 모를 일이었어요. 밤이면 남편을 꼬드기기 시작했어요. 나는 이제 이 가게에서 일을 할 수 없으니 아파트로 이사를 가자는 거였어요. 아이들에게 신경을 써야 한다는 이유로 날마다 보채기 시작했지요. 남편은 눈에 넣어도 안 아플 정도로 나를 사랑하게 되어서 마음과 몸과 모든 것을 내가 지배할 수 있다는 자신감을 주었지요.

꿈꾸던 아파트에 아이들과 내가 사랑하는 불쌍한 우리 엄마를 모시고 들어가 살게 되었지요. 추운 밤에 굶주리며 해소 기침을 해대던 엄마를 병원에 모시고 가게 되었고, 털이 뽀얀 앙고라 스웨터며 금가락지를 갖기 시작했지요. 내가 시집을 가지 않았으면 호강을 한 번도 못누리고 기침만 하다가 돌아가셨을 우리 엄마를 따뜻한 물이 펑펑 쏟아지는 집에서 모실 수 있다니 얼마나 마음이 좋았는지 몰라요.

남편은 가게에 출근하면 하루 내내 그곳에서 지내고 밤에 국물을 만들어 놓고 잠을 자러 아파트로 돌아왔어요. 이제 나는 시간과 돈이 널널하여 쇼핑을 하기 시작했어요. 백화점이나 양품점을 다니며 옷이나 보석, 가방, 신발 등을 사기 시작했어요.

그동안 정말 가난해서 못 입어봤던 메이커 옷들을 전부 입어보고 싶더라고요. 링이 크게 달린 귀걸이부터 아주 작은 별점 같은 귀걸이까지 사들이기 시작했어요. 텔레비전에 나오는 눈부시게 예쁜 물건들을 사들이기 시작했어요.

그런데 시간이 지나면서 처음에는 그렇게 귀엽고 예쁘던 아이들이 점점 내 눈 밖으로 나가는 거에요. 내 마음 나도 모르게 어느 날 계모역을 하며 살아가는 자신이 초라해지기 시작했어요.

마음먹었지요. 남의 자식 키워봤자 다 소용없으니 내 자식을 낳자. 이 말은 기침을 잘하는 나의 어머니가 입버릇처럼 하던 소리였어요. 그래서 나는 딸을 둘 낳았는데 아들을 낳아야겠다는 오기가 생겨서 아들을 또 낳았어요. 아파트 안에서 아이들 다섯을 기르기에 너무 벅찼는데 그때쯤에는 엄마가 해소를 많이 고쳐서 아이들을 돌보아 주었지요. 그 덕분에 나는 점점 멋있는 옷을 입고 외출을 하게 되었어요.

그때 그렇게 지지고 볶으며 살면서 춤을 배우기 시작했지요. 세상에서 가장 부드러운 옷을 입고 날 듯이 몸을 움직이는 춤, 그 재미가 너무 좋아서 높은 구두에 검은 비로도 치마를 입고 다니는데 남편이 그 사실을 알고 난리가 난거에요. 춤바람에 집나간 아내가 생각이라도 난듯이 나에게 야단을 치기 시작한 거에요. 춤을 절대로 추지 못하게 돈을 주지 않기 시작했어요. 몸이 찌뿌듯해지며 아이들에게 받은 스트레스 해소가 되지 못한 나는 다시금 계모가 되어 살게 되었어요.

남의 자식 기르기가 얼마나 버거운지 해본 사람만 알아요. 처음에 그렇게 귀엽던 사내아이가 갈수록 말을 듣지 않았어요. 사람이 사람이 싫어지면 고치는 약도 없는 법이에요.

동화 속에 살아 있는 계모가 되어 아이들과의 전쟁에서 헤매고 있을 즈음 남편은 술을 점점 많이 마시며 기사식당의 매출이 점점 줄어든다는 걱정을 하기 시작했어요. 남편이 그동안 벌어 놓은 돈이 있어서 몇 년 동안 생활에 어려움 없이 지내다가 남편이 기사식당이 지겨워져서 더 이상 장사를 할 수 없다는 말을 했어요. 이제 더 이상 부엌에서 삭을 수 없다는 남편의 반기와 새로 시작한 남편의 사업에 기분이 덩달아 좋아지기 시작했어요. 이제 사업가의 사모님이 된다는 것에 마음이 부풀기 시작했지요.

하지만 그것이 나에게 불행의 시작이 될 줄 누가 알았겠어요. 가게를 들어먹고 가지고 있는 재산을 모두 탕진하게 된 부도가 난 거에요. IMF 시절 시작한 어처구니없는 건설 사무실은 남편이 사업에 소질이 없는 것인지 운이 없는 것인지 능력부족인지 부도가 났고 어느 날 우리는 그렇게 좋았던 아파트에서 쫓겨나게 되었어요. 친정엄마가 살았던 웃풍이 센 방에 엄마와 나의 아이들을 맡기고, 빚쟁이들에게 쫓겨난 남편과 나는 충주로 흘러 들어오게 된 거에요.

주머니에 돈 한 푼 없는 실업자와 빚쟁이가 발붙이고 살아남기에 충주는 너무 고요한 도시였지요. 빈집에 자릴 잡고 살아야 하는데, 당장 목구멍에 풀칠을 해야 하므로 남편은 노가다 일을 시작했지만 가는 곳마다 허리를 다치거나 다리를 다쳐서 병원 신세를 지게 된 거에요. 할 수 없이 내가 취직을 하러 나섰는데 봉방동에 있는 보신탕집에 취직이 되었어요.

삼복더위에 아주 열심히 있는 힘을 다해 뚝배기를 나르며 일을 했는데 그 주인 여자가 얼마나 쌀쌀맞은지 뚝배기 여섯 그릇을 들고 부엌문턱을 나가려는 순간 문턱에 미끄러져서 넘어져 버렸어요. 발목을 접질렸는데 얼마나 아프냐 물어보기는 커녕 돌그릇이 깨졌다는 이유로 나를 마구 혼내는 거에요. 얼마나 비인간적인지 소리를 지르며 대들었어요. 사람이 먼저지 어떻게 그릇이 먼저냐고요, 주인 여자는 안 그래도 발을 어그적거리며 걷는 폼이 항상 불안했다는 등 왼손잡이라서 늘 마음에 들지 않았다는 등 나의 약점을 갖고 길게 늘어지는 것이었어요.

그 자리에서 앞치마를 벗어 던지며 일한 값을 달라 했더니 주인 여자는 뱀을 쳐다보듯 나를 쳐다보며 기다렸다는 듯이 보름 일한 돈을 주고 나가라 하는 거였어요. 눈물이 나왔지만 억지로 눈물을 참고 의기양양하게 나와 버렸지요.

집에 와보니 군에 갔다 온 의붓아들이 와 있더라고요. 아버지를 따라 먹고 살기 위해 왔다는데 어떻게 하겠어요. 그동안 내가 낳은 막내아들은 고등학생이 되었지만 웃풍이 심한 방이 있는 친정에서 학교를 다니고 있었고, 딸들은 모두 직장을 잡아 집을 나갔어요. 장승처럼 말없이 자장면 두 그릇을 먹은 큰 아들이 아버지를 따라 삼만 리를 한 셈이지요.

속 터지는 삶은 이곳에서도 이어지기 시작했어요.

보름 일한 돈으로 쌀을 팔아 놓고, 큰 아들 직장을 잡아 보려고 노력해 봤지만 고등학교 중퇴인 아들을 기다리는 직장은 없더라고요. 큰 아들은 고등학교 중퇴를 하고 서울로 도망가서 길거리에서 구걸하는 이상한 사람들과 어울러 다닌 적이 있어서인지 삶의 의욕이 없었어요. 광고지를 보다가 빈 가게를 운영해서 세를 낼 사람을 구한다는 자장면집을 찾아가 덩치 큰 아들에게 자장면 기술을 전수해주게 해서 그 가게를 맡아서 하게 되었는데, 글쎄 그놈의 자식이 컴퓨터로 채팅만 하더니 어디선가 아가씨들이 들어오고 그 아가씨들과 함께 방에서 나오지 않고 며칠이고 뒹구는 거에요. 내가 속이 터져서 못 살겠더라고요. 그래서 방에 불을 넣지 않고 한겨울을 살았어요. 내가 낳은 자식도 찬방에서 웃풍을 맞고 사는데 내가 고생해서 뭣 하러 생활비를 대겠어요. 이러다가 내가 꼭 죽을 것 같아서 이렇게 살아보려 나왔어요. 먹고 살기 위해 행복한 우동가게에 취직을 한 셈이지요."

녹차가 다 식도록 내가 벅차게 살아온 이야기를 두근거리는 가슴을 부여안고 품어내기 시작했다. 주인 여자는 아주 심각한 표정으로 내 이야기를 아주 진지하게 들어 주었다. 그동안 참고 살아온 이야기를 계속하고 싶었지만 함께 일하는 느티나무 아줌마가 속없는 년이라 욕을 하는 것 같아서 입을 다물었다.

주인 여자는 나를 바라보던 못마땅한 표정을 지우고 아주 다정한 언니처럼 내 이야기를 받아들이고 있었다. 이렇게 마음을 풀어놓을 수밖에 없는 이상한 우동집. 이야기는 했지만 왜 이리 가슴이 허전해지는 것인지 모를 일이다.

　가는 길이 비뚤비뚤한 화장실로 들어가 물을 틀어놓고 꾸역꾸역 가슴으로 끓어오르는 한을 뱉어내며 울기 시작했다. 산다는 것이 왜 이리 개떡 같을까. 저 쌀쌀한 주인아줌마 앞에서 자존심을 다 버리고 내 약점을 이야기해 버렸으니 저 주인아줌마는 나를 어떻게 볼 것인가. 오늘 가불한 돈을 받아 쥐고 지난 날 살아온 이야기를 내 식대로 말해버린 것이 금방 후회가 되었지만 속이 후련하기도 하다.

　내가 하고 싶은 이야기를 모처럼 한 것이다. 물론 내가 두 아이에게 계모 역할을 한 이야기는 구체적으로 하지 않아서 나를 아주 지독한 여자라 보지는 않을 것이다.

　청바지 호주머니 속에서 구겨진 담배를 꺼내어 불을 붙인다. 속사정 이야기는 다 해도 주인 여자 스타일에 맞지 않는 담배 핀다는 사실은 말하지 않을 것이다.

　충주의 삼복더위는 대구 못지않았다.

　양철지붕인 폐가에 살아가는 낮은 더워서 잠을 잘 수가 없을 정도다. 밤에 일을 하기 때문에 낮에 잠을 푸욱 자야 하는데 한증막에서 땀을 빼는 느낌이다. 남편은 허리가 좀 나아서 노가다 일을 하러 갔고, 의붓아들은 자장면집 문을 닫고 채팅에서 만난 여자를 따라 잠적한 지 며칠 됐다. 우동집을 다녀서 밥이나 국수를 실컷 먹을 수 있지만 살림이 늘 적자라서 가불을 거르지 않고 하게 되었다. 양철지붕 아래서 땀과 범벅이 되면서 마당에 피어있는 채송화를 바라보며 스스로 고개를 숙여버렸고 저절로 짓

밟혀버린 내 인생을 생각한다.
　아무리 쓰라린 연애 추억을 가졌다 하더라도 처녀가 아이가 둘 딸린 남자랑 결혼을 해서 아이를 셋이나 더 낳았을까. 이 세상에 대한 도전장이 그것 밖에 안되었을까. 내 자신에게 말을 해본다. 시퍼런 돈다발 앞에서 약해졌던 지난 날을 후회해 본들 무슨 소용이 있을까. 아직도 내 남편의 멋있는 모습을 한 번도 인정해보지 못하고 세월이 이렇게 흘러버렸다. 허리가 아파도 일을 나가는 남편에게 가불한 돈으로 담배 한 갑과 종이 커피 두 잔 값을 꼬박꼬박 챙겨준다.
　날마다 우동집에서 뼈 빠지게 일을 해도 그날이 그날인 세상사, 차라리 삶의 끈을 놓아 버릴까 생각해 본다. 다시 찬방으로 들어오는 살을 에이는 듯 한 찬기가 나를 에워싸면서 고개를 흔든다. 주인 여자는 나에게 말을 걸지 않지만 내 속내를 털어놓은 며칠을 빼고는 좀 싸늘한 느낌을 준다. 주인 여자는 글 쓰는 친구들이 오면 얼굴에 환한 미소를 띠며 넉넉하고 인자한 모습을 풍긴다. 계수나무 아줌마는 농사일을 하러 떠났고, 느티나무 아줌마와 밤에 손을 맞추어 일을 하는데 시간이 나는 대로 우리는 조금씩 주인 여자 흉을 보기 시작했다.
　흉보는 일은 처음에는 조금 서먹서먹하다가 아니 양심의 가책을 받다가 나중에는 밥 먹듯이 아주 자연스럽게 하게 된다. 두런두런거리는 우리를 골방의 주인 여자가 바라보면, 마치 우리 이야기를 들은 것처럼 심각한 표정을 짓곤 한다.
　그럴수록 우리에게 냉냉한 표정을 짓는다는 이유로 주인 여자의 흉은 더 커진다. 계수나무가 농사철이라 이 집을 떠나고 난 후, 주인 여자는 주인을 잃은 강아지처럼 골방에서 늘 혼자 생각에 잠겨 있다. 이제 느티나무 아줌마도 내 편이 되었으니, 주인 여자를 따돌리면서 흉보는 일은 여간 재미나는 것이 아니다.

"글쎄, 이 집에서는 내가 가지고 있는 능력을 인정해주지 않아. 어쩜 저렇게 고지식하면서 가게를 하지. 나는 정말 큰 기사식당을 운영했던 사람이라 너무너무 답답한 것 같아."

맞장구 치기를 바라는 말투로 먼저 말을 던진다.

"주인아줌마가 우리보다 잘난 것이 뭐가 있냐? 김밥을 잘 싸냐, 칼질을 잘 하냐, 쫄면장도 못 만드는 주제에 일을 하면 부엌에다 쭈욱 늘어놓고 해서 지랄이야. 그것을 정리하는 사람이 꼭 따라다녀야 해. 하지만 손님들에게는 때로는 잘하지. 매일 웃으면서 대하니까, 우리에게는 십 년 전에 자신이 배운 우동가게 그대로 이어져야 한다는 이유로 잔소리를 끌어붓잖아."

내가 부추기지 않으면 절대 흉을 볼 사람이 아닌 것 같은, 이 집에서 일한지 삼 년이 된 느티나무 아줌마는 꼭 이렇게 내편을 들어주면서 말을 한다.

우리는 같은 환경에서 같은 조건으로 일하는 사람이니 똘똘 뭉쳐서 살아야한다는 이야기를 은근슬쩍 하면서 느티나무와 우정을 나눠본다.

같은 입장, 같은 처지에 서 보지 않고 주인 여자의 잔소리나 차가운 눈길을 받으며 일을 한다는 것이 얼마나 화나는 일인가.

주인 여자는 때로는 오징어나 감자, 돼지고기를 한 덩어리씩 나누어 주면서 선량한 눈빛을 보내다가 우리 둘이 부엌에서 속닥속닥 이야기를 하다 까르르 웃으며 힐끗 쳐다보면 그 다음부터는 찬바람을 낸다.

　느티나무 아줌마는 그동안 가을걷이를 끝내고 나타난 계수나무 아줌마를 따라서 하자니 힘이 딸리고 무시해버리자니 이 집에서 잘릴 것 같아서 많은 스트레스가 쌓였다는 불만을 늘어놓는다. 남의 일이니 주어진 시간에 적당히 하면 되지 무슨 충신이라고 몸 바쳐 일을 하느냐는 말이다. 주인 여자는 건성건성 일을 하는 것처럼 보이지만 아주 예민한 성격이라서 사소한 이야기까지 다 주워 듣는 것 같은 반응을 보인다.

　느티나무 아줌마가 제일 화가 날 때는 농사지으러 간 계수나무아줌마가 언제 오느냐 물어보는 손님들이 있을 때다. 몇 년을 있어도 자신을 찾으러 오는 사람은 거의 없는데 계수나무 아줌마가 있을 때 한 마디 칭찬도 하지 않던 사람들이 그녀가 안 보이면 "언제 오느냐, 음식을 제일 맛있게 하는 아줌마는 어디 갔느냐"고 묻는다.

　있을 때 잘하지 가고 난 사람은 찾는 것은 무엇이람. 남아 있는 우리가 두런두런 주인 여자 흉을 좀 보면서 열심히 일을 하는데 왜 인정을 하지 않는지 모르겠다.

　느티나무를 가장 자극하는 말은 늘 그런 말이었다.

　나는 속으로 고소함을 느낀다. 대구를 떠나온 후 잘 살 때의 친구들을 모두 잃었다. 아니 더러는 내가 돈을 빌려 쓰고 미안하다는 소리 한번 못한 친구도 있지만, 양철지붕 아래서는 옆집 아줌마도 사귀지 못했다. 내 주변에는 모두 할머니나 할아버지 또 약간 모자란 듯한 아줌마들이 사는 듯 했다. 옷이며 신발이며 가난에 절은 느낌이다. 대구를 떠나올 때 내가 가지고 온 옷은 고급 옷이었다. 돈이 될 만한 금붙이나 보석은 모두 팔아

먹었고 유명메이커 옷들은 그대로 남아 있다. 물론 양철지붕 아래서 퀴퀴한 냄새가 옷에 배인듯 하지만 멋을 내는 데는 자신이 있다. 그래서 나는 양철지붕 아래서는 왕따였다.

이곳에서 느티나무 아줌마를 만나 여간 재미난 것이 아니다.

느티나무 아줌마는 나와 영 다른 모습을 하고 있다. 한 마디로 평퍼짐한 아줌마라서 내가 경쟁할 필요를 못 느낀다. 술 담배를 안한다는 것만 나랑 다르지 주인 여자를 바라보는 시선은 거의 나와 같다. 나랑 대화가 이루어지는 것은 느티나무 역시 나처럼 가불을 하고, 느티나무 역시 화가 났을 때 입을 꾹 다물고 말을 하지 않는 것이다. 그리고 낮에는 시간을 내어 춤방을 가끔씩 가서 스트레스를 푸는 것이다. 느티나무 아줌마는 오토바이를 끌고 다니며 전혀 남자에 대하여 신경 쓰지 않은 듯하지만 겉과 속은 다르다. 겉모습은 나와 다르지만 속마음은 나와 비슷한 바람기를 안고 살아간다는 것이다.

중복이라 그런지 양철지붕 아래서는 잠을 이룰 수 없었다. 한증막이라 견디기에는 가혹한 슬픔이었다. 출근하기 전에 사우나에 가서 더위를 달래다가 느티나무 아줌마에게 전화를 해서 함께 출근하자는 제의를 했다. 나와 마음을 잘 맞추는 느티나무 아줌마는 오토바이를 끌고 사우나 앞으로 왔다. 한낮의 뜨거운 열기가 가득 찬 빨간 차를 그냥 세워놓고 오토바이를 타고 가려고 덜렁 느티나무 아줌마 뒤에 올라탔다.

"앵두나무! 지금 그 모습으로 출근할거야? 남편이 야단치지 않아?"

느티나무 아줌마 말에 내 옷을 쳐다봤다.

끈나시 티셔츠였다. 가슴이 유난히 커서 봉긋한 젖가슴이 나이가 들면서 자랑스러워져서 여름이면 늘 끈나시를 입었다. 매끈매끈한 하얀 속살을 드러내는 일은 즐거운 것이 아닌가. 사십대 중반에 자신있게 뽐내고픈 내 숨어있는 몸을 누가 부러워하지 않을 것인가.

"뭐가 어째서? 이 끈나시가 몇 년 전에 백화점에서 십이만 원이나 주고 산 옷이야. 옷 입는 것을 누가 뭐라 한데요?"

느티나무는 부럽다는 듯이 입을 벌리면서 중얼거렸다.

"주인 여자가 질색할 스타일이야. 주변에 술집 아가씨들이 배꼽티를 입고 와도 우리 집에는 그런 옷을 입고 오면 안 된다고 야단을 치거든. 아이들이 우동을 먹으러 오기 때문이라 혼내."

"그리고 뒤에 엑스자로 끈이 되어 있어서 아무래도 이상하다 빨리 집에 가서 옷 갈아입고 가자."

느티나무 아줌마는 이제는 촌스러운 눈으로 나를 바라보며 말을 했다.

"아휴, 옷 입은 것을 가지고 주인 여자가 야단칠 권한이 있는가. 그렇다면 인격을 모독하는 거야. 걱정하지마. 옷 입는 것은 자유야."

뜨거운 아스팔트를 오토바이를 타고 달리는 기분이 시원했다. 여름이 되어도 비닐하우스를 걷어낼 생각이 없는 주인 여자의 우동집은 오래된 에어컨을 틀어놓고 선풍기를 군데군데 돌리기 때문에 그리 덥지 않다. 주인 여자가 느티나무와 내가 밖에서 까르륵 까르륵 웃으며 이야기를 하며 우동집으로 들어오니 우동을 삶다가 깜짝 놀란 눈으로 나를 쳐다봤다.

"어머나, 앵두나무! 지금 그러고 오는 거야? 위에 걸칠 옷 가지고 오지 않았어요?"

갑자기 큰 소리로 묻기에

"나는 속에 열이 있어서 더위를 참을 수 없어요. 어때요. 우동만 잘 삶으면 되지 옷이 무슨 상관이 있어요."

투덜거리는 말투로 대꾸를 하며 앞치마를 찾아 입었더니

"아니! 나를 무시해도 이럴 수는 없어요. 이럴 수가! 우리 집을 뭐로 알고 나를 어떻게 봤으면 젖이 다 드러난 등판이 드러나 보이는 브라자 같은 옷을 입고 나타난단 말이에요."

주인 여자의 얼굴은 벌겋고 목소리가 얼마나 크던지 순간적으로 개고기집에서 주인이 나를 보고 화냈던 목소리가 생각나서 앞치마를 벗으며

"그만두면 될 것 아니에요. 정말 나를 어떻게 보고, 옷 입는 것까지 참견하는 집에서 일할 수 없어요."

버럭 화를 내며 돌아서는데 주인 여자는 그대로 얼음동상처럼 서 있고 느티나무 아줌마가 나를 따라 오면서 붙잡았다.

"야! 그렇게 가면 어떻게 해. 할 말을 해. 왜 가는 거여."

주인 여자는 느티나무를 보면서 힐난했다.

"어쩜 내가 이렇게 화낼 줄 알면서 그냥 데리고 왔어? 옷을 입혀 올 것이지. 정말 서운해. 나도 이 가게 안에서 늘 혼자라서 외로워. 느티나무는 내가 무엇을 그렇게 잘못해서 늘 나에게 불리한 말만 하는 거에요."

느티나무 아줌마는 꼿꼿하게 서 있는 주인 여자를 바라보며 대들었다.

"이렇게 가면 나만 힘들어서 그래요. 우리 일하는 사람도 자존심이 있는데 왜 그렇게 큰소리를 치는 거요. 다시 옷을 입고 오라든지 아니면 내일은 그렇게 입고 오면 안 된다 하던지 타이르면 되지 않아요."

순간 긴장감은 느티나무 아줌마까지 분한 생각을 들게 했고 무슨 사건

이 일어날지 모르는 듯 아주 심각한 분위기였다. 우리들의 이야기를 외면하면서 기타를 퉁퉁 치던 시인아저씨가 한 마디 했다.

"어허, 옷을 벗으니 보기 좋구만 왜 그러는 거여. 언제 순한량이 직원 관리를 제대로 한 사람인가. 나는 이 집이 순한량 혼자 했을 때가 제일 좋았어. 가는 사람 잡지 말며 오는 사람 막지 말라 했지 않는가. 오늘 밤 또 느티나무 아줌마가 오토바이를 타고 부웅 떠나면 순한량 혼자 우동을 삶으면 될 것이지 왜 그리 소란을 피우는가."

앵두나무란 이름을 지어주며 눈웃음이 예쁘다 늘 칭찬하던 기타 치는 시인아저씨는 주인 여자가 지금 인격모독과 자유를 억압하는 것을 모르면서 주인 여자 편을 드는 이야기를 했다. 비닐문을 확 밀어버리고 내가 처음에 왔던 그 자리에 서 있다.

가게 안에서 무슨 일이 벌어지는지 모르고 이상한 힘에 이끌려 이 집에 들어서서 이상한 글귀에 얼었던 마음을 풀었던 첫날을 기억했다.

바로 앞에 있는 시인의 공원에 느티나무와 단풍나무 잎이 한들거리며 저녁 더위를 식히고 있었다. 삶의 끈을 놓았다가 다시 살아보겠다는 의지를 가졌던 나.

오늘은 그냥 돌아서 가지만 어쩜 주인 여자는 마음이 풀리면 아니 당장 사람이 없으니 아쉬워서 나를 불러줄 것이다.

그러면 그동안 이 집에서 있었던 불만을 다 말해버릴 것이다. 아주 시원한 소주 한 잔을 주인 여자 앞에서 마시면서 어쩜 주정을 한번 실컷 할지 모른다.

시인의 공원,
기타 치는 아저씨

시인의 공원, 기타 치는 아저씨

펑펑 눈이 쏟아진다. 불타는 정종 한 잔과 어묵 한 사발이 잘 어울리는 시간이다.

우르르 밀려오는 사람들은 눈을 따라 왔다가 눈처럼 사르르 사라진다.

이곳에 들어와서 사연을 만들어 가는 사람들은 우동가게가 문을 연지 십 년이 지나지 않았지만 사람들은 십오 년쯤 전에서부터 이 집에 왔다는 말을 한다. 어떤 사람들은 이십 년 전부터 이 집이 있었다는 말을 해서 언니를 전설의 주인공처럼 늘 이 집에 살아왔던 사람으로 기억하기도 한다.

섣달 그믐밤이면 제야의 종소리를 이곳에서 듣고 싶어 몰려온 사람들이 종종 있다.

어떤 계획이 있었던 것이 아니라 아주 우연히 이곳에서 총각 때부터 제야의 종소리를 듣게 되었는데 처음 몇 해는 몰랐는데 세월이 흐를수록 하는 일이 잘 풀려서 이제는 종소리를 들으려 마음먹고 온다는 한 청년이 있다.

시골에서 농사를 짓는 청년인데, 조경 사업에 손을 대서 서서히 흙에 희망을 묻고 사는 사람이다. 흙은 거짓말을 하지 않는다지만 현 시대에는 흙을 접하며 직업으로 사는 청년들에게는 일한 만큼 보람을 주지 못해 여간 안타까운 일이 아니다. 조경 일은 남편이 하는 일이라 이 청년과 말이 잘 통해서 일 년에 딱 한 번씩 만나지만 참 반갑다. 언니는 한 해를 마무리하는 아쉬움보다, 이 청년을 기다리는 마음에 더 설렌 것 같다. 오늘은 샴페인과 케이크까지 마련해놓고 그 청년을 기다렸다. 물론 대학 졸업반인 딸인 은비가 왔기 때문에 근사한 준비를 한 것이지만 늘 우동 한 그릇과 정종 한 잔을 섣달 그믐날 밤을 기념하는 뜻에서 그 청년에게 주었다.

그 청년은 몇 년 전 결혼을 하게 되었는데 언니는 밤새도록 일하고 부은 눈으로 결혼식장까지 가서 축하해주었다는 말을 했다. 일 년에 한 번을 만나는 이 청년과의 만남은 이렇게 해가 갈수록 돈독해져 갔다. 언니는 아무 것도 아닌 것에 큰 관심을 두며 스스로 감동하며 좋아하는 편이다. 어느 누가 이런 대상이 되어 사랑받을 수 있을까.

작년에는 아들을 낳아서 아내랑 함께 오는 이 집 가족들은 밭에 심은 나무처럼 단단하게 뿌리를 내려서인지 덩달아 나도 관심이 갔다.

섣달 그믐밤이면 또 빠지지 않는 사람은 언니 또래의 동심거사 기타 치는 시인아저씨다. 늘 옆에 있어서 한집 식구처럼 되어 버린 동심거사는 나를 계수나무라 이름을 지어준 작명가다. 왜 계수나무냐 넌지시 물어봤다.

"계수나무는 하늘 달 속에 있어서 토끼가 떡방아를 찧지 않아요. 우리와 조금 등급이 다른 사람이라는 뜻이지요. 그 너그러움, 그 인자함, 그 여유로움을 이곳에 있는 어느 누가 흉내 낼 수 있겠어요. 한량이 언니가 이 세상에서 존경하는 사람을 계수나무라 하대요."

언니는 나를 너무 과잉으로 칭찬해준다. 이곳에 와서 내 마음에 맺힌 것도 많이 풀렸는데, 사람들은 나를 보며 어떤 신선이나 도인처럼 말을 한다. 그냥 이름 없는 풀꽃처럼 살아가는 삶일 뿐인데 보잘 것 없이 아주 작게 살아가는 이 작은 삶을 좋아하며 인정해주는 이 집이 참 고맙다. 살아온 이야기를, 살아갈 이야기를 말할 기회도 없었지만 말할 필요도 느낄 수 없는 집이다. 그냥 일을 하면서 밤에 사는 사람들의 모습을 보며 살아갈 뿐이다.

5년 내내 일을 했고 2년 전부터는 봄에는 나무 심으러 남편을 따라 갔다가 가을 걷이가 끝나면 농한기를 이용해 이곳에서 일을 한다. 언니는 떠난 나를 그리워해서 이곳에 남아있는 사람에게 여간 민망스럽기 짝이 없다.

세상에서 만난 사람 중에 내 마음에 딱 맞는 사람이 어디 있을까. 자신도 자신이 마음에 들지 않는데 어떻게 타인이 자신의 마음에 완벽하게 들어와 맞겠는가.

옆에서 지켜본 언니는 이런 불만이 많아서 일하는 아줌마들에게 정을 듬뿍 주었다가 상처를 많이 받는다는 것을 안다. 정을 좀 덜 주든가 조금 냉정하든가 그럴 수 있기를 바랄 뿐이다. 조금은 주제넘은 생각이지만 이렇게 인간적인 언니가 너무 좋지만 세상에서 이곳으로 일하러 오는 식당 아줌마들은 처음에는 이해하기 힘들어 한다. 봄이면 나무 심으러 가는 나를 이제 그만 기다려야 하는데 내가 이 집에 없으면 안 된다는 고정관념을 고집하여 나무를 심으러 가는 나를 부러워하며 어린 아이처럼 기다린다.

이런 언니가 고맙지만 이렇게 나에게 비중을 두는 언니가 나를 자유롭게 하지는 못한다. 아무나 정붙여서 잘 살아주기를 바랄 뿐이다. 내심으로는 나무를 심으면서 뜨거운 햇살 아래 남편과 흙과 하늘과의 대화 속에 무척이나 외롭고 고달플 때는 우동집이 무척이나 그립다. 왜냐하면 낮과 밤이 바뀐 채 생활하다가 낮에 일을 하고 밤에 잠을 자다가 깨면 우동집에서 그동안 일을 해서 길들여진 내 모습을 본다.

'돌냄비 우동 하나, 각기 우동 둘, 김밥, 쫄면, 김치볶음밥, 막걸리 한 사발'

귀에 익은 메뉴들이 낡은 부엌 부뚜막에 나란히 서서 나를 부른다. 잠을 자지 않고 우동집을 찾는 사람들, 밤이 새도록 우동을 끓여대는 키가 큰 언니의 털털한 웃음소리, 그리고 언니 비위를 건드리지 않도록 속상해도 참고 일을 하는 느티나무 아줌마, 또 내 대신 새로 왔을 아줌마, 나를 계수나무라 부르는 기타 치는 시인아저씨가 그립다. 나는 이런 그리움을 안고 이 집에서 일을 하며 이 집에 있는 동안 가슴에 끼어든 묵은 때들을 사람들과 함께 쏟아버리려 애를 써본다. 언니는 섣달그믐이 되면 십 년 가깝게 한 번도 빠지지 않았다는 어떤 청년을 기다리지만, 나는 항상 이 집에 거의 함께 있었던 기타 치는 시인아저씨를 더 생각한다.

눈은 내리고 자정은 가까워졌는데, 언니가 켜 놓은 아주 오래된 텔레비전 속에선 보신각 종소리가 울리기 직전인데 언니는 오늘 마련한 케이크와 촛불을 준비해놓고 그 청년을 기다린다. 꼭 올거라 믿는 언니다.

드디어 보신각 종소리가 울렸다. 케이크 위에 촛불이 켜지면서 샴페인을 터뜨린다. 언니는 문 앞을 계속 쳐다보며 그리운 사람을 기다린다.

기타 아저씨는 기타로 축하곡을 퉁퉁 치면서 흥을 북돋운다.

기타 치는 시인아저씨는 하늘에서 내려올 선녀의 옷을 감출 거라 기원했으며, 나는 올해 서울대학원 연구원으로 간 우리 딸이 진정한 연구원이 되어 사람에게 필요한 사람이 되어 달라 빌었다. 울 언니의 속마음은 잘 모르지만 군에 간 아들이 건강하게 생활해주기를 바란다는 말을 크게 외쳤을 것이다.

"저는요, 좋은 글을 쓰고 싶어요. 마음의 찌꺼기까지 다 토해낼 수 있는 글 말이에요. 세상에 흥미나 쾌락이나 보여주기 위한 표현이 아닌 영혼의 도움이 될 수 있는 글, 속에 들어 있는 똥찌꺼기까지 몽땅 보여서 가식 없는 그런 글을 진짜 한번 써보고 싶다고요."

그 마음을 알고 있다. 지금 내가 꿈꾸는 집에 와서 그냥 생각한 것이 아니라 언니의 본마음을 이렇게 읽을 수 있다는 것이 신기하다.

일하다가 언니의 눈짓을 보면 뭐가 필요한지 알아서 어묵이나 파, 배, 모시조개, 새우를 꺼내 주면 사람들은 어떻게 말하지 않았는데 똑 부러지게 잘 알아맞히느냐 깜짝 놀란다.

그것 뿐인가, 언니가 속상하면 계속 그 말을 되뇌어 화가 풀릴 때까지 말을 한다. 그런 언니를 아무도 이해 못할 것이다. 느티나무 아줌마나 다른 사람을 붙잡고 하지 않는다. 유독 나를 보며 이야기하는 언니를 때로는 머리를 쥐어 박아버리고 싶고, 짜증을 내버리고 싶지만 언니가 나에게 이야기하지 않으면 누구에게 할까 싶어 잘 들어준다.

머지않아 봄이 올 것이다. 그러면 또 언니 곁을 떠날 것이다. 가면서 홀가분하기 위해서는 지금 언니에게 최선을 다해야 한다. 또 기타 치는 시인아저씨에게 뜨거운 우동국물과 막걸리 한 잔이라도 더 정겹게 드려야겠다.

유난히 눈이 많이 오는 밤에 새해를 이곳에서 맞았다.

가게 손님들은 불확실한 미래에 다른 날을 찾으며 떠났고, 설거지 거리와 사람의 발자국만이 가게 안을 까맣게 색칠해놓았다. 어제와 오늘이 뭐가 다를 것인가. 새해라 하여 달라진 것이 무엇인가. 막연한 것에 대한 그리움에 사람들은 목말라한다.

새해 첫날인데 집으로 돌아가지 않는 남자가 있다. 기타 치는 시인아저씨는 하얀 구두에 양말을 신지 않았다. 지난 크리스마스 때는 식당 아줌마들에게 식용유와 설탕을 사들고 왔다. 늘 잊지 않고 선물을 가져온 정성이 고마워서 따뜻하게 신으라 양말을 세 켤레 선물해주었는데 이렇게 추운 겨울날에도 맨발의 사나이다. 집에 들어가지 않고 딸이 임용고시에 합격해주기를 바라는 시인아저씨가 왜 이리 가슴에 와 저릴까.

조그만 골방까지 침입해서 언니에게 졸랐다.

"순한량, 계수나무와 느티나무랑 해장국 먹고 가자, 좀 사주라."

언니는 이 시간이면 머리가 부시시하고 눈이 붓고 입술이 파랗다. 골방에는 책이 아무렇게나 펼쳐져 있고, 오래된 컴퓨터로 언니는 일을 하다가 시간이 나면 자판을 두드린다. 지루한 모습으로 앉아 있다. 자판기는 손가락이 닿은 곳만 제외하고 먼지가 덕지덕지 붙어있으며, 이곳저곳에 벗어던진 옷들이 뒹군다. 언니가 늘 천국이라 부르는 이곳은 '금남의 방'이라는 것을 알면서도 기타 치는 시인아저씨는 걸터 앉아 떼를 쓴다.

"나는 새벽을 좋아하거든. 그래서 이 시간까지 퇴근을 기다린 거야. 새벽을 여는 사람들 멋있지 않아. 나는 멀지 않아 숨이 탁 막히는 공무원 생활을 딱 접어버리고 명퇴하여 내가 원하는 집을 만들거야. 그때 느티나무와 계수나무 아줌마들을 다 데려갈 거야."

"데려가요, 데려가려면 느티나무 아줌마를 데려가요. 계수나무는 절대 안돼요. 우동집에 계수나무 아줌마가 없으면 앙꼬없는 찐빵이란 말이에요."

언니는 피로에 지친 느티나무 아줌마가 들으면 별로 달갑지 않은 말을 한다. 언니가 이런 말을 좀 삼가면 얼마나 좋을까. 이웃집 언니처럼 수더분한 느티나무 아줌마를 좀 더 따뜻하게 대해주면 좋을텐데 나를 위한 칭찬을 늘어놓다가 꼭 느티나무 아줌마에게는 이롭지 않은 말을 하는 것이 분명하다.

느티나무 아줌마는 입을 꼬옥 닫으며 그릇을 정리하면서 달그락 거리는 소리를 더 낸다.

"기타 아저씨! 무엇 때문에 그 좋은 공무원 직장을 접으려 해요. 호강에 초친 소리하지 말아요. 지금 시대가 어떤 시대인데 왜 하필이면 장사를 하겠다는 거에요?"

기타 아저씨가 이 말을 꺼낼 때마다 나는 언제고 이 말을 꼬옥 해주리라 다짐해왔었다.

이곳에서 공짜 막걸리에 기타나 치면서 화장실 다니며 창틈으로 보이는 산수유나 보면서 시를 쓸 것이지 고생덩어리 새벽 장사를 한다는 것은 적극적으로 말려야 된다는 것이 나의 마음이다. 머리가 희끗희끗하며 몇 년 전보다 노랫가락이 늘어지는데 본인은 그것을 모르고 기타를 치며 노래하는 라이브 카페를 꿈꾼다.

"아저씨! 장사는 아무나 하나요. 공무원은 아무나 하나요. 이 세상 모든 사람들은 자신이 하는 일이 정해져 태어난 것 같아요. 자신만이 할 수 있는 일을 해야 고생하지 않는 법이에요."

"아하, 게수나무 아줌마! 모르는 소리에요. 나는 어릴 적부터 꿈이 멋진 라이브 카페를 하는 거에요. 어디서 무얼 볼 줄 아는 사람이 나는 언젠가는 돈을 많이 벌고 유명해진다 했어요. 나는 애런 분교에 있는 오탁번 교수님이 하는 원서헌이란 문학관처럼 문학 카페를 할 거에요. 욕심이 없이 내가 좋아서 하는 카페 말이에요."

우리 세계에서는 하루에 오천 원 이상 쓰면 안 되는 자린고비 아저씨라 통하는 기타아저씨에게 다시 한번 반박했다.

"기타아저씨는 절대로 욕심이 없는 분이 아니에요. 내가 보기에는 장사가 놀려고 가게를 여는 것이 아니에요. 알토란같은 사모님이 있어 살림을 해준다면 모를까 남의 손으로 움직여야 된다면 안 돼요. 다음에 후회하지 말아요. 이 집에서 배운 것이 도둑질이라 카페를 열어야겠다 마음먹은 것 같은데 말리고 싶어요. 여기는 한량이 언니가 낮이나 밤이나 이곳에서 썩어서 되는 거에요. 몸으로 뛰어서 이렇게 안 되는 집이 어디 있어요."

느티나무도 우동그릇을 씻으면서 거들었다.

"이곳에서 노래 부르면 모두 좋아하니까 착각할지 모르나 노래는 그냥 이 집에 어울릴 뿐이지 자신이 가게를 열어 놓고 노래 부르고 있으면 상황은 틀릴 거에요. 지금은 그런 옛날 노래 잘 알아주지 않아요. 노래 잘하는 사람이 얼마나 많은데요."

덩달아 기타아저씨의 퇴직을 막았다. 이 집에 다니는 기타아저씨가 시를 쓰면서 인생을 즐겨주기를 바라는 애정이었다.

"누가 하지 말라 한다 해서 안하고, 하라고 해서 해요? 하고 싶으면 하게 되는 건데 산수씨가 지난 가을에 시인의 공원에서 밤을 새고 나서부터 조금은 노래 가락이 틀려진 것 같지 않아요?"

언니는 졸리는 듯 잠투정처럼 말을 했다.

분명 기타 치는 아저씨에게 하는 쓴 말이 분명했다.

"아휴! 사람은 자신의 꿈을 그리라 했어요. 나는 새해에 마음 속으로 내가 원하는 새벽 카페를 이루게 해달라 기도했어요. 그리고 내가 운영하고 있는 불우이웃 돕기 새벽 공연도 잘되게 해달라고요."

"기타 아저씨! 장사에 문학이나 불우이웃 돕기의 공연을 함께 내세우면 사람들이 싫어해요. 장사는 순수한 장사꾼을 원하는 거에요. 그러다가 보이지 않은 듯 불거지는 것이 그 사람이 갖고 있는 인격이나 자질이 사람을 감동 시켰을 때 매치가 될 수 있는 것이지 처음부터 계획을 세워서 장사를 한다면 너무 서글프지 않아요. 내가 좋아하는 것들을 내세운다는 것이……."

언니는 졸린 듯한 목소리에 힘을 빼서 이야기했기에 기타 치는 아저씨의 마음을 상하게 하지 않았다.

"아휴, 아저씨는 이곳에 별것을 다 붙여서 사람 이목을 끌었으면서…… 내 글을 이곳에 써서 붙인 적이 있어요. 처음에 나는 글이 음식점과 어울리지 않는다 하여 관심도 없었어요. 아니 좋아서 가슴에 담았다고요. 그런데 내가 이곳에서 우동장수로 출범한지 얼마 안 되어 사람과 시 동인들이 몰려온 날, 최종진 시인이 이 집은 이렇게 써서 붙여야 된다는 이유로 붙이기 시작한 것이 이렇게 이어쓰기를 했을 뿐이지 내 의지는 하나도 없었다고요."

 우리가 듣기엔 언니가 하는 말이나 기타아저씨가 하는 말이나 뒤로 가나 앞으로 가나 비슷한 이야기처럼 느껴졌다.

 "아무도 못말려. 내가 가는 길은 앞으로 새벽의 길처럼 환해질 거야."

 딩동댕, 골방에 세워진 기타를 다시 튕기며 보채었다.

 "한량동무! 빨리 해장국 먹으러 가자. 해장국 한 그릇 사달라고. 이 집 문 닫고 해장국 한 그릇으로 입가심하면 얼마나 기분이 좋다고! 하늘을 나는 기분이란 말이야."

 기타아저씨의 꿈을 막아보려는 우리의 꿈은 수포로 돌아갔고 해장국에 목숨 건 남자는 계속 보채고 있었다.

 느티나무는 오토바이를 타고 부웅 날아갔고, 언니는 문을 살짝 빠져 나와 어유도를 지나 돌아서서 가는데 기타아저씨는 언니를 빙빙 돌면서 찾기 시작했다.

 문을 잠그며 기타아저씨의 군복 같은 바바리가 얼마나 차갑게 느껴지던지 내 마음 안으로 시인의 공원 바람이 한꺼번에 몰려 들어 왔다.

 어린 아이를 놓고 엄마가 일을 하러 가는 마음이 들어서 어유도 앞으로 종종걸음으로 가는 언니를 불러 세워 해장국을 내가 먹고 싶으니 사달라 보챘다.

 "그래 계수나무야! 우리 그냥 먹고 가자. 사람이 이렇게 잔꾀를 부리면 못쓰지."

언니는 부웅 떠난 느티나무를 핸드폰으로 불러서 서문 해장국집으로 기타아저씨와 눈길을 걸어서 갔다. 이렇게 눈이 많이 오는 날이 요 근래에는 없었는데 시인의 공원에 소복이 쌓인 눈은 눈부셨다. 철부지 아이처럼 흰 눈에 발자국을 찍으며 노래를 불렀다. 더 이상 이렇게 착한 순백의 영혼들이 세상에서 상처받지 않기를 염원해본다. 언니는 두 손으로 나뭇가지를 흔들었다.

"아! 눈이 오네. 기타아저씨 이 풍경이 바로 시며 노래 소리야. 너무 좋아라. 흰나비가 되어 날아가고 싶어라."

방금 전에 나눴던 약간 무거운 언어들이 눈발처럼 가벼워지기 시작했다.

느티나무와 단풍나무 위에 눈꽃으로 피어 있는 이 모습을 영원히 간직하고 싶다. 방금 전까지 설거지를 해서 옷에 찬물이 스며들어 춥지만 어린 아이처럼 펄쩍대는 나보다 더 나이 먹은 어른들을 보니 기분이 묘해졌다.

해장국집에는 또 우동집 안에서처럼 그 후 이야기가 옹기종기 이어져 가는 듯했다. 물론 분위기는 다르지만 사람 사는 이야기는 비슷하니까.

올갱이 해장국을 시켜놓고 기타아저씨는 또 막걸리 한 사발을 주문했다. 마음은 집으로 가고 싶은데 기타아저씨의 강의가 시작되었다.

'인생이란 무엇인가'에서 톨스토이 이야기를 하다가 불쑥 말했다.

"계수나무, 느티나무 아줌마! 우리 동심사로 놀러 와요. 왜 동심사라 하냐면 어린아이와 함께 돌아가라는 뜻이오."

"기타아저씨! 우리는 빨리 가서 아침을 지어야 하니 빨리 한 잔 마시고 빨리빨리 아침 먹어요. 이야기는 우동집에서 우리 근무시간에 지루하지 않게 해주시고 지금은 집에 가야 해요."

느티나무 아줌마가 막걸리 잔을 기타아저씨 앞으로 당겨주며 빨리 말을 했다.

"느티나무 아줌마! 나 꼬옥 태워다주어야 해요. 전번에 나를 버리고 그냥 가서 시인의 공원에서 잠을 자다가 손목이 뻐근해져서 한약방 다니며 침 맞고 난리가 났었지 않아요."

"시인의 공원은 기타아저씨가 선구자이지 않아요. 불모 지역이던 그곳을 개척해서 시인의 공원이란 이름을 달기까지 시낭송을 개최하면서 시간을 낚아 시인의 공원이 된 거라면서요."

우리는 이곳의 역사를, 일하면서 몸소 들어 샅샅이 다 알고 있다. 이곳에 오기까지는 시인은 화장실도 안 가는 아주 특별한 사람이라 생각했다. 이렇게 편하게 시인들을 접할 수 있다는 것, 그리고 쉽게 친해져서 대화를 한다는 것이 어쩜 주제넘은 행복한 일인지 모른다. 만나보니 별게 아닌 세상이었다. 딸이 셋이 되는 느티나무와 나는 딸들이 시인에게 시집을 간다면 도시락 싸가지고 말리고 싶다. 시인은 아무리 좋아도 평범한 사람과는 다른 이상한 면이 있다는 것을 알기 때문이다.

날이 밝아 오는데 기타아저씨가 좀처럼 일어나지 않는다.

느티나무가 오토바이에 시동을 걸면서 마지막 잔을 기울이는 기타 아저씨를 억세게 끌어 당겨서 등 뒤에 태우고 '부웅' 소리를 내며 눈길을 달렸다.

눈꽃처럼 매달린 기타아저씨는 느티나무의 등에 바짝 붙어서 눈발을 맞으며 떠났다.

가로수 길을 걸으며 언니가 중얼거렸다.

"왜? 제야의 종소리를 들으러 그 청년 가족이 오지 않았을까. 무슨 안 좋은 일이라도 있을까?"

눈길에 첫발자국을 찍으며 걷고 있는데 누가 불렀다.

"아줌마! 우동집 아줌마! 저에요. 농사짓는 사람이에요."

뒤를 돌아보니 제야의 종소리를 해마다 들으러 다녀가던 그 청년이었다. 숨을 몰아쉬며 급하게 말했다.

"아줌마! 내가 어젯밤 못가서 궁금했지요. 걱정하실까봐 혹 문을 닫지 않았을까 하는 마음으로 행복한 우동가게로 가는 길이에요. 어젯밤 우리 아내가 둘째 아이를 낳았어요. 난산이라 힘이 들어서 얼마나 걱정했는지 모른답니다. 첫 번째가 아들이고 방금 태어난 아이는 딸이에요. 저는 정말 소원 성취를 했다고요. 힘은 들었지만 산모도 딸도 모두 건강해요. 아줌마에게 자랑하려고 이렇게 달려온 거예요. 제야의 종소리를 조금 늦게 들었을 뿐이라 생각하며 올해 한해도 일이 잘 풀릴 것 같아요. 이제 아이 둘 아빠가 되었으니 더 열심히 농사를 지을 거에요. 계수나무 아줌마! 올해도 열심히 나무를 심자고요."

눈이 쉼없이 내리고 있다. 언니는 밤새 내내 이 청년에게 무슨 일이 있지 않을까 걱정 가득한 마음이 사르르 풀리면서 새벽길에 청년의 손을 잡고 환하게 웃었다.

늘 이렇게 일 년에 한 번 찾아오는 청년이 있고, 늘 만나는 기타아저씨가 있어 섣달 그믐밤은 외롭지 않을 것이다.

아르바이트생의 새벽

아르바이트생의 새벽

　나는 일을 해야 학교에 다닐 수 있다는 생각을 갖고 사는 남자다. 택시 기사로 일하던 아버지가 아무런 예고 없이 내가 초등학교 시절에 나와 동생과 어머니를 남겨놓고 교통사고로 돌아가셨다.
　어머니는 행복한 우동가게 뒤에 있는 라이브카페 주방에서 일을 해서 우리 둘을 가르치며 살아간다. 언제부터인가는 나는 내가 벌어서 학교에 간다는 생각이 들었다. 대학에 들어가서는 어떤 식으로든 돈을 벌어야 학교에 다닐 수 있다는 생각으로 닥치는 대로 일을 했다.
　좋은 대학을 못 갔지만 내가 꿈꾸는 남자 간호사가 되기 위해 간호대학에 입학하여 아주 열심히 공부를 한다. 시간이 나는 대로 아르바이트를 꼭 하는데 아이들을 가르치는 실력이 되지 못해서 몸으로 뛰는 일을 하게 되었다. 군에 갔다 온 후 2학년 복학을 했고 고단한 학업 끝나면 오토바이를 타고 4킬로를 달려서 왕족발집의 배달아르바이트를 한다. 그 집 할머니가 족발을 삶는데 노하우가 있어서 여간 주문이 많은 것이 아니다. 할머니는 늘 친할머니처럼 나를 걱정해주어서 다섯 시간을 근무하면서 내 집처럼 정을 붙이며 살아간다.

내일이 어머니 생신이어서 하루를 쉬고 충주에 왔는데 고등학교 때 같은 반이었던 우동집 딸인 은비에게 전화가 왔다.

"야! 너 오늘 우리 집에서 아르바이트를 하루 해주라. 우리 집에 아줌마가 갑자기 그만두어서 큰일이 났거든. 너는 원래 여자들이 하는 일을 좋아하니까 우리 집 주방에 딱 어울릴 거야."

은비는 큰소리로 웃으면서 말을 했다.

"은비야! 너도 나와서 함께 하는 일이라면 하고, 그러지 않으면 내일 우리 어머니 생신이라서 음식장만을 해야 하거든. 미역국을 끓여야 해. 나물도 몇 가지하고, 소고기를 양념에 재어서 불고기를 만들어야 하거든."

은비는 전화로 낄낄대며 웃었다.

"야, 지금부터 서둘러서 다 해놓고 바쁜 시간인 저녁 아홉 시부터 밤새워서 일하면 되지. 네가 여자가 될 수 있는 정말 좋은 기회라구. 그리고 우리엄마가 너를 무척 좋아하잖아. 너의 머리가 아줌마 파마라 하여 매일 웃어."

우동집 아줌마가 나만 보면 웃는다는 것은 친구들이 다 아는 사실이다. 아줌마는 나의 머리가 곱슬이 아닌 파마라 하여 웃고, 눈썹이 반달눈썹이며 눈이 쌍꺼풀이 되지 않아 우리나라 고유 신사임당 눈이라 하며 웃는다. 처음에는 나를 놀리나 싶어서 쑥스러웠는데 아줌마가 웃을 때 나도 따라 웃다 보니 모두가 애정임을 알게 되었다.

"은비야! 너를 볼 수 있고 너의 인자하신 아니 재미있으신 어머니를 볼 수 있으니 그러면 그 시간에 갈게. 그런데 돈은 얼마 줄거야?"

은비는 고등학교 시절에 긴 속눈썹과 깊은 눈이 매력적이라서 나의 첫사랑이었다. 은비의 얼굴은 신비로웠다. 말을 많이 하지 않고 늘 웃지는 않지만 슬그머니 한 마디씩 던지는 말이 참 귀여웠다. 친구들은 은비를 낮에 뜬 반달이라 했고 가깝게 하기에는 너무 먼 당신이란 말을 했다. 고등학교 시절에 은비는 같은 친구들에게 관심이 있는 것이 아니라 늘 학교 선생님들에게 잘 보이려 하는 눈치였다. 한동안은 독일어 선생님이 매력적이라며 독일어를 얼마나 열심히 했던지 독일어 선생님이 은비 발음이 국제 수준이라 칭찬한 적이 있었다. 은비는 얌전한 편인데 자신은 늘 바다 건너 먼 독일에 가서 공부를 해야 한다는 말을 했고 지난 겨울에는 유럽 배낭여행을 혼자서 두 달 동안 갔다 온 독한 친구다. 이제는 여자 친구보다는 엄마로 통한다. 늘 엄마처럼 나에게 말을 하기 때문이다. 언젠가부터 나는 은비를 엄마라 불렀다. 그러면 은비는 아주 만족한 표정을 지으면서 웃는다.

외국어 고등학교를 함께 다녔던 은비는 전화선 속에서 화통하게 웃어대며 물었다.

"야! 너 왕족발 집에서 시간당 얼마 받아?"

"음, 이천오백 원 받다가 할머니가 착한 내 심성에 반해서 삼천 원으로 올려주었어."

은비는 또 웃으며

"우리 집에서는 엄마가 사천 원 준대. 음 아홉 시부터 새벽 4시까지면 8

시간이네 그러면 팔사삼십이 삼만 이천 원이야. 괜찮은 벌이야 내일 아침에 너의 어머니 꽃다발을 사드리든지 아니면 선물을 사 드리면 얼마나 좋아하시겠니?"

미역국과 음식을 만들어 생일상을 차릴 준비만 했지 선물은 생각도 못했다. 아마 아버지가 살아있었다면 울 어머니는 참 편안한 삶을 살아가셨을 것이다.

집에서 살림만 하던 우리 어머니가 날마다 밤잠을 못자고 술집 주방일을 하러 다니는 모습이 마음이 아파서 나는 어떻게 하면 어머니의 뜻에 맞는 아들이 될까 노력하며 살아간다.

아침에 상 차릴 준비를 서둘러 해놓고, 미역국까지 끓여서 밥만 해서 먹을 수 있게 해놓고, 졸음이 왔지만 은비와의 약속을 지키기 위해 행복한 우동가게로 향했다.

연수동 거리는 네온 싸인 거리다. 술집과 음식점이 빼곡히 들어서서 밤의 거리가 됐다. 우리 어머니는 밤마다 이 거리를 걸어 일을 하러 간다. 일하고 돌아와 잠을 자는 어머니의 매일 되풀이되는 삶을 누구에게 보상 받을 수 있을까. 내가 빨리 공부해서 남자 간호사가 되면 어머니가 밤에 이 길을 걷지 않게 해야겠다. 행복한 우동가게 뒤쪽에 있는 라이브 카페를 바라본다. 멀쩡한 신랑이 있어도 요즈음에는 중년의 아줌마들이 바람을 피워 사회적으로 문제라 혀를 끌끌 차던 왕족발집 할머니 말을 들으면 나는 우리 어머니가 얼마나 고마운지 모른다.

우동집에 들어서니 은비 엄마가
"아휴, 우리 선운이가 이제 많이 예뻐졌구나."

나를 보며 큰소리를 내어 웃는다.

"선운아! 밥 먹어라. 뭘 먹을래? 먹고 싶은 걸로 먹어. 밥이 보약이니 밀가루 음식 먹지 말고 든든하게 밥을 먹어라."

면종류를 팔면서 은비 엄마는 늘 우리를 만나면 밥을 먹으라 권한다.

"아줌마! 더 젊어지셨어요. 행복한 일만 있나보지요."

"그렇지 아줌마가 더도 말고 이대로만 살았으면 좋겠다. 밤에 좋은 일이 일어날 것 같은 예감이야. 이렇게 젊은 청년이 우리 가게에서 일을 하고 아줌마는 일하는 모습을 바라보며 얼마나 즐겁겠니. 행복이 별것이니? 이 시간이 행복하면 세상에서 가장 큰 부자지."

아줌마는 흥미진진한 얼굴로 나를 쳐다보며 말을 한다.

머리를 질끈 묶은 은비가 꼭 아줌마를 닮은 붕어빵처럼 문을 열고 들어섰다.

"야! 예쁜 딸 오랜만이다. 그동안 더 섹시해졌네. 파마머리가 역시 잘 어울려. 너는 우리 집에 딱 잘 어울린다고. 앞치마를 입어. 우리 엄마는 앞치마가 참 많거든 골라서 입어."

은비는 들고 온 책을 아줌마 골방에 놓고 함박웃음을 웃는다.

"은비야! 너는 멋도 안 부리냐? 꼭 선머슴처럼 그 신발이 뭐야. 지희는 빨간 원피스에 굽이 높은 수제화를 신어서 얼마나 예뻐졌는지 몰라."

"아이구 꼴에 눈은 있어가지고. 야, 사는 것이 엿 같아서 멋 부리겠냐. 누구에게 잘 보이려구 애를 쓰냐."

아줌마와 은비 머리 모양은 거의 비슷했다. 잘 빗었는지 잘 감았는지 감이 서지 않는다. 머리를 뒤로 질끈 묶은 두 모녀는 마주보며 서로 웃는다.

아줌마가 철이 없는지 아니면 순수한 것인지, 늘 은비와 친구처럼 지낸다. 어떻게 보면 은비가 더 의젓해서 엄마 같다.

"은비야! 선운이에게 그런 소리 하지 마. 잘못하면 삐지겠다."

아줌마는 부엌으로 들어가 돼지고기 두루치기를 한 냄비 해와서 먹으라 권한다. 아줌마가 볶아준 돼지고기 두루치기는 우리 친구들에게는 늘 별미였다. 은비 친구들이 모여 오면 아줌마는 입이 벌어져서 늘 이렇게 정성스러운 대접을 해준다.

그래서 고등학교 친구들이 서로 돌아가면서 이 집을 찾았다. 은비 남동생도 외국어 고등학교를 다녔는데 마찬가지였다.

우리는 맛있는 음식에 관심이 있었을 뿐인데 아줌마는 늘 음식을 해주면서 등을 토닥거리며 많이 먹어라, 엄마는 지금 무슨 일을 하시느냐, 잘 계시느냐, 건강하시냐, 물어 본다.

예전처럼 우리 이야기에 끼어들어 대화를 나누고 싶어 하는 엄마를 보며 은비가 싫은 소리를 했다.

"엄마! 제발 우리 이야기에 끼어 들어주지 말아주세요. 선운이가 엄마보고 속으로 뭐라고 한 줄 알아요? 아줌마가 또 말발이 터졌구나 하고 흉을 본다구요."

"은비야! 그렇게 말하지 마. 은비 엄마는 우리 친구들에게 인기가 짱이에요. 그리고 제일 늙지 않으시고 언제나 소녀 같으셔서 늘 대화가 되지 않아요?"

아줌마는 은비의 말에 노여워하는 기색이 전혀 없었다.

아줌마의 한쪽 손목에는 불에 덴 자욱이 있었다.

은비와 나는 아줌마를 가게에 따돌리고 커피 두 잔을 타서 문 앞에 있는 시인의 공원으로 가 벤치에 앉았다. 나뭇잎이 무성하게 우거져 있는 공원에는 낮의 뜨거운 열기를 식히느라 사람들이 군데군데 의자에 앉아있다. 가까운 병원에 입원 중인 환자들이 몇 명이 모여 있는데 은비는 가게로 뛰어 들어가 음료수를 가져와서 그 환자들에게 대접했다.

"은비야! 아니 엄마야! 너는 어쩜 그렇게 인정이 많니? 너의 엄마를 닮았어. 그런 너의 인정미에 친구들이 너를 좋아하나봐. 고등학교 2학년 때 수학여행 갈 때 내가 용돈이 없어서 여행을 포기하려는 것을 눈치채고 네가 호주머니에 돈 삼만 원을 넣어 주었잖니. 너의 엄마가 나를 갖다 주라 했다면서. 얼떨결에 받아놓고 얼마나 자존심이 상했는지 아니? 그때는 너의 엄마가 조금은 밉기도 했어."

은비는 얼굴에 흐른 땀을 닦으며 말했다.

"야, 속 좁다. 우리 엄마가 밤을 새워 우동 끓여서 너에게 거금을 준거였는데 그런 생각을 하다니 우리 엄마가 아침에 들어오면 저렇게 웃지 않아. 늘 파김치처럼 지쳐서 입술이 하얗게 바래 있어. 우리 엄마가 안타까워서 나는 바르게 자라야겠다는 생각을 해왔어. 너도 아버지 없이 반듯하게 잘 살고 있으니까 우리 엄마가 좋아서 피곤에 절은 얼굴로 너에게 갖다 주라고 하시면서 아무도 모르게 자존심 상하지 않게 전하라는 말을 했어. 나는 우리 엄마가 얼마나 위대해 보였는지 몰라. 우리 엄마는 권력 있는 사람들이 못마땅하면 막 싸우기도 하지만 약한 사람을 만날 때는 즉흥적으로 아무도 모르게 선행을 할 때가 있어. 몸이 뜨거워져서 참을 수 없어서 도와주어야 한다는 말을 하더라. 그럴 때 우리 엄마가 세상에서 가장 멋있는 엄마이며 사람이라는 것을 느껴."

은비는 비닐문을 바라보며 제법 어른처럼 말을 했다.

"그래, 그래서 내가 간호사 되면 너의 엄마 건강은 책임진다고, 그러면 됐지."

커피를 마시고 있는 우리를 아줌마는 아이스크림을 먹자고 불렀다.

메론바와 팥이 들어있는 아이스크림을 느티나무 아줌마와 먹었다. 물론 우리가 좋아하는 아이스크림은 아니지만 옆에서 막걸리를 마시며 기타를 치는 아저씨의 음악을 들으며 먹었다.

어둠이 진하게 몰려올수록 사람들이 비닐문을 밀며 들어왔다.

삼복더위에 이 허름한 문 안으로 어떻게 이렇게 모여오는 것이지 이해하기가 힘들었다.

시인아저씨들은 어디에서 술을 많이 먹었는지 습관처럼 이 집을 들렸다가는 눈치였다. 술이나 안주를 또 우동이나 김밥 종류를 시키지 않고 시에 관한 이야기만 쭉 늘어놓았다. 아줌마는 막걸리를 노란 양재기에 가득가득 따라 주었다. 커피를 마시듯 막걸리를 김치와 단무지에 마셨다. 아줌마는 다른 손님들 안주를 준비하다가 시인들 몫으로 조금씩 떼어 간간히 시인들 앞에 올려놓았다.

"세상에 공짜 술이 얼마나 맛있는 줄 알아. 내가 이 집에서 막걸리를 공짜로 먹은 양을 따지면 한 차는 될 거야."

기타를 치며 노래하는 시인아저씨가 공짜를 찬양하는 마음으로 아주 달게 막걸리를 마셨다. 세상 어느 집에서도 볼 수 없는 광경이 이곳에서 일어났다.

간간히 친구들과 이곳에서 와서 은비가 없을 때는 돈을 내고, 있을 때는 서비스 안주를 얻어먹곤 했는데 막상 앞치마를 입고 일을 해보니 별난 세상을 만난 듯 했다.

사람들이 끊임없이 들락거리는데 아줌마는 우동을 삶다가 그릇을 나르다가 이야기에 조금씩 참견했다. 특히 아이들이 들어오면 꼭 눈을 맞추며 예쁘다거나 멋있다는 말을 했다. 물론 많이 컸다는 말은 기본이었다. 많은 사람들이 아줌마 입장에서 말을 했고 이해하려 했다.

먹은 그릇을 치우며 음식을 나르는 일을 하다가, 설거지를 하다가 지쳤다는 이유로 쉬고 있는 은비 덕분에 은비가 하던 설거지까지 내가 하게 되었다. 느티나무 아줌마와 음식을 열심히 만들어 내는 아줌마는 무슨 공장에서 일하는 느낌처럼 손발이 맞았다. 아줌마는 낮부터 이곳에 나와 근무 중이니 얼마나 힘이 들까. 정말 힘든 일이었다. 왕족발 배달하는 것은 문제가 아니었다. 모두 손으로 움직여야 하는 일이다. 다리가 아파오기 시작했다. 세상에 이런 일을 하며 살아가는 아줌마가 대단했고 이 시간에 술집 주방에서 일을 하고 있을 어머니를 생각하면 가슴이 아팠다.

다리가 아파서 자꾸만 의자에 앉아 있는 나를 보며 아줌마는 측은해 했다.

"아휴, 낮에 잠을 못 잤고 안했던 일이라서 다리가 아프겠구나. 그런데 너는 어쩜 그렇게 앞치마가 잘 어울리니? 앞치마 태가 너무 고와서 예쁘다. 너의 파마와 잘 어울린다. 젊어서 고생은 사서도 하는 거야. 오늘 너는 우리 집에 비어 있는 아줌마 자리에 아줌마 모습으로 온 거란다. 입술을 깨물며 견디다 우리랑 함께 퇴근해야 된다."

아줌마는 '토닥 토닥'에서 불로 구운 매운 통닭 한 마리를 시키면서 웃기 시작했다.

느티나무 아줌마는 힘이 들어서 화가 난 듯한 표정으로

"손님이 계속 들어오면 주인은 좋을지 몰라도 일하는 사람은 지랄 나는 거지 뭘. 힘들어서 그러는데 놀리기까지 하는 심보는 뭐람"

혼잣말처럼 중얼거렸다.

"그런 말은 우리 집 장사가 되지 말라는 뜻 같애. 사람이 오지 않으면 우리가 이곳에 있을 이유가 어디에 있어요. 집에서 잠이나 쿨쿨 자면 될 것이지 손님이 있을 때도 있고 없을 때도 있는데 없을 때 편히 쉬려면 기쁜 마음으로 일해야 되는 것 아닌가."

은비 엄마는 예민한 듯 말을 길게 늘어놓았다. 어쩜 오래전부터 준비한 말투였다.

느티나무 아줌마는 힘이 들어서 투덜거렸을 뿐인데 무척 너그러워 보이는 은비 엄마가 꼭 어린애처럼 아줌마에게 따지는 모습은 이해하기가 힘들었다.

느티나무 아줌마는 슬며시 나를 보며 웃었다. 그리고 힘들겠다면서 위로를 했다. 그런데 은비 엄마 앞에서는 입을 꾸욱 다물고 토라져 있어 보였다.

몇 시간이 지난 후 정말 다시 집으로 가고 싶었다. 설거지를 하는데 자꾸만 눈이 감겼다.

"야, 이쁜 짓 하면서 왜 그리 힘들어 하는 거야. 힘을 내야지 군대까지 갔다 와가지고 나이 먹은 어른들 앞에서 그러지 마라."

은비는 옆구릴 쿡 찌르며 놀려댔다. 옆에서 은비 엄마는 덩달아서 웃었다.

"졸려서 그래, 정말 졸린다. 은비야, 나 밖에서 바람 좀 쐬고 들어올게."

이렇게 말하는 나를 보며 또 웃어댄다. 은비와 은비 엄마는 어쩜 저렇게 닮을 수가 있을까. 은비는 아직 웃을 나이지만 엄마는 저렇게 여한이 없이 웃을 수 있다는 것이 우리 어머니랑 너무 다르다. 비닐문 앞에 은비 자전거가 서 있다. 하얀 자전거를 타고 시인의 공원을 돌았다.

살아서 움직이던 더위가 잠이 든 듯한 공원주변을 자전거를 타고 돌면서 많은 사람들이 잠을 자지 않고 움직인다는 것을 알았다. 우리 어머니가 일하는 술집 앞에서 술에 취해 비틀거리는 남자들이 걸어 나온다. 저 남자들은 우리 어머니가 해준 안주를 먹었을 것이다. 내가 먹어보지 못한 고급 안주와 술을 비싸게 먹고 저렇게 비틀거리며 집에 가는 것이다.

남자들 옆에는 긴 생머리에 젖가슴이 움푹 패인 옷을 입고, 짧은 치마 입은 늘씬한 아가씨가 어깨를 붙잡고 함께 걸었다. 과연 저 여자들과 어디에 가는 것일까. 정말 막연하게 생각해온 꽃피는 여관으로 가는 것일까. 어느새 잠이 확 달아났다. 나는 군에 갔다 온 한국 남자다. 건강한 남자가 되어 아가씨와 함께 걸어가는 남자를 추적해본다는 것이 얼마나 한심스런 일인가.

자전거를 타고 그 남자의 뒤를 따라 가다가 어디서 본 듯한 얼굴을 만났다. 술집 골목을 지나며 호텔과 모텔이 즐비하게 늘어져 있는 이유를 알 것만 같았다.

고등학교 시절 친구 형구가 여자 친구와 팔짱을 끼고 카나리아라는 호텔 앞을 향해 가는 것을 봤다. 형구의 여자 친구도 잘 아는 터라 아는 체를 할까 망설이다가 어쩐지 호텔을 향하여 가는 것 같아서 자전거에서 내려 천천히 걸었다. 형구는 고등학교 시절에 몸짱과 얼굴짱, 그리고 공부까지 잘해서 여학생들에게 인기가 많았다. 여학생들이 한 번쯤 짝사랑을 해보지 않은 애가 별로 없었던 것으로 기억한다. 물론 은비도 형구가 좋아했지만 은비의 관심은 친구들에게 있지 않았기 때문에 형구의 첫사랑은 은비가 아닐까 싶다.

형구 옆에 있는 여자는 살이 통통하게 찌고 얼굴이 큰 여자애다. 우리 학교 옆에 있는 학교에 다니던 우리 또래 아이였는데 남자를 잘 홀린다는 소문이 자자해서 모두들 기억했다. 형구도 군에 갔다 와서 복학을 했는데 방학이라서 충주에 왔을 것이다. 무척 반가운 친구를 앞에 두고 아는 체를 못하는 내가 약간 남자답지 못한 것 같지만 저렇게 둘이 입을 맞추며 걸어가니 모르는 체 눈을 감을 수밖에 없다.

형구는 카나리아 안으로 들어갔다. 몸을 바짝 기댄 여자 친구랑 둘이서 가는 모습을 보니 잠이 확 달아났다. 사실 나도 건강한 한국 남자다. 밤거리에서 이루어지는 모든 일들을 이해할 수 있는 나이지만 쑥스럽고 가슴마저 뛴다. 빨리 은비에게 이 놀라운 뉴스를 전해야겠다. 자전거를 돌려 행복한 우동가게 앞에 세우고 비닐문 안으로 들어왔다.

그 사이에 손님들은 좀 빠져 나갔고 은비는 설거지를 하고 있었다. 느티나무 아줌마를 보면 어쩐지 어머니 생각이 나서 어떻게 하면 이 뚱뚱한 아줌마를 기쁘게 해드릴까 생각을 하다가

"자 엉덩이가 예쁜 아줌마에게 차 한 잔을 타 올리겠습니다. 이제 조금

앉아서 차 한 잔의 여유를 가지십시오."

느티나무 아줌마는 나를 보며 수줍게 웃었다. 지쳐 보이던 얼굴에 밝은 미소를 지으니 부엌이 아닌 가게 안이 환해졌다.

은비 엄마는 옆에 있는 바다횟집에서 느티나무 아줌마가 좋아한다는 이유를 내세우며 광어회 한 사라를 시켰다. 한숨 돌리는 쉬는 시간이 마련되었다.

느티나무 아줌마를 위해 노래 하나를 부르고 싶었다. 밤에 들어온 어머니 모습은 우리 어머니와 다른 은비 엄마가 아니라 오늘 밤에는 느티나무 아줌마다. 눈만 뜨면 일을 해서 손톱을 깎지 않아도 된다는 우리 어머니의 거친 손, 일하다가 칼에 살짝 베거나 불에 덴 자국이 있는 손, 느티나무 아줌마는 우리 어머니를 영락없이 닮았다. 은비 엄마는 같은 일을 해도 아니 점심때부터 나와 있어서 근무하는 시간이 느티나무 아줌마 배가 되지만 웃을 수 있는 여유가 있지 않은가. 그래도 주인이니까. 재미붙여서 일을 할 수 있지만 우리 어머니나 느티나무 아줌마는 오랜 세월 남의 부엌에서 피곤할 때나 졸릴 때나 항상 기계처럼 일을 해야 한다. 모두 자식들을 위해서다.

은비 어머니는 회에 정종이 어울린다는 이유로 한여름 밤인데도 불타는 정종 한 잔씩을 따라 놓았다.

"느티나무 아줌마 술 못 드시니까 콜라 드릴까요?"

아줌마는 금새 얼굴에 피곤이 싸악 가신 모습이다.

"아니야. 나도 술 한 잔 마실래."

은비 엄마는 잔을 높이 들어 모두 건배를 강요했다.

"우리 자식들의 불타는 청춘을 위하여, 느티나무와 한량이의 건강한 사십대를 위하여, 그리고 이 지독한 삼복더위를 위하여 건배합시다."

뜨거운 정종을 입술에 대며 커피를 마시듯 은비 엄마는 술술 먹었다. 그리고 느티나무 아줌마는 이가 아프다는 이유로 회를 조금밖에 먹을 수 없었고 은비 엄마가 제일 많이 맛있게 먹었다. 느티나무 아줌마와 눈을 계속 마주치며 조금이나마 위로가 되고 싶은 마음에 내일이 어머니생일이라는 이유를 대며 '어머니 은혜' 노래를 연습하듯이 불렀다.

은비에게만 말하려 했던 방금 전에 호텔로 들어간 친구 형구 이야기를 남의 이야기를 하듯이 아줌마들 앞에서 아주 신기하듯이 이야기했더니 모두가 입을 딱 벌렸다.

은비는 믿어지지 않는다는 듯이

"선운아! 정말 형구가 맞아 정말이야? 어떻게 어린 것들이 모텔에 갈 수 있어. 싸이월드에 올라있기는 있어서 친구들이 재미있으라고 하는 말인 줄 알았는데 나는 정말 믿어지지 않아."

"잠이 확 달아나더라고. 어떻게 그럴 수 있을까. 하지만 우리는 성인이지 않아 결혼할 수 있는 나이라고. 너 또 입이 싸서 친구들에게 떠들 거지. 그러면 안 돼. 정말이야 일급비밀을 어머니들 앞에서 털어놓은 것은 아줌마들은 형구를 잘 모르잖아?"

은비 엄마는 호기심이 가득한 표정으로 마지막 정종을 다 마시며 말했다.

"아니야! 형구 나도 잘 알아. 그 잘 생긴 애 말이야. 그 집은 택시회사하고, 은비 친구 영은이가 한동안 좋아해서 살을 10kg나 뺐다는 재미있는 이야기를 들어서 다 알고 있어. 영은이 보다 훨씬 뚱뚱하고 별로 예쁘지 않은 아가씨랑 우리 가게에 와서 김치볶음밥, 돌우동, 김밥, 쫄면까지 시켜 먹었거든. 식성이 좋은 아가씨 말이야."

은비 엄마는 이미 형구와 여자 친구를 알고 있어서 지방방송을 하듯이 줄줄이 이어 말을 했다.

"엄마는 우리 친구들 이야기까지 왜 그렇게 잘 알아요."

투정을 하는 은비는 아직도 형구가 호텔에 갔다는 말이 믿어지지 않는 모양이다.

"아휴, 요즘이 이조 시대도 아니고 예전 같으면 시집 장가가서 아이들 부모가 됐을 것인데 뭐가 이상하다는 거요. 호텔에 가는 것이, 미성년자도 아닌데……."

답답하다는 듯이 말을 하는 느티나무 아줌마가 참 현명해 보였다. 내가 지금 이 자리에서 친구들이 호텔에 간다는 말을 한다는 것이 얼마나 한심한 일인가. 여자 친구가 없는 내가 더 현실에 맞지 않다.

밤이 깊어지면서 손님들은 또 북적이기 시작했다. 기타를 치며 노래를 하는 시인아저씨는 막걸리를 건하게 마시고 화장실을 몇 번이나 왔다갔다 하면서 산수유를 봤다는 이야기를 했다. 밤에 어둠속에 비치는 산수유 잎이 새롭다는 둥 이 집을 십 년 가깝게 다니면서 화장실 창문으로 보이는 그림 같은 산수유를 언젠가는 시로 승화시킬 거라는 말을 했다.

사람들은 술을 먹어서 그런지 아니면 배가 고파서 그런지 졸지 않고 또렷또렷하게 주문을 하고 음식을 맛있게 먹는다. 처음으로 밤을 새며 식당 일을 하는 나는 누가 보기에는 군에 갔다 온 남자가 아니라 인내력이 없는 힘없는 사내라 할 만큼 졸음이 또 밀려 왔다.

눈을 감으면 금방 잠이 들어버릴 것 같은 느낌이다. 군에서 보초 섰을 때 이런 졸음이 왔었다.

그만 집으로 가고 싶지만 은비 엄마나 은비에게 내 체면이 뭐가 될까. 참는 데까지 참으며 우동을 손님들에게 나르는데 빡빡하게 뜬 내 눈을 보며 은비가 낄낄거렸다.

"야! 식당 아줌마 파마머리! 졸리니? 왜 그래 로봇처럼 움직이지 않는 눈동자를 하구."

옆구리를 찌르며 웃어대는 은비 옆에서 은비 엄마는 덩달아

"아! 정말 그렇다. 선운이 눈이 참 이상하다. 인형 눈이다."

소리를 크게 내며 하하하 웃어댔다.

"아줌마! 저 무척 졸려서 그래요."

"사내가 하룻밤도 절절 매니! 우리 엄마는 십 년이란 세월을 이렇게 살아왔다. 엄살 부리지 마라."

은비가 말을 하면 은비 엄마는 또 웃는다.

한참동안을 억지로 일을 하는데 나처럼 파마머리를 한 아줌마인지 아가씨인지 분간할 수 없는 여자 손님 둘이 앉아서 나를 부른다.

"총각! 이리 와봐요, 이것 좀 보라구요. 잔치국수 속에서 이것이 나왔어요."

"뭔데요……."

"보면 몰라요, 우동가락이라구요. 먹던 우동이 나왔다구요."

아주 날카롭게 나를 노려보며 말을 했다.

"제가 넣지 않았는데 왜 그렇게 무섭게 하세요."

곱슬머리 여자 손님은 술에 취해서 붉은 얼굴로 나를 쳐다보았다.

"야, 이자식이 무슨 변명이니? 손님이 왕이라는 것을 몰라, 어디서 먹던 우동에다가 국수를 넣어주는 거야. 시인의 집이라더니 이래도 되느냐고."

여자 손님은 국수그릇을 식탁 위에 엎어버리고 재수없는 놈이라 욕을 하며 문을 나가 버렸다.

잠이 확 달아났다. 파마머리 여자 손님에게 왜 그런 수모를 당해야 하는지. 억울해서 울먹이고 싶지만 또 은비가 남자답지 못하다는 이유로 핀잔을 줄까봐 꾹 참고 있는데 은비가 큰소리를 듣고 와서 왜 그러느냐 물었다.

먹던 우동국물에 잔치국수를 말아주어서 이런 일이 생겼다는 이야기를 했더니 은비가 또 웃기 시작했다. 은비 엄마는 덩달아서 이 사실을 알고 내 기분과는 아랑곳 하지 않고 하하하 웃었다.

"아! 네가 우리 집 식당 종업원 교육을 안 받아서 그래. 그 국물은 먹던 국물이 아니라 우동국물에 원래 가는 국수를 삶아서 말아 주거든. 우동을 데쳐낸 국물이라서 우동가락이 밑에 몇 가락 남아있을 수 있거든. 우동가락이 들어가지 않게 국수를 말아야 하는데 내가 좀 털털해서 그냥 부어주어서 그런 거야. 손님들이 간혹 오해해서 먹던 우동이라는 말을 해. 하기야 설명 안하면 오해 할 수밖에 없어. 우리가 양심을 속이면서 정말 먹던 국물을 주는 것이 아니니 신경 쓰지 마라. 우리 양심만 떳떳하면 되는 것 아니니."

은비 엄마는 자신이 잘못했다는 인정은 안 하며 계속 웃어댔다. 방금 전에 내가 당한 수모를 모르는 은비와 은비 엄마의 웃음소리는 더욱더 컸다. 이렇게 밤을 새워 일하는데 어떻게 저렇게 웃어댈 수 있는지 이해하기가 힘들었다. 은비도 학교에서 하루 종일 공부하고 차를 타고 와서 무척이나 고단할 텐데 계속 나를 골탕 먹이고 있다. 우동 하나, 김밥 하나, 쫄면 하나 줄을 이어 들어오는 메뉴를 즉석에서 만들어 내는 이 집은 정말 국수공장 같은 느낌이 들었다.

　신발에 들어있는 양말이 축축하게 젖어있고 앞치마 속으로 스며드는 구정물로 배가 축축히 젖었다. 아직도 네 시가 되려면 한 시간이 남았다. 한 시간만 참으면 집에 갈 수 있어서 참 좋다. 그런데 느티나무 아줌마가 힘이 어디서 났는지 일이 끝나면 노래방을 가자는 제안을 했다. 총각이 노래를 너무 잘 불러서 노래를 더 듣고 싶다는 말을 해서 눈을 동그랗게 뜨고 물었다.

　"이 시간에 문 열어놓은 노래방이 있어요?"

　느티나무 아줌마는 이 집 사장은 노래방을 한 번도 갈 줄 모른다는 투정 비슷한 이야기를 했다. 은비말로는 아줌마는 춤을 잘 추어서 노래방에 가는 것을 좋아하며 춤방에 가는 것도 좋아하는데 우리 엄마는 데리고 가지 않아서 약간 불만이 있으니 나에게 좀 해결해달라며 또 웃었다. 우리 어머니가 퇴근할 시간이 다가오고 있었다. 나는 빨리 집에 가서 아침 생일상을 봐야 하는데 네 시는 좀처럼 오지 않았다. 어머니께 지금 식당에서 아르바이트 한다는 말을 하지 않아서 퇴근 후 내가 집에 없으면 애를 태울 것이 분명하다.

　쓰레기차가 어둠을 몰아내며 골목마다 쌓여있던 쓰레기를 치운다. 어둠과 밝음의 교차는 밤에 쏟아 놓은 사람들 몸속으로 들어가기 위해 만들었던 음식물이 거리를 맴돌고 있을 뿐이다. 술집 일을 끝낸 사람들이 하나둘 들어와 일을 하면서 허기졌던 배를 채운다.

은비 엄마는 자꾸만 시계를 쳐다보는 내 마음을 알아차리고 하루 일한 품삯을 건네주며 빨리 집에 가서 어머니 생일상을 차리라 다독거렸다.

은비 엄마와 약속한 삼만 원이 갑자기 오만 원으로 변해 있었다. 어떻게 일곱 시간 일을 했는데 이렇게 많이 주느냐며 받지 않겠다 사양했더니

"선운아! 네가 오늘밤 우리 집에서 청춘을 불사르면서 한 인생 공부가 훨씬 값진 거라는 것을 안다. 애를 써줘서 고맙구나."

어깨를 토닥토닥거려주는 아줌마는 웃어도 밉지 않은 웃음소리가 분명하다.

은비와 나는 다시 사이다 한 잔씩을 가지고 시인의 공원 느티나무 아래에 가 앉아 있는데 아주 낯익은 사람이 우동집 안으로 들어갔다.

우리 어머니가 뾰족 구두를 신었다. 그리고 붉은 립스틱을 발랐고, 남자들 옆에서 술에 취한 모습으로 비틀거리며 들어간다. 설마 우리 엄마는 아니겠지. 내가 잘못 본 거야. 눈을 부라리는 나를 보며 은비가 속삭였다.

"선운아! 우리가 지금도 어른이지만 더 어른이 되면 우리 가게 안에 들어온 사람들을 많이 이해하게 될 거야. 모두가 살아가기 위한 과정이라는 것을 이해하는 날이 올 거야."

이상한 우동가게

# 이상한 우동가게

"아줌마! 놀라지 마. 정말 놀라면 안돼요. 준혁이가 다쳤어요."
"뭐라고, 언니! 우리 준혁이가?"
하늘이 노랬다. 땅이 가라앉은 느낌이다. 가슴이 콱 막힌다. 아니 내가 이대로 분해되어 버린다면 좋겠다. 나의 희망, 사랑, 꿈인 내 아들 준혁이가 다쳤다니.
새파랗게 질린 주인 언니의 얼굴을 보니 큰일이 일어났다는 것이 틀림없다.
"아가야! 놀라지 마. 정신 차려라."
고무장갑을 낀 채 느티나무 아래 힘없이 누워서 아프다 소리 지르는 준혁을 부여안았다.
코란도 차가 옆에 서 있다. 시인의 공원에는 시 낭송회를 하기 위해 전국에서 모여든 시인들이 구름처럼 몰려 있다. 내 생명의 전부인 준혁이가 교통사고가 난 것이다.

"걱정하지 마세요. 엄마가 진정하셔야 돼요. 다리를 조금 다쳐서 병원에 가면 됩니다."

운전을 한 사람처럼 보이는 남자가 준혁을 안아 차에 태운다.

"준혁아! 준혁아! 우리 불쌍한 준혁아! 엄마가 미안해."

발에 힘이 다 빠져서 걸을 수 없다. 이대로 푸욱 주저앉아 버리고 싶다. 신은 가혹해서 나를 어느 곳에나 살아남게 만든다. 준혁이를 실은 차는 어느 정형외과 앞에 멈췄다.

수술실로 들어갔다. 문이 닫힌 후 준혁의 울음소리가 들렸다. 엄마를 부르는 소리다. 하늘이 찢어지며 땅이 꺼진다. 초가을 햇살이 병원 창을 통해 들어와 내 손안에 안긴다. 부드러운 느낌이 전해진다. 솜털처럼 가벼운 내 아들의 울음소리가 내 마음을 찢고 그곳에 칼질을 한다. 파랗게 질려 있는 주인 언니는 나를 껴안고 꾸억꾸억 소리 내며 운다.

"겨울햇살아! 미안해. 준혁이를 내가 봤어야 했는데 너를 일만 부려먹고 이런 일이 일어나다니."

주인 언니는 우리 준혁을 자신의 막내아들처럼 대해주었다.

아이를 데리고 식당에 취직할 생각은 추호도 없었다. 그러고 싶은 사람이 세상에 어디에 있을까. 부산에서 신랑이 저지른 일 때문에 밤에 보따리를 싸서 이곳에 머물게 되었다. 떠나올 때 내 손에 여동생은 돈 몇 푼을 안겨 주었고 우리는 무작정 충주라는 곳이 숨어 살기가 괜찮을 거라는 정보를 들은 후 이곳으로 밤밥 먹고 도망 온 것이다. 무슨 사업을 하다가 실패한 것도 아니고 남의 돈을 훔쳐 도망 온 것이 아니라 술 먹고 일을 종종 저지르는 준혁이 아빠가 또 일을 저질렀기 때문이다.

　다섯 살 연하인 준혁이 아빠와의 만남은 처음부터 불운으로 이어졌다. 어려서 아버지가 죽고 홀어머니는 거리에서 사과 장수를 했다. 그 밑에서 고등학교를 졸업한 후 큰 키에 이목구비가 뚜렷하다는 이유로 백화점 경리로 취직을 했다. 매끈한 다리로 점장님에게 잘 보여 백화점의 얼굴로 뽑히기도 했다.

　그 때 운명적으로 나타난 준혁이 아빠로 인해 확 달라진 삶을 살게 되었다.

　어떻게 여기까지 오게 되었을까. 이곳에서 준혁을 데리고 일을 하다가 준혁이는 바로 문 앞에서 차에 치여 지금 수술실에 있다. 산다는 것이 이렇게 가혹한 것일까. 왜 하필이면 내가 이런 고통을 받아야 하나. 울퉁불퉁한 비포장도로를 달리는 완행버스 같은 삶이다. 나 혼자로 족해야지 왜 우리 준혁이까지 아픔이 오는 걸까. 거부하고 싶다. 행복하지 못한 일들이 우리 준혁이한테 안 일어났으면 좋겠다.

　하지만 시뻘건 피를 쏟으며 금방 죽을 것 같은 사람들이 응급실로 들어간다. 교통사고로 중태에 빠진 사람들이 어쩜 죽을지 모른다는 생각이 들었다. 아니면 살아도 꼭 불구가 될 것만 같다. 내 금쪽같은 준혁이에게는 그런 일이 없기를. 하느님 부처님 다 빌어 주세요. 제가 이 세상에 그렇게 나쁜 짓 하지 않았지요.

　그렇게 큰 사고가 아니라는 것을 예감할 수 있기에 조금 안심이다. 우동집 언니가 나보다 더 놀라 우는데 정말 피를 나눈 언니 같은 생각을 했다. 물론 준혁은 이 집에 온 이후 언니의 늦둥이처럼 안고 끼고 살았으니까 얼마나 고마운 일인가.

　의사가 수술실에서 나오면서 별일 없을 거라는 말을 했다. 준혁은 다리에 깁스를 하게 되었고 발목이 부러져서 내일 더 큰 수술을 하기로 했다. 한 두 달 정도 입원하면 될 것이며 시간이 지나면 꼭 나을 거라는 말을 강조하면서 의사가 언니와 나를 보며 걱정하지 말라 했다. 한숨을 돌릴 수 있다. 준혁은 다리가 아프다 울지만 더 심한 상처를 입어 평생 불구로 살 수 있는데도 이만하기 다행이라며 언니는 눈물을 닦았다.

　"야! 너는 왜 이러니? 업을 닦기가 참 힘들구나."

　주인 언니의 말은 완전히 부산에 있는 우리 언니의 말이다.

　월세로 원룸을 얻어 네 살짜리 준혁이와 한 방에서 산다. 준혁이 아빠는 아니 나의 꼬마 신랑은 새벽이면 인력 시장에 일자리를 찾으러 간다. 주머니에 동전 하나 없을 때만 나간다. 그러지 않으면 부동산에 나가 바둑을 두거나 화투를 치는데 심부름을 해주고 자장면이나 얻어먹곤 한다. 처자식이 배가 고픈지 아픈지 관심이 없는 나의 어린 신랑이다.

　배가 고파서 어린애가 먹을 것이 없어서 나는 어린애를 데리고 일자리를 구할 수밖에 없었다. 한 달만 돈을 벌어서 준혁을 놀이방에 맡기며 일을 하면 될 것이다.

　준혁이를 집에 놓고 행복한 우동가게에 취직을 하러 왔을 때 경쟁자 세 사람이 한꺼번에 들어왔었다.

　두 분은 식당일을 전문적으로 했던 사람이라 나이가 좀 들었지만 일에는 자신감이 있어보였다. 나는 아직 식당일을 한 번도 해본 경력이 없어서 실격이라는 생각에 힘없이 주저앉고 싶었다. 청원피스를 입고 머리를 곱게 빗어 쪽머리를 한 주인 언니는 정말 이 집에 어울리지 않는 사람 같았다. 거친 일을 할 것 같지 않았고 만약 하더라도 얼마하지 못할 것 같아서 고개를 갸우뚱거려 봤다. 과연 왜 이 우동집에 저 언니가 있을까. 그날 따라 언니가 환해 보였다. 웃는 모습이 선했다. 언니는 인간적으로 와 닿게 우리 세 사람의 신상명세서를 기록하며 모두 생각해보고 전화를 하겠다는 약속을 했다. 그리고 우리에게 우동집에 왔으니 우동 한 그릇씩 먹고 가라며 직접 우동을 끓여주었다. 두 아줌마들은 점심을 먹었다고 사양하다가 고마워서 먹기 시작했고 나는 모처럼 땀을 흘리며 아주 맛있게 먹었다. 세상에서 제일 맛있는 우동이었다. 우리 셋 모두 취직을 못하면 그냥 나가야 한다는 것을 알지만 주인 언니가 참 좋았다. 우리 셋은 미련을 남기고 다시 연락을 기다리며 비닐문을 빠져 나왔다.

나오면서 두 아줌마에게 나는 전화번호를 적어주며 일자리가 생기면 전화해달라는 부탁을 했다. 나이든 아줌마들이 이렇게 아가씨 같이 고운 새댁이 무슨 사연이 있어 막일을 하려드냐는 말을 해서 돌아서서 그냥 씨익 웃고 말았다.

터덜터덜 집으로 돌아오니 준혁이 아빠는 어젯밤 밤을 새워 부동산 사무실에서 기웃거리다가 와서 라면을 끓여먹고 잠을 잔다. 준혁이와 내가 옆에 있는지 없는지 아무런 관심 없이 잠속으로 빠져든 준혁이 아빠 옆에서 준혁은 무엇을 할까. 맥없이 돌아와 방문을 여는데 전화벨이 울렸다.

"아, 방금 전에 오셨던 준혁이 엄마지요. 다른 아줌마들에게 미안해서 그냥 보냈는데 나는 준혁이 엄마가 마음에 드는데 준혁이 엄마 이곳에 근무할 수 있어요?"

부산에 있는 내 언니의 목소리처럼 터프하면서 다정한 주인 언니의 목소리가 반가왔다.

"그럼요. 저를 뽑아주시면 참 좋아요. 저는 열심히 일을 하겠지만 초보자도 괜찮은 거지요?"

"초보자를 우리 집에서는 더 좋아해요. 저도 사실은 초보자거든요, 처음에는 육체적으로 정신적으로 힘이 들겠지만 정붙이면 즐겁게 일할 수 있을 거에요."

그 뒷날부터 나는 출근했다.

준혁을 떼어 놓고 일을 가려 했는데 준혁이 아빠가 어제 부동산에서 돌아오지 않았다.

아직 어린 아이를 낯선 곳에 집에 혼자 놓고 일을 나갈 수는 없는 일이다. 그렇다고 데리고 갈 수 없다는 것을 안다. 모처럼 마음 붙이며 일할 곳이 생겨서 어깨에 힘이 들어왔는데 이 일자리를 놓치고 싶지 않아서 준혁이의 이야기책과 장난감을 챙겨 가방에 넣어 준혁이 손을 잡고 나왔다. 행복한 우동가게와 거리는 그리 멀지 않아서 아장거리는 준혁을 데리고 오다가 출근시간이 늦어질까 봐 아이를 등에 업고 급히 서둘러 걸었다.

어린 시절 어머니가 우리를 키울 때 내 남동생을 등에 업고 사과 장사하던 것을 기억한다. 언제나 머리에 흰 수건을 쓰고 헐렁한 몸빼 바지를 입고 돈이 들어 있던 어머니의 앞치마를 기억한다. 그 앞치마 속에서 사과 알이 구르고 있었다. 사과와 바꾼 돈들은 어머니의 앞치마 속에서 서로 몸을 부딪치며 아우성을 치고 있었다. 단 한 번도 어머니가 편히 사는 모습을 못 봤다. 어머니가 어린동생 손을 잡고 사과 장사를 하던 기억이 내 앞에 현실로 나타나다니 사람 살아가는 일은 예측할 수 없는 일이다. 지지리 고생하는 어머니의 삶을 닮지 않으려 무지 애를 썼는데 말이다.

나는 여고 시절에 예쁘다는 말을 많이 들었다. 백화점에 근무하던 시절에 이곳에 있기는 아까우니 서울로 가라는 말을 많이 들었고, 미스코리아에 도전해보라는 말을 들을 때는 화장을 하지 않은 나를 놀리는가보다 하고 웃어 넘겼다. 남자들은 많이 따랐지만 사과 장사 하는 어머니의 밥을 지어 배달했고 집안 청소며 살림을 모두 맡아 했으므로 남자를 사귈 여유가 없었다. 사람들의 예쁘다는 말을 곧이듣지 않았던 내 자신이 참으로 후회스럽다. 그토록 직업과 집안이 좋은 사람들이 나타나서 청혼을 했지만 서민 임대 아파트에서 살아가는 내 모습과 어울리지 않는다하여 고개를 흔들었을 뿐이다. 사과 장사를 하는 울 어머니를 있는 그대로 이해해 줄 수 있는 사람 아니, 비가 오면 사과를 리어카에 실어 줄 사람이면, 그런 생활력이 있는 사람이면 된다고 생각했다.

준혁이 아빠는 아주 왜소한 체격에 키가 작고 눈웃음을 치는 남자였다. 그 남자는 내가 혼기에 꽉 차있는 결혼시점에 나타나 우리 어머니의 사과 궤짝을 리어카에 싣고 있었다. 백화점 정육점에 고기를 선별하는 기술을 가지고 취직한 사람이었다. 사람들은 칼을 잘 다루는 그를 외모와 어울리지 않는 백정이라 했다. 나를 누나라 따라다니며 퇴근길이 같아서 시내버스를 몇 번 탔을 뿐인데 나는 그에게 까마득히 와 닿는 누나가 되어 버렸다.

붙임성이 탁월한 그 남자는 어느 날부터 우리 어머니의 사과 장사를 도와주고 있었다. 처음에는 웃음이 나왔고 고마웠고 귀여웠는데 어느 비 오는 날 갑자기 청혼을 한 것이다. 있을 수 없는 일이라 농담을 하지 말라 했는데 백화점에서 퇴근해 집에 오니 그 남자가 우리 어머니 앞에 무릎을 꿇고 앉아 있었다. 어처구니 없어하는 어머니는 절대로 딸을 줄 수 없다고 고함을 쳤는데 비가 철철 내리는 밤을 사과 상자 옆에서 비를 홀딱 맞으며 지새운 것이다. 처음에는 달래봤지만 말을 듣지 않았다. 나보다 어머니를 끈질기게 따라 다니며 설득하다가 퇴근한 나를 차에 태워 동해가 있는 바다로 가게 된 것이다.

운명의 길은 이미 이렇게 정해지지 않았을까. 내가 가야하는 길은 준혁이 아빠랑 함께라는 것을 받아들이게 되었다. 어쩜 나는 그 남자에게 체포당한 것이 아니라, 먼 바다를 늘 꿈꾸고 있는 내 마음의 휴식을 함께 하는 동행자가 나타난 것인지 모른다.

어릴 적부터 집안일을 도맡아 해왔던 나에게 휴일이란 없었다. 낭만과 꿈을 찾는 그런 바닷가를 늘 그리워했을 뿐이다. 그 남자는 나의 이런 비어 있는 부분을 알았을까. 아주 어리석게 넘어갈 거라는 것을 어떻게 알았을까. 너무 허무하게 너무 쉽게 나는 그 남자에게 전부를 바치고 말았다. 파도가 밀려오는 동해의 어느 기슭에 갯바위는 마음껏 한숨을 토해내고 있었을 것이다. 나를 보며 그렇게 무너질 것을 무엇을 위해 그토록 입을 꼬옥 다문 조가비가 되어 있었느냐 꾸짖는 듯했다. 바다 바람은 이제 모든 것이 끝났으니 아무 걱정하지 말라는 듯이 시원하게 불어 왔다. 가슴이 너무 작은 남자의 품에 안겨 인생의 길을 바꿔버린 나는 울지 않았다. 마음 한 구석에 누군가가 나를 이렇게 납치해서 긴 휴식을 주길 바랐는지 모른다. 세상에 일어나는 일은 우연이 없다. 모든 것이 필연이다. 누구를 원망할 필요가 없다는 것을 안다. 내가 그 남자를 깊게 생각했던 것도 가슴 떨리도록 좋아했던 것도 아닌데, 그 남자를 따라 이곳에까지 왔으니 어떻게 이것을 그의 잘못이라 말할 수 있을까. 준혁이 아빠는 나에게 그런 사람이다. 힘들게 살다가 내가 화려한 꿈을 꾸지 않았기에 힘든 사람을 만나 다시 힘든 인생길을 살아가게 되었을 뿐이다.

바닷가에서 속없이 살아가는 나의 신혼은 어머니에게 배반의 수첩이었으며 백화점에서는 아무도 모르게 사라진 모범 직원을 찾기 위해 난리가 났었다.

오랜 시간동안 그 남자는 나를 바다에 가두었고 나는 바다를 떠날 생각을 안했다. 희망도 사랑도 아니, 미래는 생각하고 싶었다.

나에게 여자의 길로 살아야 한다는 의무감을 주는 것은 준혁의 출생이었다. 생명은 사랑을 포기하게 만들지 않았다. 희망을 다시 꿈꾸게 했다. 밝은 미래가 나에게 있을 것 같지 않은 불신이 있었지만 준혁을 위해서는 꼭 붙잡고 싶었다.

준혁 아빠는 날마다 술을 먹었고 화투를 치기 시작했다. 그리고 음주 운전을 해서 사고를 냈다. 백화점에서 칼질을 다시 시작한 준혁이 아빠는 점점 심해지는 술과 노름으로 생활비를 가져오지 않았다. 아이를 낳은 후 친정어머니의 사과장사로 우리 입에 풀칠까지 하게 되었다. 어린아이를 안고 갈 곳이 없어서 친정집에서 머물면서 우리는 어머니의 사과 궤짝처럼 무겁게 서 있었다. 어머니는 그런 우리를 외면하지 않으며 열심히 사과를 팔아 우리를 먹여 살렸다.

어느 날 준혁이 아빠가 음주 운전으로 교통사고를 내고 차를 버리고 도망을 온 것이다. 철없는 아이처럼 큰 사고는 아닌 것 같은데 경찰에 붙잡혀 갈까 무서워 보따리를 싸서 도망가자는 것이다. 어처구니가 없었다. 어린 아이와 어디로 도망을 가나 본인이 저지른 죄의 대가를 치러야 된다고 설득했지만 막무가내로 우리를 데리고 충주 낯선 곳으로 오게 된 것이다. 나이가 다섯 살 연하이고 수배중인 준혁 아빠를 따라 이곳으로 이사를 온 자신이 참으로 난감할 뿐이었다. 바닷가로 어수선하게 여행을 시도했던 철없는 짓이 이렇게 어이없게 이어질 줄은 정말 몰랐었다.

준혁은 부서진 다리를 깁스하고 두 달을 꼬박 병원에 있어야 한다.

내가 좋아했던 행복한 우동가게는 당장 내일부터 아줌마가 없다. 언니는 얼마나 발을 동동 구르며 힘들어 할까. 준혁이가 아프다는 말을 하지 않으면, 준혁이 아빠가 아이를 봐준다면 우동가게에 가서 일하고 싶다. 얼굴이 하얗게 질린 내 아들이 아프다는 말을 하며 울 때는 마음이 무너지지만 주인 언니 말대로 세월이 약일 것이다. 시간이 빨리 가야 한다.

날이 어둑해지는데 저녁 아줌마들이 출근한 후 주인 언니가 김밥과 우동을 싸서 병원에 왔다. 언니를 보는 순간 눈물이 왈칵 치밀어 올랐다. 이 낯선 곳에서 주인 언니와 아직 정이 들지도 떨어지지도 않은 상태에서 헤어지게 된다면 어떻게 될까 겁이 났다.

언니는 하얀 봉투 하나를 내밀었다. 청주에서 온 행우 문학회에서 준혁이가 다치던 날, 시인의 공원에서는 시 낭송회를 준비 중이라 분주했다. 물론 행복한 우동가게를 드나들면서 준비를 했으므로 주변이 부산스러워졌을 거고 준혁이는 뭔가 색다른 행사에 흥미를 느껴 기분이 부웅 떴을 거라는 것에 통감하여 위로하는 뜻으로 봉투를 전해온 것이다.

인간적인 시인들의 가슴에 감동했다. 그런 환경이 참 좋아 함께 살아가고 싶었는데 그 집을 떠나야 된다는 생각이 들었다.

　기타 치는 시인아저씨가 나에게 지어준 이름은 처음에는 가을햇살이었다. 내가 이 집에 온 후 어린 아이 손을 잡고 일터에 온다는 것에 대하여 여간 마음을 써주는 것이 아니었다. 언니가 나오지 않는 아침시간에 시인아저씨는 이 집 앞에 아주 오래 되었을만한 작은 차를 세웠다. 근무처가 바로 앞이라서 이곳에 주차를 한다는 것은 나중에 알았고 처음에는 스스럼없이 비닐문을 열고 들어와 이 집의 주인아저씨인줄 알았지만 청바지에 구겨진 셔츠는 양키시장에서 구입한 것으로 보이며 아주 예전에 전쟁터에서 살아 돌아온 남자 같은 느낌이 왔다.

　준혁이는 시인아저씨를 보며 밝게 인사했다.

　"할아버지 안녕하세요?"

　"응. 너 참 귀엽게 생겼구나. 이 아저씨는 할아버지가 아니란다. 앞으로 나를 부를 때는 삼촌이나 아저씨라 불러야 한다 알았지."

　시인아저씨는 어젯밤에 팔다 남은 막걸리를 노란 주전자에서 따라서 한 잔 해장을 하며 준혁의 머리를 살며시 만져주었다.

　"가을햇살이 왔구먼. 이 집에 온 식구들은 내가 이렇게 이름을 지어 주어야 하는데 아이 엄마는 가을햇살이야. 그 햇살로 살아야해……."

　그 후 나를 가을햇살이라 부르기 시작했다.

　아침마다 만나는 시인아저씨는 어느 날 어젯밤에 먹은 술이 아직 깨지 않은 모습으로 나타났다. 목에 기다란 염주를 차고 양말은 신지 않았다.

　"시인아저씨! 이곳에는 절이 어디에 있어요. 답답해서 절을 좀 찾아가고 싶어요."

우리 어머니가 다녔던 절이 생각났다. 아무런 종교를 갖고 싶지 않았지만 어머니가 다니던 절에 몇 번 따라 갔다. 어머니는 늘 절에 가면 마음이 풀린다는 말을 했다. 어린아이 손을 잡고 출근하여 아이를 데리고 식당일을 하다 보니 여간 힘들지 않았다.

"가을햇살님! 동심사로 오세요."

"아저씨! 동심사가 어디에 있어요."

"시내에 있는데 나뭇잎 많이 떨어진 후 앙상한 가지마저 꽁꽁 얼어붙을 때 오시오."

갑자기 기타 치는 시인아저씨가 스님에 가깝다는 생각이 들었다. 남이 먹다 남은 막걸리 한 잔을 들이키다가 비닐 문을 밀고 나간 후 주인 언니가 들어 왔다.

"언니! 동심사가 어디에 있어요."

"왜 갑자기 동심사를 찾는 거야?"

"기타 치는 시인아저씨가 동심사에 오라고 했거든요. 혹시 그 아저씨 스님 아니에요? 목에 염주를 큰 것을 걸고 다녀요."

언니는 눈을 동그랗게 뜨면서 기겁을 했다.

"동심사라는 곳은 없어. 그 아저씨가 가자고 해서 가면 큰일 나. 그 아저씨 홀아비야."

"언니! 정말이야. 그 아저씨가 참 이상하다. 그런데 왜 절이 있는 것처럼 했지요."

"음, 그곳은 그 분이 사는 집이야. 그 분이 마누라가 두 번이나 도망을 간 후 술을 많이 마시며 밤길을 헤매는데 어떤 선생님이 절로 들어가지 않으면 안 된다는 급한 소리를 하게 되었지. 그 후 그분이 아파트에서 무당집 같은 골목이 들어가 있는 집을 사서 이사를 한 후 그곳에 동심사라는 이름을 붙여버린 거야. 절 아닌 곳에서 스스로 절이 되어버린 집에서 살게 된 것이지. 그 후 그 분은 정말 변화가 왔어. 그 분의 지혜가 그렇게 만드나 봐. 그 분이 이 집에서 처음에는 나나 아줌마들에게 별 인기가 없었거든. 매일 공짜 달라, 또 어쩌다 돈을 내고 먹으면 또 깎아 달라, 메뉴에 없는 안주를 시켜서 아줌마들이 싫어했거든. 그런데 이사 간 집에 초대되어 아줌마들과 함께 갔는데 그곳에 가서 정말 마음이 풀어졌어. 그분에게 갖고 있던 편견이 사라지게 된 셈이지. 춘천 여자가 왔다고 하길래 재혼할 여자가 왔나보다 생각했더니 그분의 어머니였어. 그 어머니가 팥죽을 끓였는데 글쎄 어머니가 보살이더군. 말로 표현할 수 없이 너그럽고 밝으면서 심오한 매력을 가지신 고운 분이었어. 저런 분 아들이면 됐다는 생각이 들더군. 그 자리에서 그 분을 이해하게 되었어. 사람 마음이 참 간사한 거야. 그렇지만 너그럽게 사람을 대할 수 있는 마음도 마음대로 안 되는 것 같아. 인력으로 안 된다는 생각이 들더군. 그 후 우리는 그 분을 비로소 좋아하게 된 거야.

  준혁이 엄마도 답답하면 그 분과 이야기해봐. 도움이 될 거야. 도사 같은 말을 해서 약간 독선도 있지만 인생의 희로애락을 겪은 분이라서 우리에게 맞는 말도 참 많아. 하지만 언니 모르게 그 분을 따라서 동심사는 가면 절대 안돼."

  배시시 웃는 언니는 그 분을 칭찬하는 것인지 배척하는 것인지 분간이 되지 않았다.

기타 아저씨의 기타 치는 소리를 들어야 하는데…….

　준혁의 사고로 우동집을 떠나 병원에서 두 달을 보낸 동안 준혁이 아빠가 백만 원 보증금이 들어 있는 원룸을 정리해버렸다. 병원에서 준혁의 아픈 다리와 함께 눈물과 회한의 시간을 보낸 사이 준혁이 아빠가 우리의 보금자리를 정리해서 갈 곳이 없게 되었다. 물 흐르는 대로 놔두었지만 어린 준혁과 나는 어떻게 살아갈지 너무 막연했다.
　두 달 만에 퇴원을 해도 될 것이었지만 완전하게 아물기까지는 6개월이 걸린다는 이유로 준혁이와 나는 보험회사 덕을 입어 4개월 병원 생활을 하게 되었다. 행방불명이 되어 버렸던 준혁이 아버지는 충주 경찰서에서 음주 운전 사고로 기소중지 되어 있다는 사실을 알고 감옥에 수감됐다. 옥바라지까지 해야 하는 신세가 되었지만 한편으로는 속이 시원했다.
　늘 우동집 언니가 준혁이 아빠가 제대로 사람 노릇하고 살려면 문제를 풀어야 하니 준혁이 아빠를 설득해서 자수를 시키라는 말을 해주었다. 안 그러면 언니가 경찰서에 신고 해줄 거라는 말을 했다. 아무튼 문제해결을 위해 준혁이 아빠가 고생이 되더라도 반성할 수 있는 기회가 되길 바라며 그리운 우동집에는 언니가 김치를 담그는 날이라든지 아줌마들이 쉬는 날, 땜빵하는 일을 하기로 했다. 언니는 나와 다리 아픈 준혁을 늘 따뜻하게 대해주었다. 언니가 일에 지쳐서 골방에 누워 있으면 준혁이는 그 옆에 누워 있었다. 언니는 준혁을 꼬옥 안아주었고 준혁은 사사건건 병원에서 있었던 이야기를 하며 재롱을 피웠다. 답답한 병원 생활에 지쳐있었던 몸과 마음을 우동가게에서 풀 수 있었다. 꽝꽝 얼어붙은 길을 준혁을 업고 나오면 병원에서는 외출을 하는 걸로 알았다. 비닐문을 밀고 들어오면 따뜻한 연탄난로와 장작 난로가 두 개나 있어 따뜻했다. 파랗게 언 준혁의 손을 장작을 지피며 녹이고 언니의 골방에 앉혀 놓고 점심준비와 청소를 시작한다. 어젯밤 많은 사람들이 왔다간 자리에 검은 발자국을 대걸레로 닦으면 사람들의 소리가 들리는 듯하다. 낮에는 손님이 띄엄띄엄 있었고 저녁장사를 위해 낮에 준비하는 아줌마가 되어 버렸다. 언니 말로는 낮에 일하는 우동가게를 시작했는데 이 거리가 밤에 불을 켜는 거리가 되어 낮에는 사람이 잠을 자고 밤에 일어나 일을 하는 거리가 되었다는 말을 한다. 언니는 간간히 찾아오는 단골손님들을 위해 밤이나 낮이나 이곳을 지키는 사람이 되어 있다.

　화장실은 꽁꽁 얼어붙어서 아무리 뜨거운 물을 갖다 부어도 녹지 않는다. 징검다리처럼 간간히 놓여있는 보도블록을 걸으며 내년 봄에는 화장실 가는 길에 키가 큰 해바라기를 심으리라 다짐해본다.

　수저와 물컵, 행주를 삶고 김밥에 들어가는 박고지를 조리고 비빔밥 거리를 준비한다. 털털한 언니를 위해 하나하나 깔끔하게 준비하는 손이 경쾌하게 움직인다.

　남편이 경찰서에 있어서 오히려 마음이 편한 까닭은 무엇일까. 만약 남편이 안다면 나를 원망하겠지. 그 안이 살아있는 지옥이라 하던데 아내가 이렇게 편안하게 생각하니 말이다. 다행히 큰 사고가 아닌데 도망을 갔다는 죄이니 봄이 되면 나온다. 준혁이 아빠가 옆에 없어서 편안해진다. 나와 준혁이 갈 곳까지 없애버린 남편에게 정이 떨어져 버린 걸까.

　병원에서 6개월을 살면서 틈틈이 일을 해서 준혁이와 나의 삶의 터전을 마련하고 싶다. 다섯 살이나 어린 남편과 실랑이하며 살 섞으며 또 속고 실망하는 일을 되풀이 하는 게 이제 지루하다. 나른하게 늘어진 몸과 마음이 살이 찌면서 남편을 밀어내기 시작한다.

행복한 우동가게에서 언니가 점심 메뉴로 먹는 보리밥, 된장찌개, 무생채, 겉절이, 콩나물 무침은 친정어머니의 솜씨처럼 여간 맛깔스럽지 않다. 점심 먹으러 오는 손님들이 간혹 이 시간을 만나면 돈 내지 않고 숟갈 하나 주면서 함께 먹자고 언니는 부추긴다. 돈 받고 파는 음식보다 언니와 함께 먹는 식사는 여간 정겹지 않다.

밥을 먹은 후 언니는 졸린 눈으로 저녁 준비에 필요한 물건을 전화로 주문을 하고 낮잠을 잠깐 잔다. 이야기를 하다가 커피를 마시다가 스르르 골방에 누워버린 언니 옆에 준혁이가 함께 누웠는데 갑자기 천장에서 무엇이 쿵하고 떨어졌다.

"아니 이럴 수가. 준혁아! 괜찮아?"

방바닥에 떨어진 것은 쥐구멍이 나 있는 천장에서 쥐새끼가 떨어진 것이다. 준혁은 잠이 깨지 않았고 언니는 아무렇지 않게 쥐를 휴지에 살짝 쥐더니 밖으로 가지고 나갔다.

언니는 시인의 공원까지 갔다 오더니 손을 씻으며 아무렇지 않게 웃는다. 그리고 의자를 갖다 놓고 구멍을 어젯밤 써놓고 간 글종이로 붙인다.

언니는 이런 일을 많이 당해본 사람임에 틀림없다. 언니는 『청빈의 사상』이란 책을 읽으며 이 골방에 누워 있을 때가 최고의 행복이란 말을 한다. 언니의 모습이 조금은 서글퍼 보인다. 매일 큰소리로 웃어대는 언니의 속사정이 이렇게 숨어 있을 것만 같았다. 남에게 말하지 않는 애환을 언니는 가슴 안으로 담고 있음이 분명했다.

그 후 골방에 준혁이가 잠이 들면 나는 불안하기 시작했다. 언니는 쥐가 떨어져서 주워 버렸다는 말을 입에 올리지 않았지만 나는 직접 눈으로 본 사람이기 때문이다.

봄날이 오는 것이 오히려 두려웠다.

솔직히 이혼하고 싶었다. 미래가 보이지 않는 남자, 앞으로의 삶을 정당하게 땀 흘리며 열심히 살 것 같지 않은 이 남자를 내가 버리고 싶었다. 아니 스스로 떠나고 싶었다.

시간이 나는 대로 준혁이 아빠의 흉을 언니에게 털어놓기 시작했다. 이제 그만 살고 싶다. 이제 나도 불행을 염려하는 것보다는 희망을 노래하고 싶다는 간절한 소망을 호소하기 시작했다.

듣고 있던 언니는 차분하게 말했다.

"내 딸이라면 너를 당장 내가 빼앗아 오고 싶은 심정이다. 하지만 인생의 순리가 그렇게 쉽게 풀리지 않는 법이야. 아직 마흔을 못 넘겼고, 철이 없는 남자를 어른으로 봐서 실망하는데 아들 하나 더 있다 생각하며 공을 들여봐라. 네가 아무리 그 사슬에서 풀려나고 싶어도 인연의 끈은 너를 놓아주지 않아. 그 업을 가지고 살라는 팔자니까. 준혁이 아빠가 아무리 몹쓸 사람이라 해도 아이에게 아빠지 않아. 그러니 아들처럼 끌어안아 주어야 해."

주변의 모든 사람들은 이 기회에 이혼을 해버리라는 말을 한다. 그동안 나에게 저지른 일이 너무 야속하다는 것이다.

기타를 치는 시인아저씨는 한겨울에도 백구두를 신고 양말을 신지 않고 나타났다. 그리고 사람들이 먹다 남은 막걸리를 찾아 마시며 나를 보며 중얼거렸다.

"어허, 가을햇살이 겨울햇살이 되었구먼. 가을에 내리 쬐는 햇살 보다 겨울 처마 끝에 얼어붙은 고드름을 녹이는 햇살이 더 따뜻하지."

그 후 나는 겨울햇살이 되어 이 가게 안에서 수증기처럼 떠돌았다. 아주 예전부터 이곳을 알고 지냈던 사람처럼 느껴졌다. 언니는 내가 입은 골덴 바지가 잘 어울린다고 예뻐했고 이목구비가 하나 빠진 데가 없어서 고생을 한다는 말을 했다. 기다리지 않았던 봄은 찾아 왔다. 준혁의 다리는 조금은 서툴지만 거의 완쾌가 되었고 남편은 자신의 문제를 해결하고 감옥에서 나왔다. 준혁아빠가 한번 열심히 잘 살아 보겠다면서 수안보에 있는 돼지고기 가공공장에 취직이 되어 사택으로 들어가게 되었다. 고기 부위를 잘라서 돼지고기 수출을 한다는 이 회사를 과연 준혁이 아빠가 잘 다닐 수 있을까 걱정을 하면서 어쩔 수 없이 돼지 도살장으로 준혁을 데리고 들어가게 되었다. 땅이 풀리면 준혁이랑 언니네 가게 화장실 가는 징검다리 사이에 키 큰 해바라기를 심으려 했는데…….

언니랑 낡은 식탁 위에서 상추쌈 된장찌개에 보리밥을 계속 먹고 싶은데…… 상황은 나를 이곳에 허락하지 않았다. 세상일을 많이 했다는 것 보다 신세타령을 많이 했던 이곳을 이렇게 떠나게 되었다. 순리를 따라 살라는 언니의 말, 절대로 이혼하지 말라는 언니의 당부를 안고 가야 한다.

기타 치는 시인아저씨는 준혁을 바라보며 기타를 퉁퉁 쳤다.

"준혁아! 이제 봄 햇살 아래 따뜻하게 자라야 한다. 양지 바른 언덕에 아롱거리는 아지랑이처럼 무럭무럭 자라라."

비닐하우스 지붕 아래서, 계수나무 일기

 열쇠

언제나 안경을 머리 위에 머리띠로 하고 다니던 한 여자가 화가 났다.
가락국수를 항상 많이 달라고 보채는 아줌마 손님이 들어오면 별로 마음에 들지 않지만 손님이니까 국수를 시키면 그냥 눈 딱 감고 양을 많이 준다.

주인 언니는 그 여자의 눈에 욕심이 많이 들어 있어 보인다며 투덜댔다. 국수를 두 그릇 시켜서 셋이 먹고서는 양이 적다하며 다시 한 그릇을 덤으로 더 먹고 가는 염치없는 사람이라면서 시큰둥한 표정이다.

주인 언니한테 한번 찍힌 사람은 늘 저 골방에서 흉을 본다. 언니는 지금 저 아줌마가 약간 힘이 없어 보이는 한 남자에게 마구 화를 내며 이야기한다는 이유로 벌써부터 힘없어 보이는 남자 편을 든다.

우리 언니 특기는 싸움을 하면 꼭 약해 보이는 사람을 두둔하는 것인데, 상대가 화가 잔뜩 나 있는 상태라서 화살이 꼭 주인 언니에게 날아와 곤욕을 치르곤 한다.

 에어컨 앞에 놓인 테이블 손님의 싸움 이야기를 들어보니 작업복을 입은 오십대 남자와 저 아줌마는 아마도 초등학교 동창 정도 되는 것 같다. 저 남자는 아줌마가 운영하는 갈비집에 잡일과 궂은 일을 맡아 하는 듯하다.

 친구인 남자는 술 먹은 김에 여자에게 일찍 출근해서 가게 일을 돌보아 손님을 좀 더 받자는 이야기를 하나보다. 여자는 주인인 사장에게 자존심 상하게 명령조로 이야기했다는 이유로 언성을 높이기 시작한다.

 남자는 비교적 차분한 목소리로 계속 자신의 이야기를 고집한다. 힘없는 사람이 저렇게 목소리가 크면 안 되는데. 적당히 말하고 말았으면 좋으련만 술이 병이니 이를 어쩌랴. 아저씨는 친구라는 이유로 계속했던 말을 또 하고 또 해서 여자는 화가 머리 끝까지 나고 말았다.

 지금 시간은 새벽 두 시가 넘었고 술과 잠에 취해버릴 시간인데, 옳고 그름을 따지기에 분간하기 힘든 이 늦은 시간에 왜 저리 다투는 걸까.

 우리는 부엌에서 여자의 목소리가 낮아지기를 원하고 있을 뿐이다.

 "성철아! 네가 잘못 알았어. 너 나를 어떻게 보고 그러는 거야. 나는 신랑한테도 진 적이 없었고 이 세상 어느 누구한테 욕 얻어먹고 살지는 못해. 성철아! 네가 잘못 생각한 거야"

 이 말을 하면서 참으로 목소리가 부드럽다가 높았다 했다.

 주인 언니가 아줌마를 보며

 "사장님! 화가 나시더라도 참으세요. 사장님이 더 나으시지 않아요? 조금만 참으시고 술 안 먹었을 때 이야기하시면 되겠네요."

아주 작은 목소리로 아줌마를 향해 소곤거렸다. 아줌마는 주인 언니를 노려보고 그 남자는 사장님이 더 낫다는 말에 자존심이 상해서 주인 언니를 금방 삼킬 것처럼 쳐다봤다.

주인 언니는 이럴 때 자칫 함께 화를 내기도 하는데 무서웠는지 슬그머니 꼬릴 내리고 부엌 쪽으로 와서 벌건 얼굴을 식히다가 언니 골방 안으로 들어갔다.

옆 테이블에 앉은 젊은 남녀도 문제다.

얼굴이 하얗고 갸름한 아가씨가 투정을 하기 시작했다.

"너무 시끄러워서 국수를 먹을 수 없을 뿐 아니라 남자친구 이야기가 하나도 안 들려요, 아줌마 목소리가 너무 높아요."

아가씨는 노골적으로 큰소리로 항의해 왔다. 여자는 한참동안 아가씨를 매섭게 쳐다봤다. 이렇게 쳐다보다가는 분명 큰 싸움이 일어날 수 있을 것 같아 겁이 났다.

안경을 머리 위에 쓴 여자는 이제 노골적으로 물컵을 소리 나게 들었다 놨다 했다.

주인 언니는 식탁 위에 있는 국수 그릇이며 김치 단무지 그릇을 잽싸게 치웠다. 그리고 얼른 말한다.

"사장님이 이곳에서 이겨서 무얼 하시려고 그래요. 조금만 참아주세요."

아줌마는 또 언니를 노려본다.

그리고 남자를 향해

"야, 빨리 우리 집 열쇠 내놔라. 너 같은 놈을 내가 잘못 봤어. 어떻게 네가 나에게 그렇게 쳐다보면서 항의할 수 있어."

"야 더럽다. 여기 있어 열쇠. 더러워. 이 씨발년아."

"뭐라 이 씨불할 놈아! 네가 어떻게 나에게 욕을 할 수 있어. 이제 끝이야. 너 내 앞에 나타나지 마."

남자는 힘없이 말꼬리를 낮추었고 여자는 힘있게 열쇠를 받아 나를 한번 노려보고 또 옆자리에서 불만을 터뜨린 아가씨를 한번 노려보다가 아가씨와 눈이 마주치자

"아가씨! 내가 미안했어요."

눈은 매섭고 말투는 사나운데 사과를 하는 말이었다.

옆에 있는 주인 언니는 못마땅한 눈빛으로 쳐다본다. 저럴 때 주인 언니는 분명 저 여자를 미워할 것이다.

힘없이 비틀거리며 나가는 남자의 작업복 바지 속에 들어 있는 다리가 야위어 보인다.

어떻게 하나, 저 남자는 분명 직장에서 잘린 것이다. 열쇠, 빼앗아간 저 남자의 열쇠가 본인과 처자식의 밥줄일 텐데. 아니나 다를까 순이 언니는 힘없이 딸려나간 남자가 불쌍하다는 말을 되뇌인다.

11월, 시인의 공원은 아직 나뭇잎이 다 떨어지지 않아서 고운 빛깔의 하늘과 거리가 되어 환하다. 쓸쓸한 모습으로 열쇠를 뺏긴 남자를 보면서 주인 언니가 말했다.

"아! 여자 무섭다. 무서운 여자들이 참 많아. 저 여자는 우리 집에 오지 말았으면 좋겠어."

"언니가 언젠가 우리 집에서 서로 살 만진다하여 관여했다가 여자 셋이

한꺼번에 덤빌 때 꼭 그때 모습이네, 언니 그때 겁먹어서 절절 매더니, 오늘은 그렇게 바싹 얼지는 않았어."

"맞아, 그때 정말 무서웠어. 독하고 강한 것, 정말 무섭지……."

주인 언니랑 잘 익어 달빛에 빛나는 나뭇잎을 보고 말하는데 법원에 근무하는 남자와 굵은 파마기가 있는 어떤 부부가 빨간 장미가 꽂힌 선물 상자를 들고 오며 외친다.

"사장님! 우리들의 사장님! 올해가 우리 결혼기념 3주년이에요. 오늘이 11월 11일 빼빼로 데이라서 사장님께 사랑한다고 선물 드리려 빼빼로 사 왔어요. 우리 아내랑 이렇게……."

언니는 순간 얼굴이 환해지면서 웃음꽃이 활짝 피었다.

 허물어지는 몸

작은 공간에 우뚝 서 있는 냉장고는 이 집을 지키는 수호신처럼 느껴진다.

여기 저기 너덜너덜 하얀 종이들이 저마다 사연을 안고 빼곡히 붙어있으며 헌 책들과 새 책들이 쌓여 있는 이 집에, 플라스틱을 싫어한다는 주인 여자에게 플라스틱 제품은 유일하게 냉장고와 정수기뿐이다.

이 플라스틱마저도 싫은지 사람들이 써놓은 글을 덕지덕지 붙여서 사람들은 분간을 잘 하지 못한다. 이 집에 근무한 아줌마와 아주 오랜 사람들만 드나들기 때문에 사람들은 술도 냉장고에서 찾아 꺼내 먹고 물도 떠다 먹는다.

며칠 전부터 주인 여자는 신경 쓰이는 일이 생겼다. 왜냐하면 십 년을 가깝게 쓴 부엌 냉장고가 하루에도 수없이 여닫는 바람에 고장나기 시작한 것이다.

주인 여자는 그럴 때마다 114로 꼭 대우 서비스센터 전화번호를 물어서 전화를 한다.

주인 여자는 전화번호를 적어 놓지 않고 장사를 한다. 대충 외우거나 아니면 114를 이용한다. 전화 회사 안내원도 먹고 살아야 한다는 말을 가끔 하면서 챙기지 못한 자신을 변호하고 넘어간다.

서비스센터에서 사람이 나오면 신입사원 비슷한 청년은 냉장고를 고치다가 고쳐지지 않으면 당황해서 어찌할 바를 모르곤 한다.

냉장고를 수차례 서비스를 받았고 이제 더 이상 손을 볼 수 없다는 것을 주인 여자도 알고 또 일을 하는 아줌마들도 안다.

문을 닫아도 닫히지 않는 문이다.

마구 웃어대다가 웃음을 참지 못하고 있는 모습 같기도 하고 어린 자식을 놓고 죽은 어머니가 자식 걱정 때문에 눈을 감지 못하고 있는 애처로운 모습 같기도 하다.

며칠이 지나도 주인 여자는 냉장고 서비스센터에 전화를 하지 않는다.

전기세가 많이 나올 것이 뻔한 일이며, 음식이 냉장고에서 상해서 많이 버리면서도 주인 여자는 냉장고를 고치려 하지 않고 가끔 일을 하다가 냉장고 문을 달래듯 꼬옥 닫아보지만 냉장고는 금방 또 다시 입을 벌린다.

"가엾기도 하지, 밤낮으로 십 년이 다가도록 아니 만 구 년이 지나도록 계속 이 자리에서 몸으로 일을 했으니 이제 늙을 수밖에 없어."

주인 여자는 냉장고를 바라보며 이야기를 한다.

"언니! 무슨 냉장고랑 사람처럼 이야기를 해요"

주인 여자는 아주 쓸쓸한 얼굴로

"글쎄 이 냉장고가 나랑 동고동락을 구 년, 아니 밤낮으로 일을 했으니까 십팔 년을 해온 셈이야. 어떻게 해, 이렇게 늙어버려서 불쌍한 것 같아."

"언니는 참 이상하기도 하네요. 무슨 냉장고가 생명이 있는 것처럼 그래요. 많이 썼으면 고장나는 것이 정답이지요"

주인 여자는 슬픈 목소리로

"나는 글쎄 이상하게도 나랑 함께한 물건들이 꼭 생명이 있는 것처럼 느껴져서 버리지 못하겠어. 예전에 오래 쓰던 전축이 고장 나서 버리면서 붙들고 얼마나 울었는지 몰라, 왜냐하면 열심히 나에게 노래를 들려주었지 않아. 일하다가 쓸모없으니까 잘라 버린 느낌이었지. 사람은 자신에게 도움이 되면 취하고 그러지 않으면 쉽게 버리는 것 같아서 마음이 아프더라고."

때로는 아주 독한 듯 영리한 듯 느껴졌던 언니가 힘없이 서 있다.

언니는 꽃무늬 칠부 바지를 입었고 위에는 바지 바탕의 청색 조끼에 하늘색 티셔츠를 입었다. 머리를 검은 고무줄로 댕기고 냉장고를 바라보는 눈에는 작은 이슬 같은 것이 고였다.

처음에는 돈이 아까워서 저런 미련을 갖나 보다 생각했는데 십 년 가깝도록 손에 익은 냉장고에 정이 들어 그러는 것이었다.

그나저나 빨리 냉장고를 고치거나 바꿨으면 좋겠다.

새로 개업한 이웃집 왕소금 구이에서 냉장고 두 개를 밖에 내놓았다.

주인 여자는 냉장고에 대해 입을 봉하고 있으니 일을 하는 우리가 아주 답답해서 낮일을 마치고 퇴근하려는 숙이를 시켜서 슬며시 물어보라 했다. 왕소금 구이 주인댁에게 냉장고를 버리게 되면 우리를 달라고, 우리 주인 여자가 왕소금 구이 개업하는 날 그 집에 가서 삼겹살을 사주었으니 알만한 사이니까 혹 줄지도 모를 일이다.

물론 삼겹살 먹을 때 저녁타임으로 일하는 느티나무와 나는 먹을 수 없었다. 숙이만 주인 여자를 따라가서 먹었다. 우리는 근무 시간이므로 회식을 한다거나 노래방을 가는 일은 단 한 번도 없는 것 같다. 아니 내 생일 때 한 시간 일찍 출근해서 언니네 딸 은비랑 회식을 했는데 나는 고기를 좋아하지 않아서 반찬에 밥을 몇 숟갈 먹었을 뿐이다. 그때 이런 생각을 했다.

고기 못먹는 줄 알면서 어쩜 이 집에서 밥을 사준다는 것일까. 주인 여자가 워낙 엉뚱한 데가 있으니 서운한 것도 없었다. 성의가 고마웠을 뿐이다.

심부름을 보낸 숙이가 둥그런 엉덩이를 방실방실 흔들며 돌아왔다.
"언니! 가져가래. 두 대 있는데 오른쪽 것은 자기네 야채 냉장고 할 것이고 왼쪽에 있는 것 가져가래. 겉보기에는 깨끗하고 고장난 것도 아니래."

주인 언니에게 왕소금 구이집에서 냉장고를 얻어 놨으니 내일 냉장고 교체를 해야 한다는 주장을 강하게 폈다.

언니는 앞치마를 벗어 식탁 위에 놓고 이웃집으로 터덜터덜 걸어갔다.

한참을 냉장고 문을 열어 보고 서 있다가 뒤 돌아서서 프린스 호텔 앞에 서 있는 감나무에 걸려 있는 까치밥 같은 감을 한참이나 쳐다봤다.

주인 여자가 늘 무엇인가 새로운 것을 발견하면 그곳에 빠져든다는 것을 알지만 그곳에는 차도 다니고 호텔에서 나온 사람들이 언니를 힐끗힐끗 쳐다보며 가니 혹 이상한 사람으로 착각할까봐 비닐문을 열고 마구 뛰어가서 물었다.

"언니! 뭐해요. 냉장고는 어때요."

언니는 감나무에서 눈을 떼지 못하며 고개를 살래살래 흔들었다.

"문 열어봐 . 얼마나 낡았는지 알아. 아주 때가 끼었어. 녹도 났어. 그리고 선반도 없어. 싫어 아주 오래됐고 나와 정이 들것 같지 않아."

언니는 남의 이야기를 하듯 말을 한다.

냉장고 문을 열어보고 언니를 쳐다봤다.

"언니! 우리 냉장고보다 훨씬 깨끗하네요. 우리 냉장고는 문이 닫히지 않아요. 바지락이 죽어서 입을 다물지 못한다고요. 바지락이 입을 벌리고 조금 있으면 지독한 냄새를 내며 썩어 간다구요."

주인 여자는 나를 물끄러미 쳐다보면서

"아휴! 계수나무가 시인이 다 되었네. 너무 시적이다. 그래 문이 닫히지 않으니까 바지락 몸이 보이는 것, 내장이 보이는 것, 어쩜 겉과 속이 똑같은 것인지도 몰라."

주인 여자는 금방 얼굴에 환한 웃음을 머금었지만 왠지 쓸쓸해 보인다.

그 다음날 오후 삼성전자 차가 큰 냉장고를 갖고 우리 가게를 찾아 왔다.

언니가 냉장고를 사버린 것이다.

중고가 아닌 새 것으로 거금을 투자해 오른 쪽에 두 칸은 냉동고, 왼쪽 두 칸은 냉장고다. 업소용이며 지금의 세배 용량에 스텐으로 잘 빠진 몸을 가진 냉장고가 들어오게 되었다.

숙이 아줌마와 내가 좋다고 함성을 지르다가 숙이 아줌마가 움찔 주인 여자 눈치를 살핀다.

"계수나무 언니! 우리 주인 언니는 냉장고가 마음에 들지 않는지 아니면 돈이 아까워서 저러는 것이지 아주 슬픈 얼굴이에요. 저렇게 낡도록 썼으면 투자를 해야지 왜 저런대요."

"가만히 있어. 언니가 고장난 냉장고와 정이 많이 들었대."

숙이 아줌마는 엉뚱한 표정을 지어본다.

회색빛을 띤 문이 닫히지 않아서 이제 이 집에서 쫓겨날 냉장고를 주인 여자가 어루만지며 중얼거렸다.

"냉장고야! 미안해, 그동안 우리 집에서 고생 많이 했어. 몸을 살라서 봉사해주고 이제 더 이상 네 몸뚱이를 쓸 수 없다고 폐기처분하게 되었구나. 진심으로 미안하다."

주인 여자는 사람에게 말을 하듯이 직접 냉장고를 어루만지며 말을 한다.

삼성전자에서 나온 청년들은 주인 여자를 아무렇지 않게 바라본다.

"총각들 내가 가락국수 맛나게 끓여줄 테니 이 냉장고 함부로 굴리지 말고 잘 갖고 가세요."

총각들은 희한하다는 듯이 주인 여자를 바라보며 웃는다.

두 청년이 냉장고를 잡아 서 있던 자리에서 문 쪽으로 막 움직이니 쇠와 시멘트가 부딪치는 묘한 소리가 나더니 문이 와르르 떨어진다. 아니 문짝이 아예 몸과 분해되고 말았다. 그리고 서 있던 다리 쪽에 쇠로 된 바퀴가 떨어진다.

"아니 이럴 수가 있어요. 아줌마! 정말 냉장고에게 미안하게 생각해야겠어요. 내가 이 일을 오래 했지만 이렇게 서서 스스로 몸이 허물어져 버리는 냉장고는 처음이에요."

주인 여자는 떨어진 냉장고 문짝을 붙들고 오랜 친구 아니 살붙이와의 이별을 구하는 것처럼 말했다.

"맞아요. 나랑 낮이나 밤이나 무척 많은 일을 했어요. 이렇게 서서 몸이 부서질 줄은 몰랐어요. 이 집에서 저렇게 나가게 되다니 마음 같아서는 정말 폐기처분 시키지 말고 땅 속에 편히 묻어주고 싶답니다."

주인 언니의 눈에는 진한 액체가 고였고 주위에 서 있는 사람들은 아무 말을 할 수 없었다.

밖으로 나간 냉장고를 차에 싣고 청년들은 떠났고 주인 언니는 냉장고를 싣고 떠난 차를 오래오래 쳐다보았다.

이런 생각을 하면 안 되는데, 정말 주인 언니 생각처럼 저 냉장고처럼 사람들의 몸도 다 되면 부서져 내리면 어떻게 하지. 겁이 난다. 냉장고를 사람의 몸으로 여기는 주인 언니 생각이 맞을지 모른다. 사람도 저렇게 제 생명을 다하면 허물어져 버릴 몸뚱아리들이 아닐까.

 ## 내일 아침 포크레인으로 밀어버릴 거야

   학원 남자가 들어와 가락국수를 한 그릇을 시킨다.
   그 남자가 오면 주인 언니는 양을 많이 드리고 밥을 한 사발 수북하게 준다.
   서울에서 집을 떠나 충주로 돈을 벌러 왔는데 이곳에서 방을 얻어 놓고 살자니 여간 힘든 것이 아니라 했다. 두 집 살림을 하자니 밥 먹고 살기가 힘들다는 말을 들은 후 주인 언니는 모자를 꼭 눌러쓴 남자가 오면 으레 밥을 한 사발 떠다 드린다. 그리고 밑반찬이 있으면 밥 반찬 하라고 가져다 준다. 이제 그 남자는 이 집에 오면 꼭 가락국수 한 사발에 밥 한 사발을 누가 뭐래도 먹어야 한다. 가락국수 한 사발도 곱배기로 주는데 밥까지 다 먹는 남자가 배가 크다고 느티나무와 나는 부엌에서 웃는다. 주인 언니가 일 하다가 지쳐 방에 누워 있으면 그 남자는 모자를 벗어들고 인사를 하려고 두리번거린다.

언니는 저 골방에 누워 있으면서 가게 안에서 하는 말을 다 듣는다. 꼼지락거리면서 눈썹을 움직이면서 눈을 떴다 감았다 하면서 잠을 잔다. 가게 안이 소란하니 잠을 곤하게 잘 수 없을 뿐 아니라 가게를 우리에게 완전하게 맡길 수 없어서 저런 토끼잠을 자지 않을까 하는 불쾌한 생각도 해 봤지만 이곳에서 책임을 맡고 사는 언니 입장을 나는 이해한다.

그 남자가 인사를 할 때는 언니는 푸욱 자고 싶은 생각인지 움직이지 않는다. 잠을 자고 있지만 정신은 말짱한 언니의 마음을 알면서

"언니는 자고 있어요. 우리에게 주문하세요."

남자는 어색한 눈빛으로

"국수 한 그릇에다가 밥도 조금 주세요."

약간 벌건 얼굴로 다시 모자를 쓴다.

"아니, 밥 한 공기도 달라고요."

억지로 한번 이렇게 말했더니

"아니요. 주인 아주머니가 항상 밥을 더 주거든요."

"예, 알았어요."

주인 언니는 이런 소리를 다 듣고 있으면서 일어나지 않는다.

언젠가 언니가 이런 말을 했다.

"저 아저씨는 으레 밥 한 사발을 줄 것으로 아니까 조금은 얄미울 때도 있어. 사람이 주고 싶을 때도 있지만 안 주고 싶을 때도 있지 않아. 그런데 꼭 바란다는 것은 얌체족 같아서 싫다니깐."

주인 언니가 이런 말을 해서

"그것은 언니가 그렇게 길을 들여서 그래요. 저 아저씨가 밥 달라고 처

음부터 주문한 것도 아닌데 언니 마음대로 그렇게 해놨으니 언니가 책임을 계속 져야지요."

웃으며 말을 했더니 언니는 금방 자신이 잘못이라 싶을 때 짓는 그런 표정의 웃음을 웃으며

"그래, 그래도 저 아저씨 오면 밥을 꼭 드려야 해. 왜냐하면 집을 떠나 있어서 배가 고프거든. 우리 친정엄마가 그랬는데 세상에서 가장 좋은 일은 배고픈 사람에게 밥을 주는 일이라 했어. 장사는 잘나가는 우리 손님들에게 해서 우리가 밥을 먹고, 우리는 저 사람에게는 꼭 밥을 드리자고. 먹어봤자 얼마나 먹겠어."

언니는 처음의 짜증 섞인 말소리를 접어 버리고 아주 호탕하게 웃었다.

처음 언니를 대한다면 이런 부분을 이해하기 힘들 것이다. 이 집에서는 모두 언니 마음대로니까. 그래도 밉지 않은 까닭은 무엇인지 모르겠다.

주인 언니만 찾는 저 남자에게 밥을 한 사발 꼭 눌러 퍼서 국수와 함께 김치를 수북이 담아 내갔다. 남자는 아주 당연한 듯이 아무 말을 하지 않고 퍼먹기 시작했다.

언니는 기진맥진한 몸으로 일어나 화장실을 가다가 힐끔 그 남자를 쳐다보며 양푼에 담아 있는 알타리 김치를 그릇째 남자의 식탁 위에 놓는다.

남자는 썼던 하얀 모자를 벗어들고 인사를 꾸벅한다.

언니의 즉흥적인 감정 변화는 늘 이런 모습으로 나타난다.

언니가 화장실 간 사이에 비닐 문을 밀고 들어선 사나이가 있다.

눈에서는 술빛 같은 빛이 나며 들국화 넥타이에 하늘빛 와이셔츠, 커피색 양복에 반짝거리는 구두, 스프레이로 잘 넘긴 머리의 사나이는 분명 가을

남자처럼 분위기가 있어 보인다.

　남자는 두리번거리면서 여기저기 벽에 붙어 있는 글을 뜯어 주머니에 쑤셔 넣는다.

　"아저씨! 우리 언니가 알면 벼락이 떨어져요. 언니가 제일 좋아하는 글들을 왜 뜯어요."

　남자는 말을 하지 않으면서 나를 노한 눈으로 쳐다본다.

　언니가 이 광경을 보면 몹시 화를 낼 것이다. 언니가 화를 내면 무척 심각해져서 가게 안 전체가 불안해질 것이 뻔하다.

　주인 언니는 흥얼흥얼 노래를 부르며 낡은 철문을 열며 들어온다.

　순간 양복 입은 남자를 보더니 아무 말을 하지 않고 손을 씻고 커피 한 잔을 타서 골방에 걸터앉는다.

　양복 입은 사내가 말했다.

　"이 집은 가짜야! 시를 팔아먹는 가짜라고. 구역질이 나. 저 여자는 이곳에서 아무 것도 아니면서 시인인 척 하고 산다고……."

　사내는 줄이 세 개나 끊어진 기타를 들고 줄을 맞추는 시늉을 계속 내며 언니를 향해 비아냥거렸다.

　내 생각으로는 언니가 큰 소리를 버럭 지를 줄 알았는데 아무 말을 하지 않는다.

　저 사내는 간간히 이 집에 나타나서 늘 저런 말을 했고 아무 말을 하지 않으면 식탁 위에 휴지를 늘어놓고 글을 쓰는 시늉을 한다. 술 먹고 말을 하다가 말을 안 들어주면 그냥 식탁에 휴지 위에 싸인펜으로 글을 쓰면서 놀다가기도 하고 술이 더 취하면 옆자리에 앉아서 싸움을 시도하기도 한다. 언니가 몇 번 소리도 질렀지만 옆 사람들과 몸싸움이 너무 심해져서 가게 안에 있는 사람들이 경찰을 불러서 끌려 나가기도 했다.

　언니는 늘 '저 사람들은 우리 집에 오지 말아야 하는데' 하다가 화가 조금 가시면, '저 남자들도 우리 집과 인연이 있어서 오는 걸 어떻게 해. 우리 집에 내 마음에 드는 사람만 오면 얼마나 재미없겠어.' 하고 돌아선다. 그럴 때는 시인의 공원에 가서 하늘을 쳐다보던지 아니면 저 골방에 저렇게 걸터앉아서 한참 동안 말을 하지 않는다.

　비아냥을 다시 시작한 사내가 오늘 언니 속을 썩이려고 온 것이 분명하다. 언니는 무슨 반응을 보일까.

　술 먹은 사람의 주정이려니 하고 지나가면 좋을 것 같은데 언니는 늘 술과는 상관없이 정상으로 봐서 큰일이다.

　남편이 술을 먹지 않아서, 술 먹고 속을 한 번도 썩어보지 않아서 이해 안간다는 말을 했지만 나는 아직까지 주인 언니 남편을 보지 못했다. 언니가 저런 남자에게 심한 말을 들을까봐 걱정이다.

　"이 집 여자가 이찬희하고 친하다고 이찬희 빽이 있다고?. 웃기지 말라고 일러. 내일 아침에 당장 이찬희에게 전화해서 내 목을 자르라 하란 말이야. 이찬희가 충주에 뜨면 이 집에 꼭 온다는 걸 알고 있다고, 안승현이도 이 집 편이고……."

　사내는 언니를 향해서 이글거리는 눈으로 말을 했다.

　"이찬희 사장님하고 친하지 않아요. 내가 처음 이 가게 열고 얼마 안돼서 몇 번 오셨을 뿐이고 개인적으로 친하게 지낸 적 없어요. 지금은 중국에 계신다대요. 오해하지 말아요."

이찬희 사장과 친하다는 말을 들은 언니는 어이가 없다는 표정으로 차분하게 말을 했다.

옆자리에서 모자를 눌러쓴 남자가 밥을 아주 맛나게 먹고 있다가 고함을 지르는 남자를 성난 눈으로 힐끗힐끗 쳐다본다.

사내는 계속 고함을 질렀다.

"내일 아침에 포장마차 전체를 포크레인으로 쏴악 밀어버릴거야. 실내포장마차와 실외포장마차는 불법이라고 신고할 거야. 시에서 이 집을 봐주는 것 아니야. 동사무소에 신고해서 인터넷에 올려 문 닫게 해줄 거야……."

평소에 화장지 위에다 글을 쓴다던지, 옆 사람에게 싸움을 건다던지, 줄이 셋이나 끊어진 기타를 천원을 주고 자신이 사서 자기 거라 우기며 기타 치는 시늉을 한다던지, 이렇게 해도 골치덩어리였는데 오늘 밤에는 노골적으로 언니에게 비인간적인 행동과 말을 마구 해댄다.

모자를 쓴 사내가 밥을 한 톨도 남기지 않고 다 긁어먹고 물을 한 컵 떠서 벌컥 벌컥 마신 후 모자를 벗어 뒷 호주머니에 쑤셔 넣고 대뜸 소리를 질렀다.

"이 자식아! 너 맛 좀 보여 줄게. 어디서 누님 같은 사람 앞에서 객기를 부려? 술을 먹으면 입으로 먹었어야지. 개자식이 너가 기자 맞아? 노약자를 보호하라는 소명이 기자정신이지 어디서 협박이야. 뭐 이 집을 포크레인으로 밀어? 밀어봐?"

화가 난 남자는 부른 배를 내밀며 사내의 넥타이를 움켜쥐며 몸을 밀어 포장마차를 빠져나간 후 시인의 공원으로 나갔다.

속으로 참 잘됐다는 생각은 했지만 시인의 공원으로 나간 사람들이 이 곳에서의 큰 소리는 끝났지만 싸움을 다시 시작한다는 것이 두려웠다.

생각 같아서는 아예 언니가 시인의 공원에 나가지 말았으면 좋겠고 양복 입은 사내 혼 좀 났으면 오죽이나 좋을까도 싶었다. 하지만 언니는 겁에 질린 눈을 하며 공원으로 뛰쳐나간다.

밤중에 남자들 싸움을 말리러 가는 언니를 누가 보기라도 하면 언니 이미지 문제도 있는데 그래서인지 아무튼 기분이 안 좋다.

빠른 걸음으로 언니를 뒤따라가서

"언니 제발 들어가, 남자들끼리 싸우는 거야. 말리면 더 해. 언니 앞에서 자존심 지키려 더 한다고."

옆구리를 콕콕 찌르면서 속삭였다.

언니는 웬일인지 아무 말을 하지 않고 나를 따라 비닐문 안으로 들어오면서 중얼거렸다.

"계수나무야! 이상하게 이곳에 달이 보이지 않아. 달빛은 비추는데 느티나무와 단풍나무에 가려서 하늘이 잘 보이지 않아서 조금은 안심이야. 조금은 덜 부끄러운 것 같애."

"언니는 뭐가 부끄러워. 정말 세상에 공짜가 없다더니 밥을 퍼준 남자가 밥값을 하네. 우리 편이 되어줄 줄이야 몰랐지."

언니는 뒤에 두 남자들을 돌아서서 쳐다보며 다소 진정된 목소리로 말했다.

"큰 싸움하지 않을 거야. 저 남자 뒷심이 약하거든 큰 소리 치는 사람 치고 그렇게 악한 사람은 없어. 직장에서 안 좋은 일이 있나봐."

언니의 편한 얼굴을 보며 속삭였다.

"언니! 정말 이 집이 불법허가로 장사하는 것 아니지? 저 남자가 내일 고발한다는 소리가 걸려서."

언니는 웃으면서

"허름하다는 이유로 사람들이 나를 저렇게 애먹이려 하지만 우리는 정당하게 허가받고 세내고 사는 집이야. 주인 땅이라고. 사람들이 밖에 보도블록이 깔렸다는 이유로 시 땅이 아니냐는 소리를 늘 하거든. 그래서 시청으로 전화가 오곤 한데. 참 웃기지. 이 집이 소박하게 지어졌다는 이유로 포장마차로 하늘을 가렸다는 이유로 고발한 사람들은 정말 이해가 안 간다. 그리고 내 생각은 거리에서 움직이는 포장마차로 장사하는 사람에게 정부에서 야박하게 단속하지 않았으면 좋겠다. 모두 먹고 살기 위한 것인데…… 세상에서 잘 나가는 사람들의 불법은 보이지 않고, 못사는 사람들의 불법은 너무 눈에 잘 띄나보다."

언니는 커피까지 타서 내 앞에 내밀며 앞 공원에 나간 사람들 걱정을 하지 않았다.

한참 지나서 우당탕거리는 소리가 들렸다.

우리 가게 문을 발로 뻥 걸어차면서 하늘로 날려 보낼 것 같더니 공원에 나간 남자 둘이 어깨를 끌어안고 들어왔다. 내심 걱정을 한대로 넥타이를 맨 남자는 코에 피가 묻어 있었다.

"내일 아침에 동양일보 특보로 나겠네."

언니는 화장지를 둘둘 말아 코피를 닦아주었다.

모자 쓴 남자는 모자를 벗어 다시 한번 인사를 꾸벅하고 그냥 되돌아서

서 비닐 문을 끌어 닫아주고 갔다.

넥타이를 맨 남자는 피를 닦아준 언니 손을 붙들고

"누님! 사실은 나, 내일 신문사에서 잘릴지도 몰라요. 나도 이찬희 사장님에게 잘 말해줘요."

아주 또박또박하고 정중한 태도로 말을 했다.

"아니! 무슨 잘못을 한 거야, 응? 꿈낚시터는 어떻게 된 거요."

"누님이 어떻게 꿈낚시터를 알아요?"

사내는 의아하다는 듯이 말을 했다.

"내가 당신이 누구라는 것 다 알아요. 꿈낚시터를 기자가 경영한다는 이유로 이찬희 사장님에게 혼났다는 말도 알고, 진짜인지 주정인지 모르지만 밥은 먹고 살아야 될 것 아니에요. 지방 기자들이 얼마나 힘든지 세상 사람들이 다 아는 것을요."

언니는 제법 누나처럼 사내에게 피를 닦아주며 토닥거렸다.

"누나! 나 술 한 잔만 줘요, 찌그러진 양푼에 담은 막걸리 한 잔만요. 나 목마르거든요."

언니는 화난 모습으로 단호하게 말했다.

"술은 정말 안돼! 나는 절대로 댁에게 술을 주지 않을 거야. 내 마음이니까."

"누나 내가 천원 주고 산 기타 좀 갖다 줘. 그리고 이 집의 찌그러진 양푼이에 막걸리 먹고 싶어 오는데 왜 안 주는 거야. 다른 사람은 다 주면서 왜 나는 술을 주지 않느냐고 그것이 불만이라고. 그래서 누나를 갈구는 거라고."

남자는 언니가 갖다 준 줄 끊어진 기타를 품에 안고 또 기타를 치는 것이 아니라 줄 맞추는 시늉을 한다. 또 저렇게 앉아서 놀려나보다. 처음부터 저렇게 할 것이지 왜 큰소리로 객기를 부리다가 공원 끌려가서 코피까지 났을까.

언니가 절대로 주지 못하겠다는 술을 물컵에 담아서 슬그머니 탁자위에 갖다 놨더니

사내는 눈을 부릅떴다.

"아줌마! 나는 거지가 아니란 말이오. 여기 천원이 있단 말이오. 찌그러진 양푼이에 담아 주세요. 그 술을 먹고 싶어서 이 거리를 헤매다 왔단 말이요. 나는 내일 직장을 잃을지 모르는 불쌍한 사람이란 말이요."

언니는 아무 말을 하지 않고 국수를 끓여 사람들에게 내가고 나는 언니 눈치를 보지 않으면서 찌그러진 양푼에 막걸리를 철철 넘치도록 따라서 갖다 주었다.

잠을 자면서도 바스락거리는 소리까지 다 알아듣는 언니는 내가 술을 사내에게 갖다 주었다는 것을 알면서도 모르는 체 넘어갔다.

사내는 벌컥벌컥 술을 마신다. 내일 직장에서 잘리지 않게 이찬희 사장을 언니가 정말 잘 안다면 좀 도와주었으면 좋겠다. 한 집의 가장이 직장을 잃으면 그 집은 늘 순조롭지 못하다. 또 밤거리를 노상 헤매다가 이 집에 와서 사고를 칠까봐 은근히 겁이 났다.

술이 얼큰하게 오르자 사내는 또 소리를 지른다.

"누나! 세원 아파트 건널목에서 누나가 머리 풀고 지나갈 때 봤어요. 아직은 봐줄 만한 가을 여인이었다고요. 이찬희 사장에게 말해줘요. 꿈낚

시터도 망했다고. 나를 쫓아내지 말라고. 누나가 말해주지 않으면, 내 편을 들어주지 않으면 포크레인으로 이 가짜 시인의 집을 확 밀어 버릴 거에요. 내일 아침에."

12월, 사랑, 그 후

    가을로 접어들면서 주인 언니는 얼굴이 가을빛으로 물들기 시작했다.
    내가 칠년을 지켜본 언니는 늘 가을을 아프게 탄다.
    여름 열기가 바로 사라지며 세월을 앞당기는 모습으로 가을색 립스틱을 산다. 잘 바르지도 않으면서 물론 발라도 연한 갈색이라서 표시가 나지 않고 음식 간을 보다가 그냥 물기에 사라져 버린다. 언니의 입술은 늘 가을 언덕배기에 심어 있는 마른 들국화 같다.
    하지만 언니는 늘 립스틱에 관심을 둔다. 아름다운 여성의 미를 포기하지 않는 언니의 노력은 저 작은 골방에서 이루어진다.
    어디론가 전화를 하면서 가을이 와서 기분이 좋아진다는 말을 자주 했다. 왜 가을을 좋아하는 것일까. 나는 봄이 참 좋은데 내가 좋아하는 연분홍 연산홍이며 진달래 개나리가 피어나고 나무에 숨이 있는 파란 잎이 피어나는 봄이 오면 나는 몸이 가뿐해지면서 기분이 상쾌해진다. 가을이 오면 모든 잎들이 지면서 마음이 차분해지지만 스산한 바람에 울적한 마음이 들기 때문에 피할 수 있으면 피하고 싶은 계절인데 언니는 가을에 립스틱을 산다.

실외 포장마차에 흰머리가 섞인 곱슬머리 남자가 줄무늬 양복에 환한 와이셔츠를 입고 우리 집에 자주 왔다. 늘 돌냄비 가락국수 한 그릇에 소주 한 병을 시켜서 말없이 먹고 갔다.

그 남자는 술을 먹고 차를 끌고 간다는 말을 옆자리에서 국수에 막걸리를 먹던 젊은 남자들이 했다. 이유는 그 남자가 끌고 다니는 차가 비엠 더블유라는 고급 승용차이기 때문이란다. 젊은 남자들은 곱슬머리 남자가 괘씸하다는 것이다. 바로 앞에 서 있는 차번호를 외었으니 경찰에 고발을 하겠다며 핸드폰으로 번호를 눌렀다. 좋은 차 타면서 우리 나라 법을 어겨가며 술을 마시고 운전한다는 일은 잘못된 일이지만 신고를 할 만큼 잘못을 하는 것 같지는 않았다. 소주 반 병만 먹었으니 많이 취하지 않았다는 생각이 든다. 젊은 남자들은 곱슬머리 남자가 좋은 차를 탔다는 이유로 골탕을 먹이려는 모양이었다. 주인 언니는 극구 말리기 시작했다.

그날부터 주인 언니 머리에 흰머리가 듬성듬성 나있는 곱슬머리 남자가 입력된 듯 싶다.

오늘도 얼굴빛이 유난히 환한 남자는 말없이 돌냄비 가락국수와 소주 한 병을 시켰다.

주인 언니가 대뜸

"아저씨! 차 운전하면서 술을 드셔도 되나요. 이제부터 우리 집에서는 술 금지에요."

며칠 전, 신고하겠다던 청년 이야기를 하면서 은근히 겁을 주었다.

남자는 아무렇지 않은 표정으로

"아줌마! 신고하라면 하라지요, 경찰이 나를 뒤따라오기 전에 나는 먼저 집에 가버리는데 날 잡을 수 있겠어요. 그리고 술 한 잔 먹고, 이곳과 바로 이웃인 집에 가는데 나를 잡으러 다니는 하릴없는 대한민국 경찰이 있나요."

머리를 뒤로 자꾸 넘기면서 말하는 남자는 오십 줄 안으로 들어와 있는 듯 했다.

주인 언니는 본격적으로 이 남자를 입력했는지 안 주겠다는 술을 서슴없이 갖다주며 슬슬 미소를 짓는다. 가끔 우리 식구만 먹는 총각김치를 특별 대접으로 접시에 보기 좋게 담아 내가기도 한다. 언니와 대화하면서 돌냄비 가락국수를 남자가 먹으면 언니는 커피를 타다주기도 하고 이쑤시개를 갖다주기도 한다. 그 남자와 늘 웃으며 대화를 나눈다. 그 남자는 슬그머니 나와 일을 하는 느티나무에게 토속적으로 생긴 여자라 농담을 걸기 시작했다.

이 세상에 천연 기념물로 생긴 아줌마가 우리 가게에 있다는 말을 하며 웃는다.

나는 이런 남자가 꼭 바람둥이 같기도 하고 시쳇말로 제비 같아서 별 관심이 없는데 주인 언니와 함박웃음을 나누며 웃고, 느티나무 아줌마는 이 남자의 관심에 얼굴이 붉어지며 좋아라 하는 눈치다. 주인 언니는 평소에 이렇게 기름기가 좌악 흐르는 남자를 왕제비라 조심하라 하면서 왜 이리 깊게 좋아라 하는지 모를 일이다.

주인 언니는 가을이라 새로 산 립스틱을 바르기 시작했다. 약간 핑크가 들어 있는 갈색 톤은 단풍잎이 진한, 가을물이 들어 감색과 갈색을 함께 혼합된 듯한 묘한 멋을 풍긴다,

예전과 다르게 주인 언니는 거울을 보며 눈썹을 그리며 립스틱을 열심히 바른다. 물론 조금 있으면 음식 간을 보다가 모두 지워져 버릴 것이 뻔한 일이지만 거울을 본 언니의 얼굴은 가을 저녁에 물들은 황혼빛 아래 빛나는 단풍나무 같다. 바로 앞에 있는 시인의 공원에 내리는 가을 햇빛을 종일 맞은 느낌이다.

나뭇잎이 하나 둘 떨어지면 언니는 단풍 나뭇잎처럼 샛노란 숄을 걸치고 공원에 앉아 커피를 마신다. 노란 세상이라 할 정도로 가을이 깊어지면서 가로수가 있는 거리는 환했다. 언니는 노란 숄을 걸치며 하늘을 보며 어디론가 걸어갔다 오곤 했다.

그러다가 저녁 장사가 시작되면 얼굴에 생기가 돌았고 뭔가에 빠져 있는 듯했다. 국수를 삶다가 갑자기 허둥대며 뭔가를 잘 잊어 버렸다. 망각 증세가 왔다는 말을 자주 하며 이러다가 국수집에서 언니가 잘리겠다는 말을 했다.

엉뚱한 표현이다. 자신의 집에서 주인이 종업원에게 잘린다는 말을 종종 한다. 그럴 때마다 어처구니없이 떼를 쓰는 철부지 같은 주인 여자에게 애정을 느끼기도 한다. 이 근방이 술집과 음식 골목인데 즐비하게 서 있는 가게를 하는 이웃 사람들과 사귀지 않는 언니는 어쩜 외톨이 같기도 하다. 낮에 이웃 사람들과 어울려서 시장에 가서 쇼핑도 좀 하고 재미로 화투도 치며 술 한잔 먹을 아줌마 나이인데 맨날 가게 안에서만 있고, 아

니면 시인의 공원에 나와 있는 언니가 외톨박이가 아니고 무엇이겠는가. 이웃집에 마실을 가서 남의 흉을 좀 보며 수다를 떠는 언니가 어쩜 더 좋을지 모른다.

언니는 말을 잃었다.

가을을 유난히 타는 언니는 가슴에 그리운 사람을 불러 들였다는 말을 종종하며 수줍게 웃는다. 저 나이에 소녀처럼 웃는 언니는 가슴 안으로는 어쩜 가을이 아니라 봄을 만끽하는 눈치다.

곱슬머리 아저씨가 오늘은 나타나서 이런 말을 했다.

"내가 충주에 와서 사업을 하게 된 이유 하나는 어쩌면 그대를 만나기 위한 기회를 만들기 위한 거였는지 몰라요. 충주를 떠나더라도 이곳을 잊을 수 없을 거요."

언니는 쟁반에 그릇을 들고 멍하니 비닐 벽을 쳐다보며 말했다.

"이별이야기는 슬프니까 하지 말아요. 그냥 말하지 말고 떠나세요."

남자는 충혈된 눈을 번쩍이며 대꾸했다.

"그래요, 말없이 떠나야겠지요. 하지만 나는 이 말을 하고 싶어요. 이곳에 잘못 왔던 잘 왔던 무슨 인연으로 왔는지 모르겠지만 서울에서 건설업에 종사했는데, 서울에서 꼬리가 될 바에 충주 조용한 도시에서 머리가 되고 싶어 내려 왔는데 생각보다 만만하지 않아요. 언제 떠나게 될지 모르지만 이 집에 오려고 이곳으로 이사까지 왔다는 생각이 자꾸만 들어서요."

언니는 남자를 쳐다보지 않고 웃지 않으면서

"오랜 기억에 남은 곳으로 기억될 거에요. 내가 국수 마술을 걸어놨거든요."

남자는 이쑤시개로 입안을 헤집다가 큰소리로 웃으며
"왜 내가 이렇게 가을을 타나 그랬더니 자꾸만 이 집에 오고 싶은 그 마술에 걸렸나 봐요. 하지만 나는 고래힘줄 같은 놈이라서 그 마술에 넘어가지 않을 거요. 그래서 하루에 딱 한 시간씩만 이 집을 생각하기로 했어요."
"아예 생각하지 말아요. 떠나면 슬플지 모르니까요."
평소에 늘 이 남자 앞에서 웃어대던 언니가 아주 진지한 표정으로 말을 했다.
남자는 등을 돌리며 비닐문을 밀고 사라졌다.
언니는 멍하니 비닐문을 쳐다보다가 쟁반을 들고 부엌으로 들어왔다.
바람이 거세게 불기 시작했다.
언니는 립스틱을 바르지 않았다. 찬바람이 몸 안으로 모두 들어오는 듯한 표정으로 노란 숄을 걸치며 진한 커피 한 잔을 타서 비닐문을 밀고 나갔다.
저녁 해가 사라진 후 어둠이 떨어진 낙엽과 함께 밀려온다. 가게 안에는 연탄난로가 정겹고 시인의 공원에서 숄을 걸치고 커피를 홀짝이는 언니의 모습은 슬퍼 보였다.
마른 나뭇잎들이 하나 둘 떨어져 언니의 몸을 스치며 땅으로 떨어진다. 땅으로 내린 어둠을 걷어내며 하늘을 지긋이 바라보는 언니 마음속에 누군가가 들어 있다가 이별을 고하는 느낌이 든다.
비닐문을 밀고 들어온 곱슬머리 남자는 언니의 옆모습을 넋을 놓고 쳐다 보다가 느티나무 아줌마에게 돌냄비 가락국수 한 그릇과 소주 한 병을 시켰다.

느티나무 아줌마는 금방 생기를 얻은 나뭇잎처럼 생글거리며 남자 앞에서 웃는다.

분명 저 남자는 바람둥이가 분명하다. 이 집에서 언니의 가슴을 울렁이게 하며 또 느티나무 아줌마에게 토속적인 모습이 정겹다는 말을 자주 해서 호감을 샀다.

내가 보기에는 저 남자가 언니에게 관심을 두는 것이 분명하다. 느티나무 아줌마는 덩달아서 들떠 있는 기분이다. 느티나무 아줌마를 향하여 자꾸 농담을 하자 언니가 진담인줄 안다며 말리는 소리를 들었다. 그 남자는 부엌에서 일하는 저 아줌마에게 웃음을 주기 위해 농을 건다는 말을 했다. 그렇다면 느티나무를 놀리는 것 같아서 조금 기분이 상했지만 언니의 웃음 속으로 들어가 버릴 이야기이니 신경쓰지 않았다.

느티나무는 그 남자만 오면 냉장고 앞에 붙어있는 손거울에 얼굴을 들여다 보곤 한다.

남자는 돌그릇에 얼굴을 묻고 국수를 퍼서 먹는다. 그리고 소주를 따라서 마신다.

숄을 걸친 언니는 새초롬한 들국화처럼 들어와 남자 곁을 지나 수줍게 웃으며 말했다.

"이제부터 우리 집 출입금지에요. 만약 우리 집에 오고 싶거든 사모님과 함께 오세요. 정말이에요. 우리 집에서는 혼자 오신 분에게 특히 소주 마시며 음주 운전하는 분에게 국수와 소주를 드릴 수 없답니다."

남자는 빙그레 웃었다.

"아직 나는 마술에서 풀어지지 않았는데 나는 어떻게 하라고요."

언니는 예전처럼 큰소리로 웃었다.

"지금 마술에서 풀어놨어요. 사실 올 가을 동안에 꽁꽁 묶어놓으려 했는데 한 달 빨리 풀어 드린 거에요. 절대로 혼자 오면 안돼요."

참 이상하다. 많은 손님 중에 이렇게 오지마라 큰 소리치는 경우는 처음이다. 그리고 엉터리 논리다. 저 남자가 우리에게 술 먹고 피해주는 것도 아닌데 손님에게 막무가내 오지 마라 할 이유는 무엇일까. 매일 저 사람이 오면 좋아라 입이 벌어지더니 아주 진지한 표정으로 말하는 언니가 대견스럽기도 하지만 겉으로는 이해가 안 갔다.

영문도 모를 느티나무 아줌마는 저 남자의 국수 그릇 안에 다른 사람보다 계란 한 알을 더 넣어주는데 하며, 입이 나와 있다. 언니에 대한 불만으로 돌아와 일을 하면서 입을 꽉 다물며 심통을 부리기 시작했다.

남자는 엉거주춤한 표정으로 이를 쑤시며 나갔다. 언니는 올 가을에 다시는 새로 산 립스틱을 바르지 않을 듯한 표정이었다. 나뭇잎이 다 지도록 간혹 커피나 정종 한 잔을 들고 나가 하늘을 바라봤다. 언니의 가슴 안으로 들어왔다가 억지로 쫓아낸 그 남자를 못잊어 하는 표정이었지만 물어볼 수가 없다. 그저 공원 안에 있는 나뭇잎만이 알아들을 이야기를 혼자하고 있음이 분명하다.

신문배달원과 공원안의 남자

동양일보 배달하는 남자는 키가 작은데 눈이 크고 입술은 얇다. 추리닝 바지, 허리 아래까지 내려온 잠바 차림에 오토바이 모자를 썼다. 얼핏 보면 어린 아이처럼 느껴지지만 웃는 얼굴에 주름이 자글자글해서 마흔이 훌쩍 넘어 보인다.

이 남자는 오후에 신문을 가져 오는데 늘 주인 언니를 찾는다. 눈이 오나 바람이 부나 비가 오나 신문을 가지고 들어선 남자는 언니를 바라보는 눈이 무척이나 반짝거린다.

지친 언니가 오후쯤 낮은 다락방에 누워 있으면

"동양일보 왔어요."

아주 큰 소리로 말을 하며 언니 있는 곳으로 고개를 쭉 빼며 신문을 식탁 위에 놓는다.

밤새워 일을 하고 낮에는 시들시들 지쳐 있는 언니는 때로는 잠을 자다가도 손을 흔들어 주며 답을 한다.

신문을 들고 온 남자에게 가끔은 사이다 같은 음료수를 주는데 그 남자는 음료수를 마실 때마다 얼굴을 붉히며

"아휴, 됐어요, 안 먹어도 돼요."

고개를 살짝 흔들며 사양을 하다가도 컵을 받아 쥐면 단숨에 꿀꺽꿀꺽 잔을 비운다.

오늘은 언니가 지쳐있지 않아서 '서동백'이란 이름의 그 남자가 아주 즐거워하는 표정으로 언니를 바라보며 말했다.

"오랜만에 누님이 생기가 있어 보여요. 날마다 이 시간이면 손님도 없는데 단잠을 자고 있으니 누님은 베짱이구나 생각했어요. 그리고 가게 운영은 어떻게 하나 걱정했어요. 저렇게 누워 있으니 손님이 오지 않을 것 같아서 걱정했어요."

언니는 아주 재미나는 이야기를 들은 것처럼 큰소리를 내어 웃으며

"맞아요. 그러니까 내 별명이 한량이라니까요. 그것도 순한량이란 말이에요. 처음에는 순한량이라는 애칭을 김산수 시인과 김창식 소설가가 지어주었어요. 처음에 착한 여자라고 불렀는데, 그 말이 싫어서 고개를 흔들었더니 그러면 순한량이라 부른다 하기에 너무 좋아서 박수를 쳤지요. 그 후 난 한량이란 이름을 얻게 되었어요. 오후 두 시에서 네 시까지는 정말 난 한량이 되어 쉬는 거에요."

얼굴에 웃음을 함박꽃처럼 피우면서 말하는 언니 말에 속없이 쳐다보는 남자가 약간 모자란 듯해서

"우리 언니는 밤을 새워서 일을 하기 때문에 지금 이 시간에 잠깐 잠을

자는 거에요. 언니가 베짱이라니 말도 안 되는 말을 하는 거에요. 알지도 못하면서……."

잠깐 끼어들기를 하는 식당아줌마인 나의 말에

"나중에는 알았어요. 사람들이 행복한 우동가게 아줌마가 충주 시내에서 제일 일을 많이 하면서 열심히 산다고 하대요. 독하게 일한다는 말을 들었지만 매일 누워 있는 누님 모습을 보면 믿어지지 않았어요."

언니는 더 큰소리로 배꼽을 잡고 웃었다.

"맞아요. 내가 남을 위해 이렇게 노력한다면 칭찬받을 만하지만 먹고 살기 위해 일하는 내가 무슨 잘한 일이겠어요. 자, 음료수나 한 잔 합시다."

언니는 냉장고 문을 열면서 콜라를 잡아 쥐는데 남자가 얼른 말했다.

"한량이 누님, 줄려면 환타 주세요, 오렌지로요."

"맞아요, 서동백씨는 이 환타가 어울려요. 이제부터는 환타만 드릴게요."

큰소리를 내며 웃는 언니는 그렇게 웃기는 이야기가 아닌데 마구 웃어댄다.

그 남자만 보면 늘 웃어대는 언니가 때로는 이해가 안 간다.

"한량이 누님! 저는 어렸을 때 소풍날이면 어머니가 꼭 환타 한 병을 가방에 넣어 주었는데 소풍가서 먹으면 그 맛이 시원한 것이 아니라 따뜻했어요, 그래도 어찌나 맛이 있던지 친구들이 서로 달라는 바람에 얼마 먹지 못하고 엎지르기도 하고 도망가서 몰래 먹기도 했지요. 한량이 누님이랑 나랑 다섯 살 차이가 나니 누님은 제 말을 이해할 것 같아요."

남자는 언니가 준 환타를 꿀꺽꿀꺽 마신 후 자신의 옛날 추억에 잠기는 듯했다.

언니는 호기심에 가득 찬 모습으로 남자의 말을 줄줄 이어 들었다.

한량이 누님을 닮은 첫사랑 이야기부터 군에 가서 병가로 제대한 이야기며 자신이 장가를 못 가게 된 이유까지 아주 신이 나서 하기 시작했다. 그중에서도 달짝지근하게 와 닿는 언니 마음에 드는 이야기는 최근 이야기다.

"서동백씨! 요즈음에도 게임방에 가는 거에요?"

"아니요. 오늘은 가지 않았어요. 게임 때문에 장가도 못가고 인생을 망쳐 버렸으니 앞으로 절대로 게임방에는 가지 않을 거에요."

남자는 아주 진실한 표정을 지으며 말을 한다.

"아니, 게임방에 가지 않겠다는 말이 벌써 십 년이 되어가네요. 무슨 소리를 하는 거에요. 이 누나를 놀리는 거에요? 오늘은 가지 않았고 어제는 갔고 내일도 가지 않는다는 이야기는 매일 했어요. 그러니까 모레는 또 오늘이 어제가 되는 것처럼 뻔한 일이니 지금은 배달하느라 못가는 거구 일이 끝난 후 또 가는 것이 맞지 않아요."

남자는 남아 있는 환타를 다시 따라 마시며

"정말 그것이 병이에요, 오늘은 아직까지 게임방에 가지 않았는데 신문 배달이 끝난 후가 문제에요. 안 가려고 하는데 기계가 내 돈을 먹는다는 것을 아는데 왜 그곳이 가고 싶은지 모르겠어요. 지금은 어머니가 살아 계셔서 밥을 해서 먹여 주지만 어머니가 돌아가시면 나는 자립을 해야 하는데 이 나이에 돈 한 푼 모아 놓은 것이 없으니 나 자신이 한심해요. 누나, 나는 아마 게임귀신이나 아니면 마귀가 들어 있는 것이 분명해요."

 남자는 아주 진지한 표정으로 자신을 반성한 듯 보이나 믿음이 가지 않는다. 물론 언니도 그런 모습으로 바라보며

 "서동백씨가 아침에 신문 돌린 후 또 이렇게 오후 신문을 돌리며 고생을 하는데 무엇 때문에 기계에다가 돈을 갖다 주어야 하지요? 정말 안타까운 일이니 오늘부터는 일을 마친 후 게임방에 가고 싶으면 우리 가게로 오세요. 이곳에서 사람들이 무슨 이야기를 하며 어떻게 살아가는지 구경을 하라구요. 그리고 이곳에 남긴 글을 보며 시간을 보내세요. 이곳에 와서 그냥 놀아요. 그러면 서동백씨는 돈을 버는 거에요. 세월을 낚기만 하면 게임방에 갖다 주는 돈을 버는데 얼마나 신나는 일이에요."

 남자는 눈가에 촉촉히 젖어드는 액체를 억지로 숨기며 말했다.

 "한량이 누나, 정말 내가 세상을 살아도 헛살았나 봐요. 사람들은 고생을 해야 정신을 차린다는 말을 하는데 나는 고생을 했어도 헛고생을 하는 셈이지요. 난 이곳에 오면 마음이 참 편해져요. 누나가 잠을 자고 있으면 누나랑 눈을 마주치지 못한 일이 서운해서 누나를 베짱이가 아닐까 생각한다는 말을 했을 뿐이지요."

 남자는 천장을 쳐다보며 입을 열었다.

 "누님! 사실 내 인생길이 왜 이리 잘 안 풀리나 했더니 내가 예전에 대학 다니다가 서울로 상경해서 공장 다닐 때 이런 일이 있었어요. 그 시절에는 대학물을 먹었다는 이유로 장갑 짜는 공장의 공장장이 되었는데, 어쩌다 공장에서 일하는 내 또래 친구에게 돈 만 육천 원을 빌렸지요. 그런데 우리 어머니가 갑자기 서울로 올라오셔서 다시 내려와 학교 다니라고 보

따리 싸라는 바람에 그냥 어정쩡하다가 그 자리에서 짐을 챙겨서 그 친구에게 돈을 갚지 못하고 충주로 내려와버렸어요. 어찌나 양심에 가책이 느껴지던지 못 살겠더라구요. 나는 학교 공부를 시작했다가 다시 접어 버리고 그때도 가까운 공장에서 일하면서 그 친구에게 미안해서 돈을 마련해서 서울을 갔지요. 돈을 갚으려고 했는데 그 친구는 온 데 간 데 없어져서 그 돈을 그냥 떼어먹어버린 셈이 되었지요. 그 후 나는 일이 풀리지 않았어요. 나는 세상에서 단돈 만 육천 원을 그 친구에게 손해 입혔지만 내가 잃어버린 것이 더 많아요.

　공장에서 넘어져서 허리를 다친 후 힘든 일을 못하게 됐지요. 그래서 오토바이로 신문배달을 하게 되었는데 오토바이 오십만 원짜리를 두 번이나 잃어버렸어요. 그리고 내가 탄 월급은 늘 그놈의 게임기계가 꿀꺽 삼켜버리게 되더라구요.

　나는 다시 그 친구를 만나면 만 육천 원을 꼭 갚고 싶어요. 그러면 나는 훨훨 날개를 단 기분으로 인생을 살아갈 것 같아요."

　남자는 눈물을 글썽이며 지난 날의 잘못을 고해하듯이 말을 했다.

　언니는 아무 말 없이 그 남자를 쳐다보다가 다시 냉장고 문을 열어 환타 한 병을 꺼내어 남자 컵에 따르면서 차분하게 말했다.

　"알고 보니까 서동백씨는 천상 남자네요. 사람이 잘못을 그렇게 오래 반성하기가 여간 어려운 일이 아닌데 정말 착한 사람이에요. 내가 사람 알아보는 눈은 있다구요."

　일을 하는 나도 그 남자를 바라보는 눈이 달라졌다.

　방금 전만 해도 저 남자가 게임방이나 드나드는 철딱서니 없는 사람 같앉는데 말하는 모습이 아이 같은 느낌이 왔다.

이야기를 하는 도중에 문을 밀며 들어오는 사람이 있었다.

머리를 곱게 쪽진 중년의 여자가 들어오면서 돌냄비 가락국수 한 사발을 시키며 그 남자를 보며 물었다.

"서동백 가브리엘씨! 요즈음 어머니가 성당에 나오시지 않으시던데 많이 편찮으세요?"

남자는 젖은 눈을 내리 깔며 대답했다.

"예, 어머님이 요즈음 거동이 불편하셔서 성당을 못가시고 집에서 기도만 하셔요."

중년 여인은 온화한 미소를 띠며 말했다.

"가브리엘씨가 하루도 안빠지고 매일 미사를 보니 어머님이 금방 나으실 거에요. 세상에 어쩌면 그렇게 열심히 성당을 나올 수 있어요."

"저는 성당에 가면 마음이 그냥 편해져요, 염치가 없어서 무엇을 해달라는 기도는 못하구 그냥 편한 마음을 갖고 싶어서 그곳에 가서 앉아 있기만 하는걸요."

남자는 그렇게 게임방을 날마다 가듯이 성당에도 날마다 간다는 사실을 안 후 언니는 더욱더 그 남자에게 애정을 갖게 되었다.

첫눈이 속 시원하게 함박눈으로 내리기는 올해가 처음인 것 같다,

일하다가 언니는 눈을 기다렸다는 듯이 강아지처럼 펄쩍펄쩍 뛰었다.

"아! 눈이 온다. 정말 함박눈이 내리고 있어. 계수나무야, 느티나무야 우리 정종 한 잔 마실까?"

눈이나 비가 오면 늘 도지는 언니의 낭만을 우리는 알기 때문에 느티나무는 아무 말을 안 하지만 나는

"언니 불타는 정종 한 잔 데워줄 테니 공원에서 마시고 와요. 추우니까 꼭 솔을 걸치고 가야 해요."

언니는 배시시 웃으면서 내 손을 꼭 잡아 주며 느티나무 등을 툭 친다.

"느티나무! 오늘 같은 날 친구들이랑 춤방에 가서 춤이나 실컷 추어라. 하얀 나비처럼 사뿐사뿐 지르박을 밟으면 멋있을 것 같아."

언니가 아이처럼 떠드는 비현실적인 말에 대꾸를 안 하는 느티나무가

"눈이 오면 길이 미끄러운데 어떻게 춤방에 가요. 언니가 나 춤추는 것을 한 번이나 봤어요? 내 몸 관리하는 것처럼 무척 관심을 가지네요. 언제 우리가 한번 춤방에 같이 간 적이 있어요. 노래방에 간 적이 있어요."

퉁퉁거리는 느티나무는 언니가 기분 좋아 있는 틈을 타서 불만을 은근슬쩍 늘어놓기 시작했다.

"하하, 정말 그렇구나. 나는 춤 배우자는 친구들이 더러 있었는데 아니 가르쳐준다는 사람도 있었는데 정말 나는 그런 것에는 취미가 없어. 노래방에 가면 아직도 쑥스러워서 노래를 못하고 남 하는 것만 멀뚱멀뚱 쳐다보니 나는 꾸어다 놓은 보릿자루가 되어버려서 나올 때는 무지 스트레스가 쌓이거든. 머리가 아픈 것 같아. 그리고 소리가 요란해서 더욱더 싫거든. 어떻게 해? 차멀미가 나듯이 노래방 춤 멀미가 나는 여자거든. 그런데 남이 하는 것은 무지 좋아 보여. 이런 나를 이해하든가 말든가. 아아, 눈이 와서 나는 너무 좋아."

언니는 내가 데워준 뜨끈뜨끈한 정종을 손에 받아 쥐며 외쳤다.

"나 혼자 가기 싫어. 오늘은 첫눈이 오니까 우리 단합대회하게 차 한 잔씩 타서 공원에서 마시자. 그리고 옆집에서 회 한 사라 시켜서 우리 건배하자고."

눈이 온다는 이유로 언니는 기분이 상승했다. 우리는 그냥 언니를 따라서 차와 회를 시켜서 공원으로 나갔다. 눈이 몇 번이나 내려 많이 길이 들어진 것처럼 아주 능숙하게 내리고 있다.

언니는 마른 잎이 다 지지 않고 검은 가지 위에 군데군데 매달려 있는 나뭇잎들 틈새로 하늘을 보며 뭔가 들뜬 기분에 쌓여있다.

한쪽 손으로 김이 모락거리는 정종을 들고 술을 마시지 못하는 우리의 찻잔에 건배를 하며

"우리의 아름다운 미래를 위해 첫눈에 소망하는 것을 기도해봅시다. 우리가 행복해야 집안과 나라가 행복하며 세계의 평화에 이바지하는 것이니까요."

어린아이처럼 웃어대는 언니의 얼굴이 눈처럼 하얗게 빛났다.

이곳에서 언니랑 생활을 하다 보니 한세월이 지나면서 정말 언니의 엉뚱한 소리에 길들여지고 있는 느낌이다.

느티나무가 가끔 나를 꾹 찔러 언니의 말이 말도 안 되는 이상한 수다라는 것을 나에게 강조해도 마음속으로는 늘 언니를 이해하고 싶은 마음이다. 나보다 세 살이나 더 먹은 언니는 늘 가게에서 일어나는 일이나 결정을 해야 할 문제가 생기면 나에게 의논을 한다.

우뚝 서서도 주인 여자 행세를 할 수 없는 언니의 여린 마음을 세월이 흐른 후 알 수 있어서 처음에는 너무 황당하고 엉뚱해서 어이가 없는 때가

종종 있었지만 이제 모든 것을 이해할 수 있는 나이로 언니와 함께 치닫고 있나보다.

언니는 기분이 무조건 좋아서, 눈이 온다고 그냥 좋아서 우리에게 찬 눈을 맞게 하고 찬 회를 시켜주었다. 사실 나는 회와는 무관한 사람이다. 정종 안주로 회가 잘 어울린다는 말을 가끔 하면서도 언니는 언니를 위해 회를 시키지는 않는다. 색다른 날이거나, 손님이 오거나, 기분이 좋았을 때, 한턱을 내야할 때 언니는 회를 시켜놓고 우리가 많이 먹지 못한다는 것을 아는지 모르는지 언니가 허겁지겁 더 많이 먹는다.

그런 언니가 어떤 때는 안스럽기도 하다.

하얀 눈이 내리는 공원에서 멀거니 행복한 우동가게란 비닐하우스를 쳐다본다.

낡은 비닐집 그 옆엔 어우동이라는 민속주점이 행복한 우동가게가 생긴 후 오 년이 지난 다음부터 쌍둥이처럼 함께 나란히 서 있다. 그 다음에는 고급 어유도라는 횟집이 서 있다.

기역자로 시인의 공원을 남쪽으로 앞두고는 간이역과 공원밥집, 일번지 순댓국집이 나란히 박혀 있다. '시인의 공원'을 동그랗게 두고 삶의 현장이 열리며 많은 사람들의 이야기가 이어지는 곳이다.

언니는 이웃 중에 친한 친구가 없는 것 같다. 그 이유는 장사 이야기나 돈 이야기나 사람이야기를 즐겨하는 사람이 아니라서 하늘에서 내리는 눈이나 비 그리고 느티나무나 단풍나무이야기를 즐겨하기 때문이라는 것을 나는 안다.

비현실적인 언니가 지극히 현실적인 삶의 전선에서 어영부영 잘 사는 이유가 무엇인지 모르겠다. 사람 비유를 잘 맞추는 여자도 아니라 언니 기분에 따라서만 행동하는 것 같기도 하고 어떤 때는 정말 바람 같기도 하다.

언니는 눈이 온다는 이유로 기분이 좋아져 있어, 오늘 밤 장사를 어떻게 할까 걱정이 앞선다. 간혹 이럴 때는 언니가 일을 하다가 실수를 하곤 하기 때문이다. 손님들이 주문을 해도 잘못 알아듣고 계산도 잘못한다. 그리고 계속 비현실적인 말을 늘어놓기도 하기 때문에 이런 언니를 느티나무는 잘 이해하지 못한다.

눈이 내리는데 공원 바로 옆에 나있는 길 사이로 목발을 짚은 한 청년이 우리를 향하여 미소를 띠며 오고 있다.

"아휴, 웬일이에요."

목발 짚은 남자는

"아줌마! 첫눈이 오니까 이 공원에 나오고 싶었어요. 병원 창밖으로 내리는 눈을 보니 가슴이 이상해져서 견딜 수가 없었어요. 오늘은 정말 아줌마에게 콜라나 사이다나 국수 얻어먹으러 온 것이 아니고 마음이 심란해서 이곳에 왔어요."

눈동자가 유난히 까만 남자는 목발을 짚었는데, 환자복 사이로 다리에 깁스한 부분에 살이 보였다. 하얀 눈이 내리는 이 공원에 목발을 짚고 나타난 남자는 언니와 잘 아는 사이였다. 지난 여름날에 언니가 이곳에서 앉아 더위를 식히다가, 교통사고로 2년 동안 병원 치료를 받고 있는 이 젊은 청년을 만난 것이다.

물론 언니가 먼저 말을 걸었을 것이 분명한 사실이다. 내가 아는 언니는 자신보다 강해 보이는 사람 앞에서는 절대로 먼저 말을 걸지 않지만, 자신보다 약해 보이는 사람에게는 보호심리가 발동해서 늘 먼저 말을 걸어 아주 따뜻하게 대화를 이끌어 가는 사람이기 때문이다.

언니는 바로 콜라를 들고 나와 청년의 갈증을 풀어주었지만 콜라를 마신 청년은 잃어버린 이야기를 풀어놓고 싶은 대화의 갈증이 더욱더 충동질 됐다.

언니가 지난 여름날 이 청년에게 콜라를 갖다 주니까 그 청년이 이렇게 말하더란다.

"아줌마! 이 세상에 공짜는 없는데 어떻게 얻어먹어요."

의아해 하는 청년에게 언니는 약간 푼수 같은 웃음을 웃어넘기며 대답했다.

"무슨 공짜라 하나요. 날이 더우니까 한 잔 드릴 수 있지요. 아니 세상에 공짜가 없다니 무슨 말씀이에요. 나는 공짜로 무엇을 얻어먹을 때가 제일 좋은데, 아무 조건 없는 사랑이 얼마나 좋아요."

청년은 공원 벤치에서 땀을 닦으며 이 아줌마의 행동에 감동하기는커녕 참 이상하다는 생각을 했을 것이다. 그날 언니는 비닐문을 밀면서 빈 병과 컵을 들고 들어오면서 중얼거렸다.

"세상에 공짜가 없다는 말이 정말 우리를 슬프게 하네. 아마 저 사람은 세상에서 많이 당했나 보다 사람에게 배신 같은 것을……."

씁쓰레한 언니의 말을 시간이 지난 후 이해하기 시작했다.

언니는 이미 그 청년에게 언니만이 걸 수 있는 마술을 걸어 놓은 것이 분명했다.

언니가 없을 때 가끔 저 청년이 목발을 짚고 나타나서 가게 안에 있는 글을 읽어 보면서 물었다.

"아줌마! 이 글들은 그 키 큰 아줌마가 다 써서 붙인 거에요?"

"아니에요. 언니가 친필로 써서 붙인 글은 한 장도 없는 걸로 알아요. 언니가 장사를 시작하면서 아주 우연하게 어떤 시인이 이 집엔 글을 붙여야 한다면서 붙이기 시작한 것이 이렇게 이어 붙이기가 되었다고 해요."

그 청년은 목발을 짚고 서서 자꾸 물었다.

"아줌마! 왜 이 집 주인은 나에게 친절을 베풀까요. 내가 병신이 되어서 불쌍해서 그럴까요."

아무 표정 없이 입에서만 나오는 말대로 대꾸했다.

"우리 언니는 원래 그래요. 그렇게 나쁜 사람 아니니까 이해하세요. 언니 마음에 내키는 대로 관심이 갔나 봐요."

청년은 우울한 표정으로 가게에서 한참 동안 글을 읽다가 간 적이 있다.

그 후로 언니를 만나면 언니가 국수를 끓여서 권하기도 했고, 굳은 표정을 풀며 언니와 이야기하는 것을 몇 번 봤던 청년이었다.

이렇게 눈이 내리니 이 청년은 이 공원이 그리워서, 아니 저 비닐하우스 같은 가게가 그리워서, 언니의 넋두리가 고마워서, 아니면 교통사고가 나기 전 자신의 모습이 몹시도 그리워서 이곳을 찾아왔을 것이다.

언니는 정종 한 잔에 발그스레 미소를 띠며 그 청년을 아주 반갑게 맞았고 먹고 있는 회를 상추에 싸서 그 청년 입에 넣어주기도 했다.

청년은 또 다시 우울한 표정으로 돌아갔고 하늘은 어둠에 묻혀 오면서 눈을 마구 쏟아내기 시작했다. 어떻게 이런 서러운 눈덩어리를 끌어안고 하늘은 많은 세월을 참아왔을까. 사람의 가슴 안에 쌓인 한들을 이렇게 펑펑 쏟아낼 수 있다면 얼마나 좋을까.

연한 어두움이 진하고 서러운 청년의 가슴을 부여안고 있는 듯한 시간에 가게 밖에서 석간신문을 들고 있는 신문배달원이 소리를 질렀다.

"한량이 누님! 첫눈이 와요, 누님 첫눈이 와서 그곳에 있는 거지요."

"그래요, 이곳으로 와요. 정말 기분 좋은 날이에요. 서동백 가브리엘씨"

언니는 또 신문배달원 남자를 부르고 있다.

남자는 눈이 온다는 이유로 털이 든 검은 장화를 신고 공원 안으로 들어서고 있다.

남자의 키는 오토바이 모자와 엉덩이를 가린 검은 잠바 때문에 곡예사의 첫사랑에 나오는 주인공 같기도 하다. 첫눈이 내린다는 이유로 아무런 약속도 없이 이 공원에 모여든 남자들은 언니가 어쩜 세상에서 가장 좋아하는 사람인지 모른다.

모두가 언니가 타준 따뜻한 커피 한 잔이나, 시원한 음료수 그 중에 콜라나 환타가 먹고 싶은 사람일 것이다.

목발을 짚고 공원 안에 서 있는 남자와 신문배달원은 아무렇지도 않게 이야기를 주고받았다.

하늘에서 하염없는 눈이 내렸다.

처음 만나 서먹한 사람이 아닌 아주 오래된 만남처럼 아무렇지 않게, 마치 첫눈이 아닌 것처럼 펑펑 쏟아지고 있었다.

 도둑과 시인

 이 집에 오기 전, 나는 시인은 화장실도 가지 않는 사람이라 생각했다.
 중학 시절에 나 또한 문예반에 들었고, 책 속에 들어 있는 시인은 돈과는 무관하여 이상과 꿈을 추구하는 신선이라 생각했다. 김삿갓처럼 좋은 풍경을 찾아 구름에 달 가듯이 바람 따라 인생을 풍류하며 사는 사람이 멋있는 시인이라 생각했다.
 그런데 이곳에서 내가 접한 시인들은 내 고정관념을 확실하게 바꿔 놨다. 시인들의 삶도 돈이나 여자나 몸부림치는 것은 똑같다는 것을 알았다.
 밤이 깊어 갈수록 이 집의 풍경은 묘하다.
 불개미처럼 우동집을 찾아든 사람들은 잠을 자지 않나 보다.
 "우동 주세요, 김밥이요, 쫄면도요, 양푼이 비빔밥이 있어요."
 그리고 가끔 노란 주전자의 막걸리나 불타는 정종을 두서없이 시킨다. 물론 소주나 약주를 찾는 사람도 있다.

그렇지만 가장 많이 찾는 음식은 역시 돌냄비 가락국수다.
정신없이 즉석 음식 만들기에 혼을 빼는데 걸머진 가방을 메고 들어온 사나이가 우리 앞에 고요하게 서 있다.
부엌과 홀이 연결되어 있는 곳에 조그마한 간이 식탁이 있다. 그 위에는 책이 아무렇게나 꽂혀 있고, 우리 어머니 시절에 어린아이를 손에 쥐고 주전자를 한손에 쥐고 밥이 담긴 소쿠리를 머리에 인 고달픈 여인인형이 서 있다. 물론 흙으로 빚어진 인형이지만 잘록한 허리에 배고픔이 들어 있어 보인다. 어느 날 어느 손님은 누가 이 인형을 만들어서 이곳에 서 있게 했느냐고 화를 내며 우리에게 항의한 적이 있다.
이유는 이 여인이 너무 힘이 들어보여서 화가 난다는 것이다.
언니는 이 말에 또 기분이 좋아라 했다. 이 인형을 보며 화를 불쑥 내는 남자가 뭐가 좋아 박장대소를 하며 웃어대는지 이해하기 힘들었다.
이런저런 이야깃거리가 이어질 듯한 이 조그만 식탁 위에 인형들은 늘 우리에게 말을 걸어오는 듯하다. 언니가 늘 하는 말이 이 인형들은 새벽 다섯 시에 우리가 퇴근을 하면 인형들끼리 밥을 해먹고 재미나게 논다는 것이었다. 우리 집과 이웃집이 함께 쓰는 수도세가 유난히 많이 나오는 이유는 인형들이 세수하며 목욕하고 음식을 해먹기 때문이라고 한다. 재료비가 너무 많이 나온다는 말에는 또 인형들이 먹고 살기 때문이라 한다.
엉뚱한 이야기가 그럴듯하게 통하는 이 장소에는 늘 시인들이 이 풍경을 보며 앉아 있는 듯 했다. 언니가 특별히 관심을 많이 보이는 사람들 중에는 시인들이 몇몇 속해 있다.
어깨에 회색 배낭을 메고 서 있는 남자는 서울에서 이곳으로 머리를 식히려고 오는 시인이라 했다. 김삿갓이라는 이름을 언니가 지어 부르는 듯한데 아무래도 서울 시인은 먹고 사는 문제가 해결되지 않는 것 같다. 이 집에 처음 왔을 때 서울 시인은 자신의 초상화를 그려 들고 다녔다. 시인의 아버지가 일찍 자살을 했는데 시인이 아버지를 닮아 이미 이 세상을 떠난 사람이라는 것이다. 자신의 영정을 들고 다니는 이상한 사람은 이곳에 사는 기타 치는 시인이랑 같이 와서 막걸리와 두부김치로 배를 채운 후에는 약간 근사한 술집을 원했다. 노래를 부르며 여자와 춤을 출 수 있는 술집을 말이다. 기타 아저씨와 함께 이 주변에서 유명한 한국관에 놀러 갔다. 술을 마시고 노래 부르며 여자들과 즐겁게 논 후, 돈 계산을 할 때 주머니 안에 들어 있던 지갑을 잃어 버렸다는 것이다. 기타 치는 시인은 원래 값이 나가는 술을 먹지 않는 스타일인데 술값 때문에 아주 난감한 처지가 된 것이다. 한국관을 운영하는 멋있는 사장은 시인들의 호주머니 사정을 가늠하여 술값을 깎아주었고, 기타 치는 시인의 쌈짓돈으로 이를 적당히 해결하고 다시 국수집으로 돌아온 것이다.

　지갑을 잃어버렸다는 서울 시인의 딱한 사정을 듣고 주인 언니는 갑자기 안쓰러운 마음이 들어서 앞치마에서 돈 삼만 원을 꺼내어 주었다. 서울 시인은 너무 고마워서 눈물을 글썽이며 서울에 가면 꼭 이 돈을 갚을 거라 맹세를 했다.

　언니는 그냥 차비를 드리는 것이니 조건 없이 받아 차를 타고 서울 가시라 딱 잘라 말을 했지만 감성적인 서울 시인은 만 원은 서울행 차비를 하고, 만 원은 이곳에서 촛불에 불을 붙여서 이 날을 기념하고, 또 나머지 만 원은 국수집 문을 닫고 앞에 있는 작은 포장마차에 가서 소주를 한 잔 하자는 제안을 했다.

　언니는 이 말에 너무 어이없어 하면서도 그래도 시인이니까 이해하는 눈치였다.

　언니가 힘들게 번 돈을 가지고 불을 지르고 술을 마시자니 옆에 있는 나는 정말 그 시인이 이상한 사람으로 느껴졌지만 언니가 늘 시인이라면 무조건 이해하고 말았기에 아무 말도 하지 못했다.

　이렇게 언니와 만남이 이어졌던 서울 시인은 서울에 가서 몇 번 전화를 해서 언니에게 서울여행을 오라 했다. 언니는 한때 서울 생활을 했기 때문에 서울 지리를 잘 알아서 여행을 할 필요가 없으며 또 안내해줄 사람도 필요하지 않다고 그리고 시간이 없어서 서울을 갈 수 없다는 약간 냉기가 도는 어투로 잘라 말을 하고 말았다.

　서울 시인의 초상화, 아버지를 닮았다는 시인의 영정이 한동안 이 집 벽에 붙어 있었다. 가끔 섬뜩하게 와 닿는 이 시인의 얼굴은 뭔가를 우리에게 말을 하는 듯했다. 그리고 자신이 썼다는 손수 만든 시집이 꽂혀 있었다.

　그 책 속에는 카프카의 「변신」이야기가 길게 쓰여 있었는데 무슨 뜻인지 알아들을 수 없었다.

　몇 년이 지난 후 언니는 단 한 번도 이 시인 이야기를 하지 않았고 그 시인의 초상화는 덧붙여진 글들 속에 꼭꼭 숨어 버렸다.

　또 몇 년이 지난 가을날, 서울 시인이 모자를 푹 눌러쓰고 보라색 소국을 가슴에 가득 안고 비닐 문 안으로 들어 왔다.

　"저 모르겠어요? 5년 전에 이곳에서 삼만 원 빌려간 사람입니다. 이제 돈을 벌어서 그 돈을 갚으려고 왔습니다."

작달막한 키에 검은 뿔테 안경을 낀 남자를 언니는 금방 알아보는 듯했다.

"맞아요. 서울 시인이시죠. 그런데 그 돈은 내가 꾸어준 돈이 아니라 그냥 차비를 드린 거예요. 저는 잊어버렸고요. 받을 수가 없답니다."

언니는 이미 준비한 듯 한 목소리로 말을 하기 시작했다.

"아니요. 저는 그 돈을 빌렸다 생각했습니다. 그동안 늘 마음에 걸려서 제가 쓴 글이 좀 잘 되면 돈을 벌어 꼭 갚아야 한다는 마음으로 이곳을 찾아왔습니다."

서울 시인은 보라색 소국을 언니 가슴에 안기며 하얀 봉투를 내밀었다. 그리고 가방 안에서 턱낫한이 쓴 『용서』라는 책을 선물로 내밀었다.

옆에서 본 내 마음은 '참으로 이 시인이 의리가 있구나' 생각했다.

언니는 돈이 든 봉투를 받지 않으려 극구 사양했지만 기어코 갚아야 한다는 서울 시인의 고집에 결국 그 돈으로 시인에게 술과 안주를 대접하기로 했다.

산기슭에 피어 있는 듯한 작은 국화는 가을이 온통 이 가게 안으로 들어온 듯 산뜻한 향을 풍겼다.

기타 치는 시인을 불렀고, 가게 옆에 있는 인천 바다횟집에서 삼만 원짜리 회를 시켰다.

언니가 가끔 손님을 대접하다거나 기분이 좋아지는 날, 한턱내는 방법은 늘 옆집에서 회 삼만 원 어치를 시키는 것이다. 그럴 때마다 회를 별로 좋아하지 않는 나는 별 관심이 없지만 회를 좋아하는 느티나무 아줌마는 은근히 좋아하는 표정이다. 언니는 큰마음 먹고 산 회지만 비싸기 때문에 푸짐하지 않다. 그렇지만 언니의 들뜬 기분에 근사한 식탁이 된다. 나는 언니가 좋아하기 때문에 회를 시킨다는 것을 안다. 언니가 제일 많이 먹는다.

기타 치는 시인이 기분을 더 돋우며 기타를 치며 노래를 불렀다. 이렇게 감동을 주는 가을밤을 만든 후 그 시인은 서울로 떠났다.

하얀 눈이 내리는 겨울에 서울 시인은 터벅터벅 눈길을 걸어 시인의 공원에 앉아 있었다.

하얀 종이에 쓴 시를 모아 시집을 손수 만들어 옆구리에 끼고 앉아 하늘을 보며 줄담배를 피어댔다. 나무에 조각을 새기는 작업을 해서 행복한 우동가게란 목각 작품을 비닐하우스에 세워 언니를 감동 시켜서 두둑한 차비를 얻어갔다.

그러던 어느 날 언니에게 오년 전에 빌려간 돈보다 훨씬 많은 돈을 빌려 달라했는데 언니는 평소에 인정스러운 표정을 싹 지우고 아주 냉정하게

"안 돼요, 돈거래를 나는 할 수 없어요."

무 자르듯 딱 잘라 말을 했다.

옆에서 보기에 언니가 의아해 보였지만 서울 시인이 그 전날 밤 술을 먹고 주정을 심하게 하는 것에 언니가 많이 화가 난 모습이었다.

서울 시인은 언니의 외면에도 아랑곳하지 않고 종종 이렇게 저 테이블 앞에 배낭을 메고 서 있곤 했다.

많은 사람들이 들락거리는 곳에 시인은 한참 동안 노래를 하다가 뭔가에 빠져 움직인 듯 했다. 언니는 초롬한 표정으로 젖은 앞치마를 입고 일

을 하다가 그 시인 앞에 노란양재기에 담은 막걸리 한 사발을 내밀었다. 서울 시인은 아주 당연하다는 듯이 막걸리를 마셨다. 오며가며 언니는 두부김치를 몇 점 가져다주기도 하고 또 막걸리를 따라다 주기도 한다.

국수가락이 줄을 이어 쭈욱 늘어나는 것처럼 많은 사람들이 왔다 갔다. 시끄럽고 혼란스런 밤에 그 시인의 움직임을 나는 분명 봤다.

작은 식탁구석에 놓인 검은 냄비는 이 집의 불우이웃 돕기 냄비이다.

자선냄비가 놓인 이유는 이곳을 찾은 손님 중 한 사람이 거스름돈 삼천 원을 부엌에 있는 검은 냄비에 넣으면서

"아줌마! 이 세상 사람들을 못 믿는다 해도 이 집은 믿을 수 있으니 불우이웃 돕기함을 하나 만들어서 사람들에게 도움을 주세요. 제가 이렇게 시작을 할게요."

이렇게 말을 하며 젊은 남자가 검은 냄비를 그곳에 가져다 놓았다. 대구에서 온 머리가 희끗희끗한 남자는 검은 매직으로 A4 용지에 이런 글을 써서 부쳐놓았다.

이 집에 오신 손님들!
십 원도 좋으니 조금만 적선해서 따뜻한 이웃이 됩시다.

이렇게 시작한 이 작은 냄비는 가끔 손님들이 거스름돈을 안 받아가거나 택시비를 준 손님들의 돈을 그곳에 받기 시작했다. 그리고 가끔 언니의 『행복한 우동가게』나 『백합편지』 책을 손님들이 찾아 팔면 이천 원 이익금을 그곳에 넣었다. 이 집에 이 냄비가 있는지 없는지 손님들은 잘

몰랐지만 나는 쳐다보면 참 포근했다. 작은 온정에 동참한 기분이어서 좋았다. 그래서 나는 불우이웃 돕는 냄비에 관심을 많이 갖고 있었다. 어떤 초등학교 여선생님은 아들과 같이 오는데 올 때마다 그 아들이 꼭 천원이나 이천 원을 불우이웃통에 넣는 그 모습이 너무 멋져보였다. 언니는 이 냄비가 온전히 나의 정성으로 이룬 것이라 하여 연말연시에 얼마 안 되는 돈이지만 불우이웃을 도우라고 나에게 일임을 해서 겸연쩍고 쑥스러웠지만 내가 알고 있는 고아원에 아무도 모르게 보내주었다.

언니는 이곳에 돈을 모으는 초등학생에게 좋은 일을 하라 일임할거라 했는데, 언제부터가 그 돈이 움직이고 있었다. 이웃돕기 냄비에서 슬슬 돈이 빠져나와 시인의 가방 속으로 들어갔다. 어찌나 가슴이 떨리던지 아무 말을 하지 못하며 쳐다보고만 있었다. 언니는 얼굴을 붉히며 서 있었다. 순간적으로 서울 시인은 비닐문을 빠져나가 시인의 공원 안으로 사라져버렸다.

언니는 한참동안 말을 하지 않다가 불타는 정종 한 잔을 골방에서 마시더니 그 시인에게 전화를 했다.

"여보세요. 방금 전에 그 냄비 속에 들어 있던 시집을 가지고 와요. 그 책은 내게 꼭 필요한 책이니 절대로 가져가면 안 돼요."

언니는 알아들을 수 없는 이야기를 했다.

서울 시인은 아무 일이 없는 것처럼 다시 배낭을 메고 비닐문을 밀며 들어왔다.

"내가 소설책인 줄 알고 가방에 넣었어요."

서울 시인은 가방에서 천 원짜리와 만 원짜리를 꺼내어 다시 검은 냄비에 넣으면서 자연스럽게 웃는다. 정말 이해가 가지 않는 말이다. 언니는 냄비에 들어 있는 돈을 가져간 것을 시집을 가져 갔다했고, 서울 시인은 그 돈을 또 소설책이라 했다. 언니는 막걸리 한 잔을 양은대접에 따라서 서울 시인 앞에 내밀며 배시시 웃었다. 가방을 메고 막걸리를 마시는 서울 시인은 언제 그런 일이 있었느냐는 듯이 비닐문을 열고 나갔다.

언니는 곧바로 냄비에 들어 있는 돈을 만져 보더니

"어마나 오만원이 없어졌어……."

혼잣말처럼 중얼거리며 불타는 정종 한 잔을 데워서 공원 벤치에 가서 홀로 앉아 하늘을 봤다. 그리고 그 냄비에 들어 있었던 돈 이야기를 입 밖으로 꺼내지 않았다.

# 함께 부르는 노래

주일이다.

언니는 성당을 다니는데도 늘 불교 책을 많이 본다.

내가 절에 다니는데 우리는 은근히 절에 대하여 대화를 잘 나눈다. 만약 내 종교를 싫어했더라면 정말 정이 안가는 집이었을지 모른다. 하지만 언니는 다른 면에서 보다 종교에 대한 이야기만 나오면 상당히 너그럽다. 속으로 언니가 다니는 성당에 만족을 못하기 때문이 아닐까 생각해본다. 어스름한 어두움 속으로 성당 성가대원들이 우르르 몰려 왔다. 신부님은 산타크로스 모자를 푹 눌러 쓰고 들어와 우동 열세 개를 시켰다. 하모니카를 불며 노래 부르는 성가대라는 법무사가 참 인상적이었다. 우동과 소주 맥주 몇 병을 시켜서 못다 부른 노래의 흥을 돋웠다. 아주 고요한 가운데 잔잔한 노래를 불러서 일하는 부엌이나 우동 먹는 가게 안 사람들을 즐겁게 해주었다. 이 집에서는 늘 볼 수 있는 모습이다. 언니가 준비한 기타로 사람들이 돌아가면서 작은 음악회를 즉석에서 벌인다. 이 기타의 주인처럼 느껴지는 사람은 역시 우리에게 애칭을 잘 지어주는 시인아저씨다. 그 아저씨의 전용 기타를 언니는 시인아저씨의 애인이라 했다. 포장마차 안에 모인 성당 사람들이 기타를 치며 노래를 하니까 언니는 입이 쫘악 벌어졌다.

"아휴, 이제 동심거사는 우리 집에서 잘렸어. 예전처럼 노래를 못해 고장난 녹음테이프처럼 늘어지지 않아? 저 사람들의 노래 소리 너무 좋아. 이제 동심거사에게 기타 처달라 보챌 필요가 없어졌다고, 처음에 기타 못 칠 때부터 우리 집에서 기타 연습을 하면서 막걸리를 공짜로 다 먹어치우더니 이제는 제법 친다고 라이브 가수 공짜술 달라고 떳떳하게 말하잖아."

언니는 일을 하면서도 자신이 하고 싶은 이야기는 다 한다.

"언니! 또 동심거사 아저씨에게 틀어졌나 보지요. 언니가 공짜술 주지 않겠다는 둥 그 아저씨가 별로라는 둥 하는 이야기를 우리는 믿지 않아요. 또 그 아저씨 오면 밥도 챙겨주고 술도 주라는 소리 하잖아요?"

언니는 큰소리를 내어 웃었다.

"아휴, 이제 우리 계수나무가 내 속내를 다 알아서 속일 수 없어. 내가 무슨 말을 하는지 무슨 생각을 하는지 다 알아서 거짓말도 못하겠네. 나는 다 알아 계수나무가 나를 나보다 더 잘 알아서 내 속을 감출 수 없다는 것. 내가 그것이 아니라고 마구 말할 때는 내 잘못을 합리화시키는 거야. 그 순간을 모면하기 위해."

언니와 칠 년이 넘도록 긴 세월 속에 몸과 마음을 부대끼면서 언니의 입에서 나오는 말이 어떤 뜻인지까지도 이해하게 되었다. 때로는 아주 섭섭한 말을 하지만 악의가 없다는 것을 인정해주는 사람이 어쩌면 이 세상에 나 하나뿐인지 모른다. 그러니까 언니는 우동을 끓이면서 속상한 이야기가 있으면 나에게 넋두리를 한다. 한 말을 또 하면 때로는 짜증이 나지만 언니의 마음을 이해하니까 화가 풀릴 때까지 계속 들어준다.

날이 갈수록 언니에게 화나는 일은 점점 줄어들어서 참 다행한 일이라 생각하던 차 또 다시 언니의 언성이 높아지는 일이 생기고 말았다.

밖에서 은은하게 노래하는 팀을 보며 안에 들어 있는 사람들 중에 한 사람이 반기를 들었다.

부부동반을 해서 한 달에 한 번씩 꾸준히 우리 집을 다니는 사람인데 언니는 그것을 잘 모르는 모양이다. 십 년을 가깝게 이 집을 단골로 다녀도 언니의 무관심에 언니랑 이야기를 한 번도 해보지 않았다는 사람도 있다. 언니는 길들여진 사람에게 늘 친할 뿐이지 새로운 사람을 받아들이는 데는 더디다. 십 년을 왔던 사람보다 어쩌다 잘못 들어온 듯한 사람에게 감동을 받으면 아주 친하게 오랜 벗처럼 대해주기도 한다. 물론 특별한 이야기나 사연을 안고와 기가 막힌 인생을 사는 사람이나 작은 것에 만족할 줄 아는 사람에게 더 너그럽다.

"아줌마! 지금 밖에서 노래하는 사람들은 무슨 종교 단체인가 봐요. 이렇게 사람들 많은데 종교 색채를 띠며 노래하면 안 되지요. 아줌마가 말리세요."

언니는 쟁반을 들고 대답했다.

"예. 천주교 성가대원들이에요. 우리 집은 아무나 노래를 할 수 있는 집이라서 이해해 주세요."

술을 한 잔 먹고 온 듯한 붉은 셔츠의 남자가 거들었다.

"그래도 이 집에 혼자 온 것도 아닌데 저런 노래를 부르면 다른 사람은 오지 말라는 뜻 아닌가요?"

언니는 금새 얼굴이 붉어지면서 목소리를 높였다.

"우리 집은 천주교나 불교나 기독교나 아무나 노래 할 수 있는 집이에요. 이 분위기가 싫으면 안 오면 되지요."

언니의 말에는 가시가 돋쳐 있는 듯 날카로웠다.

"뭐라고요. 손님에게 오지 말라고요. 세상에 이런 집은 처음 보네요. 아줌마! 돈 벌었다고 그러는 거에요? 오지 말라니 말도 안돼요."

언니는 부엌으로 들어와서 계속 대꾸했다.

"손님! 저는 돈을 벌거나 안 벌거나 처음부터 노래하고 싶으면 하고 그 노래 소리가 듣기 싫으면 안 오면 된다고 생각해요."

언니의 어깃장이 그 남자의 기분을 자극해서 큰 소리로 자꾸만 이런 집이 어디 있느냐 따지기 시작했다. 언니는 골방에 들어가 잠깐 앉아 있으면서 마음을 달랜 듯 하더니

"손님! 제가 그런 뜻이 아니었는데, 평소에 사람들에게 손님처럼 불만을 많이 들었기 때문에 마음속으로 이미 준비가 되어있던 말대꾸가 아주 자연스럽게 나와서 손님 심기를 불편하게 했어요. 이해해주세요."

언니가 금방 꼬리를 내리고 굽실거리는 듯한 태도로 손님에게 접근을 했다.

이럴 때는 정말 내 자신이 생각해도 언니가 약간 줏대가 없이 보이며 비

굴하게 느껴지기까지 한다. 한번은 감옥에 갔다 왔다는 어떤 신문기자 말에 하던 말을 멈추며 부엌에 앉아서 일어서지 않았던 언니의 모습이 어쩜 안스럽기도 했지만 감당하지 못할 큰소리를 친 언니가 어리석어 보이기도 했다.

잘못했다 하지 말든가 큰 소리를 치지 말든가 둘 중 하나 분명하게 할 수 없음이 안타까운 언니는, 빨간 셔츠 입은 남자 옆에 부인까지 언니보다 훨씬 젊은 사람들 앞에서 쩔쩔매고 있으니 나는 은근히 화가 났다.

그런데 모습을 지켜보던 옆자리 손님 중 한 여자가 큰소리로 말했다.

"아저씨! 좀 조용히 해주세요. 아저씨만 있는 것이 아니라 저 노래 소리를 듣는 사람들은 이 안에 있는 모든 사람들이에요. 아저씨 혼자만의 불만을 계속 이야기 하면 우리는 그 소리에 시끄러워서 밥을 먹을 수 없단 말이에요."

단발머리를 한 여자는 눈을 부릅뜨면서 노골적으로 불만을 표했다.

빨간 셔츠를 입은 남자가 목소리를 높였다.

"아니! 왜 옆자리에서 끼어드는 거유. 내가 이 주인아줌마에게는 불만이 없어졌는데 이제 당신이야. 왜 끼어들어? 왜 참견을 하느냐구?"

빨간 셔츠의 남자는 언니에게 쏘았던 화살을 온전히 옆자리 손님에게 쏘았다. 이렇게 언성이 높아지면서 심상치 않은 싸움으로 이어지는 듯했다. 언니는 잔뜩 겁을 먹었다.

"아휴, 내가 잘못했어요. 내가 그런 소리를 너무 많이 들어서 예민해져 있던 부분이라서 오고 싶지 않은 사람은 오지마라 한 거에요. 싸우려면 저하고 싸워야지 왜 그러시는 거에요. 옆에 있는 저 분은 나에게 조용히 하라는 말이에요."

언니는 빨간 셔츠의 남자를 달래기 시작했다. 부엌에서 우리가 먹다 남은 영덕게 다리를 잘라 꽉 찬 속살을 꺼내어 그 남자의 입에다 먹여주며 구슬렀다.

"아저씨! 내가 원래 깡패 출신이라서 이렇게 나와 한번 싸움이 붙어야 친해진다고요."

빨간 셔츠의 남자는 게살을 받아 쩝쩝 소리내 씹으면서 웅얼거렸다.

"주인아줌마와는 풀렸는데 저 여자가 끼어들어서 참을 수 없어요. 내가 가만두지 않을 거야. 저 여자가 누구기에 왜 끼어드느냐고……."

옆에 앉아 있던 부인이 벌떡 일어났다.

"당신 잘못 안 했으니까 일어나요. 만약 안 일어나면 오늘 큰일날 줄 알아요. 빨리 가자고요."

부인은 아주 당당한 목소리로 명령을 했고 남자는 슬슬 일어나서 같이 온 사람들을 부추기며 비닐문을 빠져 나갔다.

밖에 나갈 때까지 언니는 죄인처럼 잘못했다면서 쩔쩔맸고 그 남자의 부인이 쏘아붙였다.

"오늘 주인 언니가 좀 지나쳤어요. 너무 직선적인 표현을 했다고요. 오지말라는 말이 잘못 됐다고요. 하지만 언니는 하루 이틀 보는 것이 아니라 이해하는데 저 옆에 여자는 정말 왜 끼어들어서 아줌마 편을 드냐구요. 안 그래도 저 여자랑 싸워버릴까 속으로 내가 벼르고 있었는데 우리 신랑 때문에 참고 가는 거랍니다."

언니는 큰싸움으로 이어질 듯한 위기를 느끼며 한동안 밖에서 비어 있는 소주병과 맥주병을 몇 개 걸어안고 서 있었다. 어쩌면 언니가 화난다는 이유로 손님들이 남긴 맥주를 마실지 모른다는 예감이 들었지만 언니는 무서워서, 손님들에게 부끄러워서 안으로 못 들어온다는 이야기를 하며 밖에 한참을 서 있기만 했다. 물론 술은 마시지 않았다. 요즈음 귀가 얼어서 물집이 생긴 후 간지럽다는 말을 언니가 하기에 내가 절대로 술을 먹으면 낫지 않는다는 엄포를 놨기 때문에 화나는 일이 있어도 술을 잘 먹지 않았다.

　성당 사람들은 안에서 노래 소리 때문에 무슨 일이 있었는지 전혀 모르고 언니에게 웃으며 인사하고 떠났다.

　연탄난로에 불이 꺼져버렸고, 장작을 지피는 난로는 불기를 놓치고 있었다.

　언니는 옆 테이블 여자가 언니의 편을 들어주다가 호되게 당한 사실을 알기 때문에 미안해서 들어오지 못하고 추운 포장마차 안에서 덜덜 떨고 있었다.

작은 새가 사는 법

작은 새가 사는 법

"언니야! 말할 것이 있어. 나 좀 놔주라."

주인 언니는 또 무슨 이야기를 하는가 싶어 나를 빤히 쳐다본다. 밤을 하얗게 새고 낮에 출근한 언니에게 제일 듣기 싫은 이야기를 한다는 것이 미안하기는 하지만 나는 이 집이 싫어졌다. 몇 번을 그만두려 했지만 진드기처럼 붙어서 나를 붙잡는 언니 때문에 참았다.

한 번 마음이 뜨면 붙잡아도 소용이 없는 것이 사람의 마음이라는 말을 언니가 한 번 한 것 같은데 왜 내 마음을 모르는지…….

"솔직히 말해봐. 너 왜 우리 집을 나가려 하는지 그 이유가 정확하면 내가 보내줄게. 너 이런 일을 다른 곳에서도 한다면 보낼 수 없다. 보나 마나 금방 후회할 것이니까."

언니는 나가려 하는 정당한 이유를 대라는 식으로 다그쳤다.

"언니! 그냥 쉬려고요. 왜냐하면 날씨가 추워지니 거리가 너무 멀어서 출퇴근하기가 너무 힘들어요. 그리고……."

언니는 양푼이 비빔밥 위에 계란과 소시지를 올리면서 물었다.

"너 그 할아버지가 여기 못 다니게 하지, 맞지?"

그렇다고 고개를 끄떡이고 싶지만 어쩜 귀신처럼 내 속사정을 알아내는 언니에게 반감이 들어 고개를 저었다.

"그냥 허리가 아파서 침을 맞고 쉬려고요. 출퇴근도 힘이 들어서."

찌그러진 양푼이 밥을 손님 상 위에 놓으면서 언니는 '맛있게 드세요' 하지 않고 나를 보면서 계속 다그쳤다.

"야! 너 솔직히 말해. 네가 허리가 아프다고? 내가 잘 알아. 너는 허리가 아픈 애가 아니야. 나랑 일 년을 함께 했는데 허리 아프다는 말을 해본 적이 없어. 너는 절대로 허리가 아픈 애가 아니란 말이야. 출퇴근 힘이 들면 택시 값으로 십만 원 더 얹어 줄테니 아무 말 하지마."

어쩜 언니는 귀신처럼 내가 슬쩍 넘어가려 하는 말을 아예 믿지 않으니 은근히 부아가 났다.

"언니! 내가 그럼 소야? 아프지 않고 소처럼 일만 하는 여자냐고. 아무튼 나는 이번 주 일요일까지만 일하고 그만둘 거야."

나무 도마 위에 비빔밥 재료로 썰어놓은 당근, 상추, 오이를 노란 양푼 위에 담으며 언니는 굳은 표정이 되었다.

"아니! 그동안 너를 붙잡기는 붙잡았지만 사람을 구해놓고 그만둘 여유를 주어야 되지 않니?"

가락국수를 삶는 찌그러진 양푼에 물을 붓는 언니의 옆모습은 평소의 친한 사람이 아니었다. 야박하다는 듯이 말을 하는데 사실은 내가 그렇게 생각한 부분이다.

언니는 내가 이 세상에서 가장 존경하고 좋아하는 사람을 은근히 무시하는 눈치다.

십오 년 전 마음으로 들어와 절대로 보낼 수 없어서 아니 나를 놔주지 않은 사람을 언니는 달갑게 생각하지 않는다. 그것을 안 이상 언니 집에 있고 싶지 않다. 물론 나는 우리 아저씨라 칭하지만 언니에게는 그 할아버지로 통한 사람이, 언니가 별로라고 생각한다는 것을 눈치채고 이 집을 그만두라는 명령을 했다. 물론 이 집에 남자가 출입한다는 이유가 더 크겠지만 언니 탓으로 돌리자면 내 남자로, 가슴으로, 몸으로 깊숙이 들어선 남자를 시큰둥하게 여겼던 탓이다. 그래서 언니 탓이라는 것을 알아야 한다.

"솔직히 언니! 나에게 너무한 것 아니야? 언니가 마음에 들어서 내가 지난 과거 이야기를 모두 말했더니 그것이 내 잘못이었다는 것을 이제 알았어."

이제 떠날 거니까 내가 하고 싶은 말을 다 해야지. 처음 이 집에 들어설 때는 머리 풀어헤치고 아주 조신하게 앉아 있었지만 이제 이 집을 떠날 준비를 하며 출근했으니 하고 싶은 말 다 해야 직성이 풀릴 것 같다.

있는 그대로 나를 받아주었으면 얼마나 좋았을까. 진득하게 나를 위해 참아 준다면 얼마나 살만한 세상이 되었을까.

점심장사를 할 때 언니는 혀가 아직 잠에서 풀리지 않아서 둔하다는 말을 했다. 어젯밤에 열심히 일을 했던가 말았던가 어질어질 하던가 말던가 모두 가식 같다. 아니 엄살인지도 모른다.

낮에는 손님이 없으니까 빨리 골방으로 들어가 잠을 자려는 수작인지 모른다.

 언니를 많이 이해하려 했는데 잘 되지 않았다. 언니가 늙어서 우동집을 할 때까지도 이곳에서 함께 하리라 맹세했었다. 노후를 언니랑 보낼 생각까지 했던 충신이었다.

 이런 저런 불만은 접어두고 그냥 살아보려 무척 노력했다.

 언니는 저녁 다섯 시만 되면 어슬렁거리며 일어나 거울을 보며 머리를 가다듬고 표정을 지어본다. 화장품을 잘 쓰지 않는 언니는 손바닥만 한 거울을 들여다보며 입을 벌려서 이 사이에 낀 고춧가루라든가 김가루를 휴지로 닦아낸다. 양치질을 개운하게 해야 할 시간에 이런 식으로 몸을 가꾼다. 어쩜 언니가 입고 있는 옷에는 우동냄새가 배어 있을지 모른다. 이곳에서 종일 입고 또 그 다음 날 입고 일한 옷을 또 그 다음 날까지 입고 나타난다. 겉보기에는 허리가 잘록하며 옷 색깔을 잘 맞추어 입기 때문에 꽤나 멋있어 보일지 모르나 알고 보면 느리고 게으른 언니의 사생활을 공개하고 싶다.

 그러면서 늘 먹는 것은 남이 먹던 것이라면 절대 안 먹고 컵과 숟가락은 늘 삶아야 한다는 잔소리를 한다. 언니가 누워있는 골방은 지저분하게 늘어놓고 살면서 부엌에서는 깔끔을 떨기 때문에 이런 말을 늘어놓는 것이다.

 종일 일자리에 와서 일을 하면 될 것인데 작년부터 아니 내가 오기 전부터 요가를 하러 다닌다. 팔자가 좋아서 자신에게 투자하는 것이지 누군들 할 줄 몰라서 못하는 것이 아니다.

 언니는 다섯 시 정각이 되면 손님이 있든 친구가 있든 해야 할 일이 산더미처럼 밀려있어서 발을 동동 굴리도 요가를 하러 간다. 한번쯤 빠져도 될 일이지. 내 가게도 아닌데 나에게 몽땅 맡기고.

"조약돌아! 언니 올 동안은 아주 천천히 안전하게 가게를 지켜라. 손님이 많이 오거든 사람들에게 "우리 언니가 잠깐 외출했으니 여러 가지 시키지 말고 한 가지로 통일하세요. 이곳은 우동집이니 우동만 시키라고요." 이렇게 아주 부드럽게 말해야 된다. 아니 그냥 솔직히 우리언니가 요가하러 갔거든요. 이렇게 말을 해도 된다. 사람들이 외출했다 하면 혹 바람났다는 말을 해서 유언비어를 퍼뜨리거든."

조용히 말하고 손을 흔들며 운동화와 추리닝을 입고 문을 살짝 닫으며 떠난다.

한 시간의 여유를 가져야 한다는 언니의 말은 앞뒤가 잘 맞지가 않다. 낮이나 밤이나 근무하면서 건강을 위해 오래 살려면 잠을 오래 잘 것이지 무슨 요가까지 하러 가는지 이해가 안 간다.

길쭉한 다리와 허리 목선 얼굴 모두 길게 뻗어 있는 언니의 몸을 더 늘리려는 것일까.

언니가 하는 요가 때문에 이 집을 떠나야 하는 이유가 생겼다는 것을 언니는 아직 눈치를 못 채나 보다. 물론 이미 알고 있으면서 아직 혀가 잠에서 풀리지 않은 사람이니 아직 나를 잡을 말발이 터지지 않았을지 모른다.

어제 언니가 요가를 하려고 문을 닫고 나간 후 바로 어디서 본 듯한 사람이 들어왔다. 가슴 떨리게 좋아하는 사람이지만 이렇게 나타나면 가슴이 한참 동안 두근두근거리는 사람이다.

희끗희끗한 머리에 자그마한 키, 코는 높으며 머리는 약간 스포츠 머리

형으로 잘라 얼핏 보면 젊어 보이나 다리가 짧은 남자는 언니가 표현한 대로 할아버지가 맞긴 맞다. 예순 살이 넘었으니 남자라 보기에는 늙었고 할아버지라 보기에는 젊은 분이다.

"아이고, 또 왜 벌써 나타나요. 간 떨어질 뻔했네요. 언니가 지금 나갔어도 어떤 때는 다시 들어와요. 갈수록 망각증세가 있어서 잃어버린 물건을 가지러 온다구요. 잠깐 뒷문으로 나가서 담배 한 대 피우다 오세요."

빙그레 웃는 남자가 천연덕스럽게 뱉었다.

"보고 싶어왔더니 완전히 문전박대네. 야, 임마 내가 손님으로 오는 건데 뭐가 어떠니 내가 좋아하는 낙지 볶음 하나 해와야지."

남자는 당당하게 식탁 위에 앉았다.

"정석아! 너 그 앞이 푸욱 패인 옷이 뭐니? 얌전하게 입어야지. 지난 번에 내가 사다준 셔츠는 왜 안 입는 거야"

나를 보면 입에 달고 하는 말이 또 시작이다.

"아후, 오빠는! 많이 입으면 닳을까봐 아껴 입는 거여. 이 블라우스가 뭐가 패였다는 거예요. 내가 좋아하는 레이스가 예쁘잖아요."

함박웃음을 머금으며 코 맹맹한 소리를 내어 남자 앞에서 재롱을 떨었다. 나는 어쩜 이 남자 앞에서 애교를 피우기 위해 태어난 여자가 아닐까 착각할 정도다. 늘 입는 것에 신경을 많이 쓰는 이 남자 앞에서 여자로 살아가는 법은 '아니요, 이러면 어때요' 하고 대들면 안 된다는 것이다. 무조건 말대꾸를 부드럽게 해야 하루가 편하다. 아니 가슴이 두근거리지 않아서 좋다.

"정석아! 니네 주인 언니 옷 입은 것 안 봤니? 무릎 내려온 치마에다가 목까지 올라오는 블라우스, 신발도 좀 얌전하더냐. 본받아라. 그리고 머리도 쪽머리하고 천상 여자인데 남자들 앞에서 실실 웃지도 않아 본받아라."

보는 눈이 있어서 내숭덩어리 언니를 얌전하다, 고상하다는 식으로 표현하는 것이 마음에 거슬렸다. 언니는 속으로 이 남자를 얼마나 우습게 보고 있는지를 모르기 때문이다.

"언니는 좋은 메이커 옷만 입고 신발도 나보다는 싸구려가 아니에요. 언니는 옷을 이것저것 색깔에 맞추어 입어요. 그런데 나처럼 깔끔하게 날마다 빨아 입지 않아서 우동냄새가 몸에 배어 있단 말이에요. 그리고 언니는 자신이 좋아하는 사람 앞에서만 환하게 웃지, 마음에 들지 않으면 아무리 손님이라도 비위맞추기 위해 웃거나 그러지 않는다구요. 오빠를 보면 안 웃잖아요. 그것으로 보면 나의 남자인 오빠를 별로 좋아하지 않는다는 뜻이라구요."

남자는 그런 나를 바라보며 퉁바리를 준다.

"이놈의 자식아! 너 이곳에 나와서 경거망동하지 말고 주인 언니 잘 모시며 본받아라. 세상에 그렇게 열심히 사는 사람이 없다는 이야기가 자자하더라. 사람은 자고로 얌전해야 하는 법이다."

"낙지 볶음밥은 매일 먹어도 오빠는 힘도 못쓰면서 다른 것 먹어보지. 나는 돼지두루치기 좋아하는데 다섯 근 정도 먹을 수 있는데 언니 없으니까 우리 돼지 두루치기 먹을까. 많이 해서 상추쌈에 싸서 먹으면 좋은데……."

"어허, 이놈 봐라 내가 돼지고기 안 좋아하는 줄 알면서 그러냐. 고기는 다음 주에 내가 외식 시켜줄 것이니 낙지볶음이나 해라."

함께 앉아 긴 머리 풀어 재롱을 피우고 싶지만 이러다가 언니가 아는 단골손님이 들어오면 낭패. 부엌으로 들어와 낙지를 굵은 놈으로 잡아 쭈욱 훑으며 소리쳤다.

"오빠 낙지 통통한 놈으로 많이 넣어서 매콤하게 볶아줄테니 기다려요. 나 일하는 예쁜 모습 보면서."

"야! 많이 넣지 마라. 평상심을 잃지 말라 했지. 그 언니 눈이 커서 다 알아. 장사하는 사람은 보지 않아도 알고, 봐도 알고, 거짓말을 해도 안 해도, 다 안단 말이야. 너 가끔 엉뚱한 소리 잘하는데 그 언니 스타일은 평상시 잘하다가 한 번 수가 틀리면 보지 않을 성격이야 그러니 조심하라고."

남자는 계속 주인 여자를 두둔하는 말을 한다. 언니 같은 스타일을 좋아한다는 뜻인가. 통통한 낙지를 골라 정성을 다하여 푸짐하게 볶아서 철판에 담았다. 평소에 이 남자를 위해 밥을 해주고 싶었다. 사람들이 남편 밥을 할 때 고민스럽게 말을 하면 화가 났다. 밥을 해주고 싶은 마음은 간절하나 해줄 수 없는 입장이기 때문이다. 숨어 사는 여자의 샘은 이렇게 속에서 욕구불만처럼 자란다는 것을 모른다. 처음에는 남의 유부남을 만난다는 것만도 큰 죄가 되어 숨어서 모르게 가슴을 태우며 살아야 된다 생각했다. 그런데 죄는 여러 번 반복될수록 불감증을 낳았다. 남의 남자가 어디 있는가 사랑하는데 왜 남의 남자로 살아야 하는가. 사람은 한번 태어나 죽는 법, 그 남자가 하는 것으로 봐서는 조강지처보다 나를 더 좋아한다. 그것을 분명히 느낄 수 있다. 아니 확신할 수 있다. 사람들은 나를 보며 작은 년이라 비웃겠지만 그 남자의 사랑 앞에서 내가 큰 년이 될 수 있다는 것을 안다. 그래서 사람들에게 자신 있게 우리 아저씨라 소개하며 작은 년으로 살아간다는 이야기를 이 집 언니에게 아주 떳떳하게 해버렸다.

드러내 놓고 살고 싶지만 그럴 수 없는 나의 삶을 누가 보상해줄까. 이 세상에 나를 있는 그대로 받아줄 사람이 어디에 있을까. 그토록 손수 밥상을 올리고 싶은 저 남자마저 나란 사람을 솔직하지 않게 만든다. 늘 다른 남자를 보며 웃으면 안 된다는 둥 친구들과 노래방에도 가면 안 되고 야한 옷을 입어서는 안 된다. 이 세상에서 나는 온통 절제의 대상이다.

어린 아이도 아닌데 사십이 넘은 여자인데 이십대 초반에 서 있는 숫처녀처럼 행동해야 한다. 앞으로 보이는 세상보다 지워버리고 싶은 흐르지 않는 물, 고여 있는 물로 썩어 문드러지기를 바랄 뿐이다. 어차피 가식으로 살아야 한다면 이 세상 한 구석에 골방에 꽁꽁 가둬놓든지 아니면 자유스럽게 날개를 달아주든지 이것도 저것도 아닌 구속은 맑은 하늘을 그리워하는 새장에 갇힌 새처럼 답답하다. 머리 아프다. 그럴 때마다 판콜에이를 마신다. 약국에서 한 보따리씩 사다 놓고 판콜 중독자가 되어 버렸다. 그런지도 모르고 내 앞의 남자는 목소리가 점점 커진다. 그는 말을 크고 길게 한다.

남자가 통통한 낙지를 숟가락 위에 올려 입을 크게 벌리며 널름 널름 받아 삼킨다. 나를 못살게 하는 남자의 목구멍으로 넘어갈 낙지의 매끄러움을 생각한다.

밖에 두런거리는 소리가 들렸다.

"안녕했는가. 조약돌 오늘은 왠지 더 예쁘네. 그 레이스가 살랑거리네. 요즈음 좋은 일 있는가 봐."

키가 큰 남자는 걸쭉한 웃음을 웃으며 말을 걸었다. 벙어리가 되어야 한다. 이제 걸렸구나. 저 남자에게 얼마나 당해야 되나. 항상 두 사람이 함께 오는 사십대 중반의 사내들이었다.

"아니 왜 사람이 왔는데 인사를 안 하는 거야. 그토록 살랑거리더니 이제 삐졌나, 늦게 왔다고 아무래도 삐졌나 보다."

얼굴에 만발한 웃음을 띠며 계속 말을 걸어오는 사내들

"저 수건을 좀 빨지. 빨지 않았어? 올 때마다 저 수건은 저렇게 저 자리에 걸려있더라. 주인 언니가 속이 좋아서 잔소리 안 하지. 그런 일에 관심이 없는 언니 같아."

사내들은 화장실을 가면서 나를 툭 친다. 사실 저 남자가 나타나지 않았더라면 나는 재미나게 이 손님들과 농담을 주고받았을 것이다. 언니도 없겠다 이 키 크고 멋있는 사내들과 웃으며 떠들어댔을 텐데 내 남자가 나타나 나를 은근히 억압하고 있다. 남자는 화가 잔뜩 나 있는 표정으로 식은 낙지를 숟가락에 걸어 올린다.

사내들은 어묵탕 한 사발과 부침이 한 판, 막걸리 한 되를 시켰다.

입을 꽈악 다물며 열심히 막걸리를 갖다 주며 얼굴을 붉히는데

"이상하다. 왜 이리 예쁜 짓을 하지 않을까, 그 고지식한 언니에게 이제 얌전해야 한다는 교육을 받은 거야."

이리저리 쳐다보며 말을 걸었다. 입을 더 다물며 부침이를 부치는데 언니가 요가를 끝낸 후 화장기 없는 얼굴로 비닐 문을 밀며 살며시 미소를 짓는다. 언니가 가장 착해 보일 때가 요가를 마치고 돌아오는 모습이다. 긴 머리는 뒤로 검은 고무줄로 묶었으며 검은 추리닝에 흰 셔츠를 입고 소

녀처럼 웃는다.

　사내들은 언니를 보며

"허리선 늘리러 요가 다녀오셨어요? 살 뺄 때도 없는데 무슨 운동이에요. 지금 저 아가가 삐져 있어요. 화가 났는지 말을 안 해요. 무슨 도를 닦은 건가요."

　언니는 가게 안을 둘러보더니 화가 머리끝까지 나 있는 나의 남자를 보며

"오셨어요."

　가볍게 인사를 했다.

"예."

　대답을 무겁게 하며 앉아있는 남자를 언니는 바라봤다.

　사내가 한마디 했다.

"어째서 오늘 분위기가 이렇게 살벌해요. 마음 좀 풀어서 저 젊은 아가에게 잘해주어요."

　언니는 굳어있는 남자를 바라보며 또박또박 말했다.

"오늘은 내가 힘이 없으니 말을 걸지 마세요. 알았지요. 이해해 주세요."

　이렇게 분위기를 잡은 언니는 골방에 가서 옷을 갈아입었고 가게 안에 있는 남자들은 슬슬 꽁무니를 빼듯 나가 버렸다.

　길게 한숨을 쉰 나는 이제 이 광경을 봤던 남자에게 죽었다는 생각에 판콜 에이를 마셨다.

　언니는 이런 나의 심정을 알았는지 아무런 말을 걸어오지 않았다.

"언니! 나는 이제 지랄이여. 저 영감한테 혼난다구. 그놈의 아저씨들이 하필이면 그 시간에 와서 나에게 반말하며 농담을 걸어 올 줄이야 아휴 갑갑해 죽겠네."

언니는 꽃무늬 치마에 분홍 리본이 있는 블라우스를 입고 앞치마를 차면서 말했다.

"너의 평상심이 그대로 전해진 것 뿐이지 않아? 네가 평소에 그렇게 웃고 그 아저씨들과 떠들다가 갑자기 얌전할 수 있니? 그리고 그 할아버지가 우리 집에 와서 그렇게 인상 박박 쓰면서 골내고 있을 필요가 없지. 여자 일하는 곳에 나타나 지킴이가 된다는 것이 경우에 어긋난다는 생각 안 들어? 야단치거든 왜 책임을 지지 못하면서 구속하느냐 따져라. 그리고 그 남자들을 욕하거든 이렇게 말해. 이 세상에서 가장 나쁜 짓 하는 사람은 우리 둘이에요. 그 남자들 가정 잘 지키고 잘사는 사람들이에요. 우동집의 좋은 손님들이라고요."

언니는 내가 남자에게 얻어들을 꾸지람의 내용까지 다 알고 있는 듯했다.

퇴근시간이라 머리를 풀면서 궁시렁거렸다.

"언니는 몰라서 그래요. 내 입장이 돼보지 않아서 모든 것이 내 책임인 양 말하는데 당해보지 않고는 모른다고요. 누가 작은 년으로 살고 싶어서 사나요. 나도 정말 큰 년으로 살고 싶어요. 아저씨 마누라는 나이가 예순인데 맨날 아저씨 옆에서 그림자처럼 산단 말이에요. 물론 내 그림자는 아저씨, 마누라는 물론 나지만 그 사실을 감쪽같이 모르고 모범 가정으로 산다구요. 그러면서 나만 혼내구요. 너무 부당해요. 언니 사실은 올해가 십삼 년째거든요. 숨어사는 여자가 싫어졌어요. 밖에서 살고 싶어요. 떳떳하게 말이에요. 어제는 퇴근하다가 바로 앞에 있는 사우나 앞에서 아저씨와 마누라를 만났어요. 얼마나 쪽팔리던지 나는 아무 것도 아니더라구요."

언니는 참으로 한심하다는 표정으로 나를 보았다.

"정석아! 네 입장 이해하지만 너 그 나이에 할 일이 없어서 그 짜리몽땅한 할아버지 노리개 감으로 살아야 되겠니. 충주는 좁으니까 내가 그 사모님에게 고해바칠 거야. 조심해. 잠깐 불장난으로 연애하는 것도 아니고 십삼 년째 완전범죄를 꿈꾸고 있는데 너 양심의 소리가 들리지 않니? 나에게 욕해도 좋아. 나는 너보다 나이가 많으니 이런 말을 할 수 있어. 사실 한참이나 어린 동생이니까 내 남동생이랑 동갑이니까. 나를 많이 못마땅하다 생각하지 마라. 너는 정말 일 잘하고 애교 있고 얼굴이 예쁜데 왜 하필 저런 진드기 할아버지를 만나서 머리 아프게 판콜에이를 먹어야 하니? 그 약에 중독되면 못쓴다. 언니가 좋은 데 중매해줄 테니 오늘 그 할아버지를 만나서 야단치거든 같이 따져. 청춘을 돌려달라, 책임을 질 수 있느냐고."

여태껏 내가 좋아하는 남자를 사람들은 무조건 미워하는 줄 알았는데 언니가 내 편이라는 것을 알았다. 야단을 맞는다는 것 이렇게 속 시원하게 혼나 본다는 것이 참 오래만이다. 언니에게 사사건건 있었던 작은 불만들이 한순간에 사르르 녹아 버렸다.

언니 말대로 당장 이 남자 앞에서 그동안 지은 죄가 아파서 헤어지자는 것이 아니라 그동안 내가 먹은 판콜에이가 산더미처럼 많은 까닭은 무엇인지 생각해보자. 그 문제를 해결하기 위해서 나도 살아야 되니까 가끔씩 오는 이 어지럼증을 해결해야 되니까 긴 만남 짧은 이별을 하자 해야지.

"언니! 걱정 마. 언니가 중매해 준다는 사람이 누군지 알아. 기타 치는 아저씨지 시인아저씨. 그런데 나는 그런 스타일이 싫어. 너무 털털하게 하고 다니잖아. 나는 이 집에 처음 왔을 때 나를 보면서 그 자리에서 조약돌이네, 빗나가는 돌팔매질이네 하고 웃었을 때 이 사람이 정상이 아닌가 생각했거든. 전쟁터에서 갓 돌아온 패잔병처럼 군복을 입고 맨발에 낡은 흰 구두가 이상하더구만. 아무리 시를 잘 쓴다 해도 기타를 잘 친다 해도 나는 그런 남자는 싫어. 좀 깔끔한 사람이 좋아. 그리고 사실 기타아저씨는 짠돌이잖아."

언니는 장미가 그려진 머그잔에 커피를 붓고 뜨거운 물을 많이 넣어 저으며 웃었다.

"정석아! 너는 왜 그리 웃기냐. 그 기타아저씨가 집이 세 채나 되고 연금도 있어. 아이들 둘 잘 가르쳤고 집에 가면 옷방에 옷이 가득 차 있어. 아주 멋쟁이라니까. 그렇게 멋을 부릴 뿐이지."

"아니 그러면 언니는 어떻게 혼자 사는 남자 방에 옷 있는 것까지 알아. 수상해. 언니가 내숭이라서 겉으로는 그 아저씨를 친구라 하면서 혹시……"

언니는 커피를 마시며 큰소리로 배를 잡고 웃어댔다.

"그 아저씨는 정말 전생에 이 우동집과 인연이 있나 보다. 십 년이 가깝도록 늘 만나는 남자 친구이니 이제 가족처럼 되어 버렸구나, 예전에는 그렇게 나의 허물을 많이 들추더니 요즘 늙었는지 아주 순해졌단 말이야.

여자 복이 없어서 혼자 살게 됐지만 천성은 착한 사람이란다. 그 사람은 정말 여자 복이 많아서가 아니라 없어서 그렇게 되었을 거야. 제대로 된 여자랑 결혼했던 것이 아니라 본인은 어려서 소설이나 시에 등장하는 문학작품 속에 들어있는 술집아가씨나 다방아가씨가 안 됐다는 생각을 해서 두 번이나 그런 아가씨를 구제해주려고 결혼을 했는데 저기에 적혀 있는 '발작'이란 시만 남기고 말았대."

이 집에는 군데군데 기타아저씨의 시가 세월과 함께 익어갔다.

발작25
하나는 작부였고
하나는 레지였다.
둘 다 실패하긴 했지만
사랑이 망가진 것이 아니다.
또한 철학이 망한 것도 아니다.

누런 백로지에 붙어있는 시를 보며, 그래 말쟁이들이라서 자신의 변명을 잘했다는 생각이 들었다. 분명 시인아저씨는 마누라에게 무척이나 짜게 굴었을 것이다. 아마 마누라가 먹는 것도 아까워했을지 모른다. 아니, 술 먹으면 철학이야기를 많이 해서 나처럼 머리가 아프고 속이 답답해서 도망갔을지 모른다. 내가 술 먹지 않은 할아버지에게서 들은 말을 기타아저씨가 술 먹으며 하기 좋아하더니만 도망간 년은 오죽해서 갔겠는가. 아마 그 여자들은 판콜에이 약이 있다는 것을 몰랐을 거야.

"언니! 시인아저씨는 내가 안 좋아해. 나랑 엮어줄려고 생각하지 말고 잘 있어. 퇴근시간이야. 아마 우리 남자가 시인의 공원에서 나를 기다릴 거야. 분명 말 고문을 하려고. 그러면 속으로 욕을 하든가, 아니면 언니가 가르쳐 준대로 대들든가 할게. 걱정하지 말고 잘 있어."

거울 안에 들어 있는 한 여자는 머리를 풀고 있다. 나는 이렇게 풀어헤친 머리가 좋다. 숨어 사는 여자가 된 후 얼굴을 조금이라도 가리는 것이 마음이 편했다.

솔직히 나는 머리 묶는 것을 싫어한다.

내 얼굴을 내놓을 수 없기 때문이다. 주인 여자는 내가 머리를 틀어 올리기 바라는 눈치다. 내가 화장을 지우면 지금의 얼굴과 다르게 보이듯 머리를 올리면 정말 어울리지 않게 느껴진다.

치렁치렁한 검은 머리는 내 나이를 감추고 내 생활을 감추기에 잘 맞다.

사실 내 긴 머리를 내 죽은 남편이 무척이나 좋아했다. 미석 아버지가 죽지 않았더라면 나는 이렇게 시인의 공원에서 기다리는 남자를 위해 머리를 풀어야 할 이유가 없었을 것이다.

미석아버지가 죽던 날 밤에는 목련이 눈처럼 떨어지고 있었다.

하얗게 핀 꽃들이 툭툭 하고 뜰 안에 떨어질 때, 가슴이 덜컹덜컹 내려앉기 시작했다.

"여보, 오늘 밤은 잠을 편히 잘 자고 있어. 상우 아들 백일이라서 친구들과 만나 한잔 하다 보면 늦어질 것 같아. 전화 기다리지 말고 울 아들이랑 잘 자야 해."

남편은 여느 때와 다르게 아주 부드러운 목소리로 말을 했다. 아무 걱정 없이 푸욱 잠을 자면 된다는 생각만 들었다.

남편은 늘 내 곁에 있었으니까 크게 걱정할 필요가 없었다.

그날따라 졸음이 나른하게 내 몸을 감싸 오면서 뜰 안에 떨어지는 목련이 힘없이 뚝뚝 떨어진다는 것을 느낄 수 있었다.

세 살 난 아들은 보채지 않고 먼저 잠이 들었고 스물아홉의 나는 그냥 잠이 들었다.

꿈속에서 하얀 옷을 입은 여자가 우리 집에 들어오려고 했다. 왠지 기분이 좋지 않아서 나는 우리 집 문을 꼭꼭 잠갔다. 하얀 옷의 여자는 담을 뛰어 넘어 목련이 피어 있는 뜰 안에 서 있었다. 나는 우리 집 방문을 잠그고 유리창으로 그 여자를 바라봤다. 흰 목련이 피어 있는 뜰 안에서 그 여자는 우리 방을 들여다보며 미소를 지었다.

불안에 싸인 기분으로 전화벨 소리를 들었다.

손으로 전화를 잡았을 때부터 등 뒤에 땀이 좌르르 흘렀다.

어둠 속에 전해 오는 낯선 여자의 목소리.

"여보세요, 미석이네 집이지요. 여기 서울 병원인데요. 빨리 와보세요. 교통사고가 났어요."

"아니, 뭐, 뭐라고요. 미석이 아빠가 맞아요. 어때요, 얼마나 다쳤냐구요."

가슴이 입술이 바르르 떨리며 수화기를 잡은 손에 힘이 쫘악 빠져 나갔다.

"보호자 되시지요, 와서 보면 압니다."

미석이 아빠, 내 남편이 이미 이 세상을 떠났다는 예감이 왔다.

이제 갓 첫돌을 지낸 미석이를 부둥켜안고, 멍하니 있었다. 뚝뚝 떨어지는 저놈의 흰 목련 지는 소리와 함께 힘없이 가라앉은 미석아빠를 부둥켜안고 내내 목이 쉬도록 울었다.

"왜 죽었냐구, 나를 놔두고 미석이를 놔두고 나는 어떻게 살라고 먼저 죽어야 했냐구, 응? 말을 해보라구, 나는 어떻게 살라고……."

말없이 입을 다물어버린 그가 미웠다. 함께 눈을 감아버릴 수 있다면 죽어버릴 수 있다면 얼마나 좋을까. 사랑과 영혼이란 영화 장면이 떠올랐다.

도자기를 만지고 있는 여자 주인공 어깨 위에 죽은 남자의 영혼이 에워싼다. 흙범벅이 된 손놀림과 전율처럼 전해 오는 죽은 남자의 영혼이 여자주인공 손 위에 자신의 손을 얹어본다.

그곳에서 흐르는 영화 음악소리가 들렸고 그 죽은 남자의 숨소리가 전해 오는 것을 느꼈다.

사랑한다는 것, 그리고 죽음이라는 것을 평소에 깊게 생각하지 않았다.

그와 내가 살아서 이별하게 되리라는 예감을 할 수 없었다.

지금 그 영화 장면처럼 그가 허공에서 날아와 미석이를 내려다보고 있을 것이다. 그렇다면 내가 찾아 그를 붙들고 싶다.

"안 돼. 그럴 수 없어. 어떻게 나를 놔두고 혼자 갈 수 있냐고. 미석 아빠 나랑 함께 하자."

하늘을 향해 소리를 질러보지만 메아리로 돌아올 뿐이다. 미석아빠가 이 세상을 떠난 후 이 세상에 나를 이해해 줄 사람은 단 한 사람도 없다는 것을 알았다. 젖을 달라 보채는 미석을 안고 어쩌란 말인가. 삶에 의욕 같은 것은 사치였다. 슬픔마저 여유가 있을 때나 가능하다는 것을 알았다.

남편을 잡아먹었다는 시어머니의 억지는 더욱더 힘들게 했다.

생떼 같은 자식을 앞세운 시어머니의 마음을 헤아리기에는 너무 어렸고 그럴 여유가 없었다. 어머니는 손자를 놓고 떠나라 했다. 하늘이 무너지는 소리다. 주변에서 우리 미석을 키워줄 사람은 없었는데 나를 보며 억지를 부리느라 투정을 하기 시작했다.

어린 미석을 잠재우고 슬며시 집을 빠져나와 포장마차를 찾았다. 그때 소주 한 병과 미석이 아빠랑 즐겨 먹었던 닭똥집을 시켜 놓고 사람들이 피우는 흰 담배연기를 보며 주인에게 담배 한 개비를 달라 했다.

"새파란 새댁이 남세스럽게 무슨 담배까지 피워요. 속상한 일이 있으면 남편과 함께 와서 술 한 잔하면서 풀지 혼자 그러면 못써."

평소에 남편과 함께 다녔던 포장마차 주인 여자는 못마땅한 표정으로 담배 한 개비를 호주머니에서 꺼내주었다. 처음으로 태워보는 담배 연기, 술과 담배가 아니면 버틸 수 없었던 시간들이었다. 시골 고등학교를 졸업한 후 어느 인쇄소에 경리로 취직을 했다가 다섯 살이나 더 먹은 미석 아빠를 만났다. 결혼으로 가는 운명은 어느 누가 훼방을 놓아 될 것이 아니었다. 시어머니는 대학 나온 아들, 앞으로 정식 교수가 될 아들을 가방끈이 짧은 촌여자랑 결혼시킬 수 없다며 입에 거품을 물고 말렸는데 그리고 내 팔자가 무척 세다는 말을 덧붙였는데 그때 그냥 미석아빠를 놓아줄 것을, 후회해봤자 소용없었다.

술과 담배 그리고 아빠를 꼭 빼닮은 내 아들 미석이. 모두 안고 남편의 흔적을 지우는 방법은 서울을 떠나야 된다는 것을 알아 무작정 충주로 내려왔다. 아는 사람 하나도 없는 곳이 충주라는 생각이 들었다. 혹 마을 친구가 이곳으로 시집와서 살아도 안 되었다. 어느 누구도 나를 알아서는 안 된다는 생각뿐이었다. 무인도에서 다시 출발하는 거야. 이제 내 인생은 끝이 났으며 이 어린 아이를 위해 사는 거야. 이 목숨을 바칠 거야. 아무도 나를 모르는 이곳에 뿌리를 내려서 이 아이의 싹을 키워야지. 보따리 하나 들고 내려온 모자는 기차역 근처 봉방동 여관방에 아이를 내려놓고 처량하게 앉아 젖을 물렸다. 술과 담배가 섞여서 아이 입으로 들어갈 것 같았다. 젖을 물리며 잘 살아야 한다는 다짐을 했지만 이미 술을 마시지 않으면 잠을 잘 수 없었다. 담배를 피우지 않으면 가슴이 두근거려서 안절부절 못했다. 아직 서른이 안 된 스물아홉에 아이에게 우유와 밥을 먹이기 위해 일자리를 구해야 했다. 기저귀 가방 속에 움켜온 얼마 안 되는 돈으로 월세방을 구했으며 아이를 업고 일할 수 있는 직장을 구했다.

　다행히 광고지를 보고 어느 할아버지 병간호 하는 일을 하게 되었다. 할아버지만 사는 큰 집에 간호하는 사람이 없어서 우리 모자가 가서 하루 종일 할아버지 말벗도 되어주고 함께 생활을 하게 된 것이다. 사람이 별로 오가지 않은 집에서 청소며 빨래, 할아버지의 음식을 만들어 함께 먹었다. 할아버지는 오래된 지병으로 시달려온 분이었다. 마음이 좋아서 우리 아들을 참 예뻐해주었다. 아이를 키우며 직장생활을 할 수 있는 것은 큰 복이 되어 점점 기력이 회복되기 시작했다.

　서른이 되던 해에 할아버지가 돌아가셔서 그 집에서 나와 아이를 놀이방에 맡기며 식당일을 하게 되었다. 오줌 똥을 잘 가리지 못하는 어린 것을 어떻게 키웠는지 모른다. 할아버지의 죽음은 우리를 또 살벌하게 만들었다. 여자들이 모여 있는 부엌일은 살아남기 위해 입을 악물어야만 했다. 삼십 초반에, 나이든 식당아줌마들과 섞여 해나무 가든에서 일을 하는데 일보다 더 힘든 것은 아줌마들과의 심리 관계였다. 한사람이 퇴근하면 그 사람 흉을 보다가 또 같이 흉본 사람이 퇴근한 후 또 그 사람 흉을 본다. 접시가 와르르 깨지는 기분이었다.

어린 아이를 데리고 사는 나에게 아줌마들은 호기심을 갖기 시작했다.

부엌에서 설거지와 잔일을 맡아 하고 있는데, 어느 날 주인아줌마가 불렀다.

"김양아! 이리 좀 와봐라."

젖은 앞치마를 툭툭 털며 주인아줌마가 서 있는 카운터에 갔다.

"사정이 있어서 이제부터 네가 홀 일을 좀 맡아서 해주어야겠다."

사람들과 많이 만나고 싶지 않은 심정이었다.

"사장님! 저는 부엌에서 일하는 것이 제일 편한데요."

"아니야, 너는 아직 나이가 있어서 조금 쉬운 일을 하는 것이 낫겠어. 너도 아이랑 힘들잖아. 뭐하려고 억지로 힘든 부엌일만 고집 하냐. 홀 일은 손님 비유 맞추면 팁도 생기니 괜찮단다."

사람은 자신의 의지대로가 아닌 타인의 부추김을 통해 인생의 빗나간 만남이 이루어지기도 하나 보다. 사실 난들 십오 년이나 더 먹은 남자와 불륜을 갖게 되리라 생각이나 할 수 있었겠는가. 시골에서 고등학교까지 보낸 우리엄마가 알면 얼마나 속상해 할까.

홀 안의 접대부가 되어버린 나. 하얀 블라우스에 검은 치마는 무릎 위까지 올라와 있었다. 손님들은 나를 김양이라 불렀고 내 긴 머리에 탐을 냈으며 손을 잡고 끌어안기도 했다. 저항하지 않으려 술을 마시기 시작했다. 다시 담배를 피웠다.

괜찮은 손님이 오면 주인아줌마는 나를 들여보내고 문을 닫았다. 사르르 술기운에 다리가 흔들리며 주저앉고 말았다. 술이 없으면 버틸 수 없었다. 담배는 나의 숨막힘을 뚫어주었다.

그 시절에 요릿집으로 소문이 나 있는 이 집에 나를 찾아오는 손님이 꽤나 많아졌다.

슬그머니 요리상에 올려져 있는 죽은 조기처럼 술에 절어 있으면 나는 월급보다 팁이 더 많아서 배가 불러지고 있었다. 내 아들을 위해 빨리 돈을 모을 수 있다는 생각이 들었다. 손 터지게 설거지를 하지 않아도 된다. 부엌아줌마들에게 흉을 잡혀서 입에 오르지 않아도 된다. 나를 따르는 남자들만 상대하면 나는 부자가 되어 갈 것만 같았다.

술을 마시며 노래를 불러 주고 춤을 추어주고 그냥 힘없이 주저앉아 버린 삶을 다시 들여다 보고 싶지 않았다. 왜 나만 정직하게 순정 지키면서 살아야 되냐구. 누구를 위해 진실해야 되냐구. 힘들게 사는 월세방에서 누가 나를 해방시켜 줄 수 있느냔 말이야.

충주에서 아이랑 살아간다는 것을 알아주는 사람은 아무도 없었다. 이곳으로 오기까지는 내 아들을 시어머니가 데려갈지 모른다는 생각이 남편의 흔적을 지우는 것보다 비중이 컸다. 사람들에게 들키지 않는 삶이기를 바랐던 것은 아마도 그때부터였다. 월세방에서 해방되고 싶었던 욕심이 대단했던 시절 해나무 가든에 손님으로 온 지금의 남자를 만난 것이다.

서울에서 사업차 내려와 있다는 남자는 말이 별로 없었다. 처음 만났을 때는 사십 대 중반이라서 그랬을까. 남자는 머리가 크고 키가 작달막해서 사람들이 조선무 아저씨라는 말을 했다. 남자는 나에게 짓궂게 하지 않았으면서도 갈 때마다 수고한다는 이유로 돈을 많이 호주머니에 넣어주었다. 솔직히 그 시절에 제일 많은 액수인 이십만 원을 내 호주머니에 넣어주었다.

 그때는 키가 작은 것, 머리가 약간 크다는 것을 제외하고는 잔소리를 하지 않아서 꽤나 괜찮아 보였다. 나는 그 남자와 처음부터 물질적으로 잘해 준다는 것에 정이 싹트기 시작했다. 나에 대한 이야기를 주인아줌마에게서 들은 후 관심을 갖고 내 아들 걱정까지 해주었다. 긴 세월 사랑이란 이름으로 시작하여 결혼했던 사람도 내 곁을 떠났다. 아주 순수한 정으로 맺어진 사이도 하늘이 갈라놓으면 어쩔 수 없다는 것을 알았다.

 그렇다면 계산적인 만남, 나와 아들을 월세방에서 해방시켜줄 구세주에게 사랑을 시작한다 한들 무엇이 잘못인가. 그것이 꼭 가식인가. 살아남기 위해 사랑을 한다는 것이 부당하다는 말을 어떻게 할 수 있어. 그 남자와 내가 만나면 가슴에 불이 당겨지고 그 불 속에 서로 몸과 마음을 태워가는데 사람들이 이런 우리를 불륜이라 칭하며 비방할 수 있을까.

 부엌에서 아줌마들이 수군거리기 시작했지만 귀와 눈을 감기로 했다. 남편은 죽었고 아들과 살아야 하는데 나는 아직 젊어서 남자가 필요한데, 아니 더 솔직히 남자라는 기둥이 필요한데 유부남이란 이유로 꼭 내가 천하에 몹쓸 년이 되어 지탄을 받아야 하나.

 사람이 자신의 입장에 서보지 않으면 쉽게 판단할 수 없는 것. 그때 나는 그럴 수밖에 없었다. 남자가 작은 연립을 사주었다. 그 다음날 해나무

집 일을 접었다. 생활비는 내가 벌어서 살아야 하므로 다시 휘파람 회관 주방에 취직했다. 내가 취직한 주방은 사람의 출입이 없었다. 그 사장과 남자가 친한 사이였으므로 남자는 주방을 출입할 수 있었다. 주방 참모는 오십이 훌쩍 넘은 나이든 아줌마였고 나는 그 안에서 참모를 도와주는 아줌마로 취직이 된 것이다. 눈 떠서 출근하면 꼼짝없이 주방에 갇혀 있다가 퇴근하면 그 남자를 만나지 않으면 집에 있어야 했다. 처음에는 이런 아름다운 구속이 부러웠던 시간들이 많아서 그 남자의 틀에 갇힌다는 것이 행복했다. 지극 정성으로 나에게 관심을 보여준 남자가 참 고마웠다. 휘파람 회관 작은 부엌에서 꼼짝 없이 갇혀버렸다는 것을 처음에는 몰랐는데 주변 사람들이 쑥덕거리는 소리를 듣다 보니 실감하기 시작했다.

남자는 퇴근시간에 차를 대기하고 있으면서 아줌마들과 가끔 가는 노래방을 차단시켰다. 대신 일주일에 한 번씩 남자와 함께 노래방에 가야 한다. 가기 싫어도 가고 의무적으로 머리를 풀어 헤치고 귀엽고 사랑스런 여인이 되어 남자 앞에서 노래를 부르며 춤을 춘다. 남자가 좋아하는 흘러간 노래를 억지로 불러야 한다. 내가 좋아하는 노래인 '있을 때 잘해' 이런 노래를 부르고 싶다. 춤추며 노래하다가 늘 내 남편이 생각난다. 그래서 '있을 때 잘해'라는 노래를 부르고 싶은데 남자는 그것을 눈치 챘는지 그 노래를 못하게 금지곡으로 만들었다. 모든 것을 남자의 취향에 맞추어야 한다. 그래야 용돈을 주며 옷을 사주고 아들 먹을거리를 사준다. 좋은 게 좋은 것이니 어쩔 수 없다.

그 휘파람 회관 주방에 갇혀 나랑 나이 드신 아줌마랑 오 년이란 세월을 살았다. 크게 답답하지는 않았지만 언젠가부터 머리가 아파서 판콜에이를 먹기 시작했다.

나랑 살았던 남편보다 몇 배를 더 함께한 남자를 다른 사람의 남편이라 생각하지 않았다.

그 휘파람 회관은 내가 살아남기 위해 적당히 잘 짜여진 감옥임에 틀림없었다. 휘파람 회관이 불경기를 탄다는 소리와 함께 우리는 그 회관이 문을 닫지 않았는데도 나이든 아줌마와 함께 쫓겨났다. 이유는 장사가 안된다는 것 때문이었지만 그 후 다른 주방장과 참모를 채용했다. 이렇게 실업자가 되어 며칠을 집에 있는데 몽롱했다.

남자는 어느 세월에 나를 감시하는 감시용 카메라가 되어 있었다.

슈퍼에 간다든지 화장실 가는 시간까지 보고를 해야 할 상황이 되었다. 집에 있는 동안 남자를 따돌리기 위해 궁리를 했다. 해나무식당 다닐 때 함께 홀 접대를 맡았던 윤양이 삐삐 아줌마로 다녔는데 그곳에 한몫 끼어 보기로 했다. 긴 머리에 진한 화장을 하고 레이스가 달린 블라우스와 나풀대는 치마를 입었다. 한 시간에 이만 원을 받을 수 있다면 얼마나 좋은가.

하루 종일 설거지를 해도 삼만 원인데 직업을 바꿔볼까 생각했다. 손님과 노래하다가 손님의 손이 온몸을 더듬으며 또한 옷을 벗기를 강요했다. 윤양은 사십이 넘었는데도 실제로 대담하게 옷을 벗어 던지며 춤을 추었다. 이러다가 남자에게 들키면 어떻게 하나 가슴이 뛰기 시작했는데 퇴근해서 집으로 가는 길에 문 앞에서 어디서 본 듯한 사람을 만났다. 달빛에 서 있는 사람은 오랜 세월 내 남자로 서 있는 사람이었다.

남자는 노하여 소리를 질러대며 호령을 쳤다.

갑갑해서 집에서 살 수 없었다. 남자가 행복한 우동가게에서 주방 아줌마를 구하니 한번 가보자는 것이다. 화제라는 광고지에 가족처럼 지내실 분이라는 말이 마음에 들었고, 다른 집보다 근무시간이 두 시간이 짧기 때문에 빨리 가고 싶은 생각이 들었다. 남자는 나를 차에 태워 시인의 공원 앞에서 내려주고 면접을 보고 오라 하였다.

조신하게 행동하라는 남자의 잔소리를 들으며 비닐문을 밀고 들어갔는데 젊은 새댁이 있었다. 주인아줌마는 요가를 갔으며 아는 동생인데 잠깐 가게를 봐주는 거란다. 어리둥절한 가게는 정신이 없었다. 머리가 아팠다. 더덕더덕 붙어 있는 종잇조각들이 수북하게 쌓여 있는 듯했다. 한참을 기다리니 주인 여자가 들어 왔다.

젊은 새댁이 말을 하지 않았는데도 취직하려고 온 여자라는 것을 알아차려서인지 녹차 두 잔을 타서 마주 앉았다.

"이렇게 젊고 예쁜 새댁이 우리 집에서 일할 수 있을까요."

주인아줌마가 언니처럼 느껴지기 전까지는 무척 어렵게 와 닿았다. 전화번호와 나이 등을 적어 놓고 나오는데 다음에 연락을 주겠다는 말을 했다. 한 마디로 퇴짜를 맞았다는 생각이 들었다.

이곳에서 일하고 싶다는 미련이 나를 잡아 당겼다. 할 말이 많아서 사람들이 토해놓고 간 낙서들은 나를 잡아끌기 시작했다. 처녀시절 인쇄소 근무할 때 내 몸에 늘 묻어있던 잉크 냄새가 흥건하게 배어 있는 듯한 곳이다. 자꾸만 뒤를 돌아보는 나에게 남자는 이 집 주인이 얌전한 사람이라 소문이 났으니 이곳에 근무하면 좋겠다는 말을 했다. 남자의 이야기는 모두가 한결같이 얌전한 여자여야 한다는 말을 한다. 항상 바람을 피지 않을까 하는 의심이 깔려있다. 기다려봐도 예감대로 연락은 오지 않았다.

일하고 싶다는 전화를 한 번 더 했으나 주인아줌마는 다음 기회로 미루었다. 어쩔 수 없이 남자와 상의해서 순댓집 부엌에 취직을 해서 날마다 곱창에서 돼지 똥을 꺼낸 후 깨끗하게 씻는 일을 맡아 하게 되었다. 온몸 안으로 들어오는 돼지똥 냄새가 진동했다. 종일토록 돼지 창자 속에서 배설물을 집어내는 일에 재미가 없었다. 한 달 정도 지났을까 월급을 타는 날, 낯모를 목소리의 전화가 왔다. 행복한 우동가게 아줌마 전화였다. 지쳐있을 대로 지쳐있는 나는 그 자리에서 순댓국집을 그만두었다. 남자와 상의 없이 나는 행복한 우동가게로 달려와 취직을 한 것이다.

그때 기타 치는 시인아저씨는 나를 조약돌이라고 애칭을 지어주었다. 매끌매끌한 조약돌이 언제 빗나갈지 모른다는 말을 해서 약간 불길한 예감을 받았으나 정신 나간 아저씨가 이상한 말을 하는구나 생각했다. 몹시 초라해보인 기타 아저씨랑 만남은 첫날 이루어졌으며 언니가 출근하지 않는 아침시간에 꼭 마주치게 되었다. 남자는 언니가 나오지 않은 시간과 요가 가는 저녁 시간을 이용해서 스스럼없이 나타났다. 기타 아저씨와 날이 갈수록 친해졌으나 우리 남자랑 부딪칠까 봐 여간 신경이 쓰인 것이 아니었다.

하루는 퇴근 시간에 시인의 공원에서 남자가 차를 대고 기다리는 줄 몰랐기 때문에 기타아저씨랑 장난을 치다가 팔짱을 끼고 나가려 하는 것을 언니가 말려서 문 앞에서 풀었더니 느티나무 아래 어디서 본 듯한 남자가 비닐문 안을 들여다보고 있어 기겁을 한 적이 있다.

주인 언니는 남의 유부남과 숨은 꽃으로 살아서 뭐하느냐. 그 구속은 너를 판콜에이나 먹게 하므로 하루라도 빨리 풀려나와야 한다는 말을 늘 했다. 그리고 어쩜 혼자 사는 시인아저씨랑 인연을 맺으며 더 아름다운 만남이 되어 떳떳한 생활을 하라는 고리타분한 이야기를 농담처럼 곁들인다. 사실 언니 말을 들으면 금방이라도 시원한 탈출을 할 것 같지만 막상 남자 앞에서는 언니의 조언이 미워지는 까닭은 무엇일까. 언니네 집에 와서 바로 그날 남자가 언니 앞에 인사를 했다. 무슨 자랑이나 된 것처럼 나의 보호자로 나타나 언니에게 인정을 받으려 했지만 언니는 우리 남자를 좋아하거나 인정하지 않으려는 눈치였다. 내 남자가 아무리 낙지 덮밥을 많이 팔아주어도 언니는 다정한 눈빛 한 번 주지 않는다는 것을 알았다.

　이 집에서 오래 있을 수 없다는 것을 예감했다. 언제나 내 남자는 주인이 자신을 인정하지 않는 곳에는 근무를 하지 말라는 식이었으니까. 올 것이 온 것이다. 이 집에 멋있는 남자들이 많이 다닌다는 이유를 들면서 왜 그들이 너에게 반말을 하느냐, 어떻게 행동했으면 너는 그런 대우를 받아야 하느냐, 이런 식으로 잘 따지는 남자는 시인의 공원에 앉아 담배를 피우며 나를 바라보고 있다. 무슨 질긴 인연이기에 이 남자의 차를 타고 저녁을 먹으면서 잔소리를 들어야 할까? 주인 언니가 가르쳐준 대로 덤벼버릴까. 정말 헤어져버릴까. 내가 저 노인네 품에서 벗어나지 못하고 있다가 저 남자가 하루아침에 죽기라도 해버리면 시원한 것이 아니라 아주 억울할 것 같다. 물론 내가 좋아서 하는 짓이지만 뭔가 인생에 손해를 많이 보게 하는 나쁜 사람처럼 느껴진다. 물론 주인 언니의 말이 그동안 나에게 닫혔던 가슴을 열어주었는지 모른다.

　많은 생각이 오가는 것을 알아듣는 것처럼 느티나무가 살랑살랑 고개를 흔든다. 이곳에 있는 나무들이 저 우동집에 일어나는 일을 다 알아 들는다는 언니의 말처럼 정말 저 사람과 나의 불륜을 알고 있는 것 같아서 갑자기 부끄러워진다. 남편이 죽고 이 세상에 부당함을 느꼈기에 단 한 번도 양심의 가책이 오지는 않았다. 15년이 위인 남자의 아내보다 늘 내가 더 젊고 이쁜 여자며, 나를 남자가 더 좋아한다는 자신감을 갖고 살았다. 그런데 가슴에 이렇게 허전한 바람이 불어오고 있다. 시인의 공원에서 담배를 피우는 남자 곁에 앉아 남자의 눈을 보며 담배를 한 개비를 피웠다. 하늘로 나는 담배 연기가 내 답답함을 끄집어내는 것처럼 보일 뿐, 이 속에 썩어 문드러진 찌꺼기가 나가지 못하는 것을 호소하고 싶다.

남자는 두 시간 동안 계속 말을 한다. 하늘을 보며 딴 생각을 해본다. 아주 멍하게 남자를 쳐다본다. 뭔가 잘못 얽힌 우리 만남에 돌팔매질을 하고 싶어진다. 내일이면 언니에게 '사람을 구하라'라는 말이며 그 집에 다니는 남자들이 왜 너에게 장난을 걸어야 하느냐, 반말을 하느냐, 어떻게 했기에 남자들이 웃으면서 가게 안으로 들어왔느냐, 또 주인 여자는 별 볼 일 없는 여자가 왜 그리 교만한지 자존심 상해서 그 집에 드나들 수 없다는 등의 말을 해댄다. 느티나무는 하늘에서 살랑 살랑 나의 마음을 흔들어대지만 끝내 말대꾸를 못하고 말았다.

남자 앞에서 두 시간이 지난 후 언니가 미워지기 시작했다. 나를 혼란하게 만든 이상한 우동집을 이 남자의 말대로 빠져 나올 수밖에 없다. 그동안 남자를 사랑한 세월이 모두 추억이 아니라 죄악으로 옥죄는 이상한 언니가 무섭게 느껴졌다. 그리고 나만 보면 머리를 흔들어 대는 느티나무가 나를 어지럽게 한다.

행복한 우동가게를 택해야 하느냐, 내 남자를 택해야 하느냐, 이런 귀로에 서서 일단 이 집을 떠나기로 했다. 언니에게 나를 놔달라 윽박지른다. 언니는 절대 안 된다. 너는 우리 집을 그만둘 자격이 없다는, 말을 한다.

 가슴이 아리다. 우리 아들이 이렇게 많이 자랐는데 정말 언니 말대로 하늘이 무서운 것이 아니라 자식이 무서운 마음이 드는 걸까. 잘 살아야 한다는 것이 나에게 내재 되어 있었을까.

 언니랑 우동집 끝날 때까지 함께 살고 싶다던 말, 정말 진실이었는데 언니가 이야기만 들어주고 답을 하지 않으면 나는 결코 이곳을 떠나지 못할 것이다.

 그 남자와 헤어지라는 답을 내린 언니 곁에서 견딜 수 없는 고뇌가 있었다. 잠시 나는 쉬고 싶다. 나이 먹은 남자의 곁을 떠나면 안 된다. 주인 언니의 정직한 표정을 떠나 아들과 함께 먼 여행을 가고 싶다. 내 남편의 묘에 가서 실컷 울어버리고 싶다. 울고 싶어도 못 울었던 나. 속에 들어 있는 진한 액체를 뽑아내고 깊은 잠을 푸욱 자고 싶다. 그리고 맑은 하늘을 보고 싶다. 고단한 나의 삶에 결론은 처음부터 없었으니 모두가 살아가는 과정이라는 것을 뼈저리게 말하고 싶다.

집은 더러운데 우동은 왜 이렇게 맛있어?
"엄마, 집은 더러운데 우동은 왜 이렇게 맛있어?"
친구가 아니면 진정한 스승이 될수없고
스승이 아니면 진정한 친구가 될수없다
16세기 중국의 혁명아적 선비

방글라데시 여인의 하룻밤

방글라데시 여인의 하룻밤

"왜? 나를 정식직원으로는 쓸 수가 없나요. 나는 이 집에서 일을 하고 싶은 사람이랍니다."

돈 천 원이 없어서 버스를 타지 못하고 용산동에서 연수동까지 어린 딸의 손을 잡고 왔다.

물질이 풍족한 이 세상이 나를 이해할 수 있을까. 얼마나 지지리 못났으면 돈 천 원도 손에 쥐지 못하는 걸까. 이렇게 자신에게 말을 걸어볼 만하다. 살다 보니 이럴 수 있다는 것을 알았다.

날은 추웠다. 아영이가 꽁꽁 얼까 봐 잠바로 뒤를 더 덮으며 연수동까지 왔다.

무조건 일을 해야만 하는 입장을 이야기하며 당장 돈을 벌어야 한다. 행복한 우동가게 앞에 한참을 서 있다가 비닐 문을 열며 들어섰다.

키 큰 아줌마는 부엌에서 설거지를 하다가 나를 쳐다보더니 어린아이를 난로 옆에 앉히라 했다.

 이 집에 가면 무엇인가 있을 것 같은 느낌이었다. 이 집이 처음 생길 때 나는 어느 축협에 다니고 있었다. 나는 직장을 다니다 혼기를 놓친 얼굴이 예쁘지 않은 처녀였다. 주인아줌마는 나를 알아보지 못한다. 그동안 살이 많이 쪘고 가진 것 천 원 없는 인생이 되었으니 사람들이 나를 몰라라 외면하지 않을까.

 "사장님! 저는 보다시피 어린 아이를 업고 일하러 왔어요. 이 집에서 사람을 구한다는 구인 광고를 봤거든요. 내 집처럼 따뜻하게 지내실 분을 구한다는 말에 제가 갈 곳은 이 집 밖에 없어서 왔어요. 저는 다시 집으로 아이를 업고 걸어갈 힘이 없어요. 이곳에서 일하게 해주세요."

 주인아줌마는 어이가 없다는 듯이 나를 바라본다. 그렇지만 아주 처음 듣는 말은 아닌 듯이 아이를 골방에 뉘라하며 이불을 덮어주었다. 그리고 우동을 끓여서 한 사발을 내 앞에 놓으며 아이엄마가 얼마나 배가 고프냐며 먹으라 한다. 젓가락을 든 순간 갑자기 눈물이 왈칵 쏟아졌다. 허기진 배 그리고 눈물이 얼었던 온몸을 녹인다. 산다는 것이 이런 거였나. 이렇게 염치없이 한 푼 없는 거지가 되어서 이 집에 아이를 업고 와서 밥을 얻어먹어야 하나.

 이런 날을 예측했더라면 조금 더 현명하게 살아야 하는데 왜 이리 어수룩한 인생을 살아왔을까.

 소녀 시절에 아이 둘을 손잡고 밥 얻어먹으러 다니는 사람을 시골에서 만났었다. 그때는 소녀적인 감성으로 그 아줌마가 어찌나 안 되었던지 엄마가 없는 사이 부엌에서 상을 잘 차려서 식사를 대접한 적이 있었다. 우리 집에는 늘 거지들이 머물다가곤 했다. 마을에서 거지가 오면 꼭 우리 집으로 보냈다. 보릿고개가 있었던 시절에 우리 배도 다 채우지 못하는데 엄마는 배고픈 사람에게 밥 주는 것이 세상에서 가장 큰 공덕이라며 거지들에게 밥을 주었다. 때로는 배가 고파서 저녁에 잠이 오지 않았던 기억이 난다.

엄마를 본받아서 이렇게 건하게 밥상을 차려서 아이를 데리고 온 사람에게 밥을 잘 차려주면 분명 칭찬을 받을 줄 알았는데 시장에 갔다 온 엄마가 갑자기 나를 못마땅한 듯 쳐다보았다. 그날 비가 축축이 내리고 있었는데 아줌마가 데려온 아이 똥기저귀를 갈아주며 우리 집에서 빨래까지 해서 누런 기저귀를 빨랫줄에 널어놓았던 것이다. 엄마는 나에게 인상을 썼으며 아이를 데려온 아줌마를 쳐다보지 않다가 젖을 물린 아이를 유심히 바라보곤 부드러운 표정과 말씨로 돌아왔다.

"아줌마! 아들이 둘이나 되네요. 이 어린 것을 데리고 어떻게 살아가요. 이 어린 아이를 우리 주면 안돼요? 내가 잘 기를 테니까요."

아이를 데려 왔던 아줌마는 순간 얼굴에 긴장감을 띄우며 고개를 흔들었다. 그리고 우리 엄마를 아주 경계하는 눈빛으로 바라보았다.

"제가 이 아들들을 잘 기를 거에요. 아들들 때문에 이러고 다녀요? 아이들이 조금만 크면 나는 일을 할 거에요. 하나도 아니고 둘이니 그리고 잠 잘 곳이 없어서 이렇게 얻어먹으며 이 애들을 살릴 수밖에 없어요."

인정 많으신 엄마의 얼굴에서 안도감을 느꼈다. 엄마는 깊은 한숨을 쉬었다.

"아이 아빠는 어떻게 되었어요?"

"글쎄요. 아이 아빠는 머슴이었는데 어느 과부랑 바람이 나서 나갔어요. 차라리 죽었으면 억울하지 않지만 처자식을 이렇게 거리로 몰아낸 아이들 아빠가 참 원망스럽지만 어떻게 해요. 머슴으로 일하던 집에서 남편이 도망갔으니 집을 나가라 해서 이렇게 떠돌고 있는 거에요"

나의 엄마는 이 모자에게 우리 집 작은 쪽방에서 머무르게 했다.

네 살 먹은 사내아이는 밥만 보면 허겁지겁 먹었고 아이는 밤을 새워 울었다. 그 아줌마는 닥치는 대로 항상 아이를 등에 업고 일을 했다. 울 엄마를 따라서 나무를 하러 다니며 보리밭을 매고 집안일까지 했다. 한참을 머물다가 무슨 이유에서였는지 모르지만 그 모자들이 떠났다. 그들이 잠시 머무르다가 떠난 우리 작은 방에는 또 다른 불쌍한 사람이 왔다.

우동 그릇을 놓고 나는 눈물과 함께 빵을 먹어보지 않은 사람은 인생을 논하지 말라는 말을 생각해본다. 그래 나는 잠시 이 집에서 밥을 얻어먹어야 한다. 두 아이를 데리고 어디론가 떠났던 그 아줌마가 나는 살아가는 동안 늘 그리웠다.

그 네 살짜리 어린아이는 어떤 모습으로 자랐을까. 젖 먹던 울보는 무슨 직업을 갖고 살까. 정말 궁금한 사람의 뒷이야기였다. 그 사람들은 잘되어 잘 살 것 같은 포만감이 왔다. 아이를 버리지 않고 얻어먹을 힘 있는 어머니가 있었기에 그 애들은 잘 되지 말라 해도 잘 되었을 것이다.

우리 엄마가 밥상을 차려준 나를 못마땅하게 생각했던 이유는 마음 약해 잘 살 것을 믿기보다 감상에 젖어 세상을 잘 못살까 봐, 그 아줌마처럼 아이를 업고 밥 얻어먹을까봐 걱정했을 거라는 생각이 들었다. 그 후로 거지들이 오면 엄마 모르게 쌀을 많이 퍼주면서 꼭 이런 말을 했다. '시집

가서 잘 살아요. 잘 살 거에요.' 수없이 이런 덕담을 했었는데 거지가 되어 있는 나는 담담하다.

　노처녀 시절에 행복한 우동가게에 왔을 때는 이 집은 정이 있는 집이라 느꼈다. 어린 시절에 왔다갔던 거지들이 많이 올 것 같고 돈은 많으나 마음이 가난한 사람들이 와서 정종을 마실 것 같았다. 아줌마는 처음에는 말을 잘 못하는 듯했고 중학교 다니는 딸과 초등학교 5학년 아들이 드나들었다. 미원, 설탕, 다시다 냄새가 나지 않는 집이라 해야 하나. 주인아줌마는 앞치마를 입고 늘 김치를 담그고 있었고, 국수를 삶고 있었다. 사람이 많이 드나들어도 바쁘지 않게 느리게 움직이는 아줌마의 손놀림이 어설퍼서 좋았다. 사람들과 어울려 와서도 말 한 마디 붙여보지 못했던 것은 아줌마가 그냥 웃기만 했지 말할 시간이 없어서였다.

　그 후로도 좁은 충주에서 이 집 소문은 가끔 들었는데, 아줌마가 변해서 매일 잠을 자다가 일어나 우동을 끓여준다든지, 예전처럼 웃지 않아서 남자들에게 초심을 잃었다는 말을 듣는다는 것이었다. 지루하게 오래 우동을 끓이는 이 아줌마에게 돌을 던진다는 것은 모두 자신들이 바라는 욕심이란 생각이 들었다. 이렇게 어린아이를 업고 와서 밥을 얻어먹고 있으니 소녀시절에 만났던 아이 둘을 데리고 밥을 얻어먹으려고 다닌 사람의 마음을 헤아릴 수 있는 것이다.

　비록 거지지만 내 마음에는 머지않아 따뜻한 봄바람이 불어 올 것 같은 막연한 희망이 있다.

　어린 아영이가 일어났다. 얼굴을 만지며 아영이에게 밥을 먹였다. 아줌마는 계란 후라이를 해다가 아영이 밥 위에 올려놓는다.

아영이는 칭얼거리며 밥알을 받아 삼킨다. 잠시 거지가 되어보는 거야 뭐가 어때. 인생은 연극인데 이런 기가 막힌 역을 아무나 할 수 있겠어. 저 주인아줌마도 하루아침에 거지가 되어 먹고 살기 위해 이곳으로 뛰어들었다는 말을 들었다. 사람들이 이 가게를 해서 손님이 북적거려서 돈을 번다는 말을 했지만, 자신은 거지가 되어 있어서 자존심 상했다는 말을 들었다.

뭐가 달라, 나나 저 아줌마나 거지가 되어 나락으로 떨어지는 기분은 똑같을 거야.

"아영아! 배부르지? 너는 저 방에서 놀아 엄마 일할게."

네 살짜리 아영이는 말을 알아듣기라도 하듯이 고개를 끄덕이며 주인 아줌마의 골방에 앉아 여기저기 신기한 듯 쳐다본다.

아줌마는 파를 다듬다가 일을 하려고 덤비는 나를 보며 가만히 쳐다본다. 밀가루 반죽을 하다가 아직 뒷정리가 안 된 낡은 식탁 위를 행주를 빨아서 닦기 시작했다. 묵은 때들을 닦아내는데 주인 언니는 말을 하지 않았다. 파를 다듬으며 얼굴에 눈물을 찔끔거리는데 커피 두 잔을 타서 나에게 내밀었다. 늦은 김장준비를 하느라 몸과 마음은 온통 배추를 향해 있는 듯했다.

밖에 포장마차에는 배추가 산더미처럼 쌓여 있다.

"애기 엄마! 많이 얼굴이 상했어요. 예전에 곱더니 어떻게 하다가……."

나를 기억하고 있었다는 언니 앞에서 순간적으로 눈물이 봇물 터지는 듯 쏟아지기 시작했다.

"아휴! 어떻게 저를 알았어요. 모르는 줄 알았는데. 아줌마! 시집을 괜히 갔나 봐요. 그냥 직장생활하면서 살 것을 후회하고 있어요. 여자 팔자는 뒤웅박 팔자라 하더니 정말 그런가 봐요. 결혼을 5년 전에 했는데 내가 이렇게 되었어요. 충주에 아는 사람 누구도 찾아갈 수 없이 친구며 부모형제를 다 잃었어요. 아줌마! 나 좀 도와주세요. 나는 월세방에서 쫓겨나게 되었어요. 집에 가도 찬방에서 살아야 해요. 아이 먹일 쌀이 없어요."

키 큰 아줌마를 붙잡고 늘어진다는 것이 정말 염치가 없다는 것을 안다. 예전에 한번 눈 마주쳐서 이야기한 적이 없는데, 무척 친한 것처럼 이렇게 매달리는 내 자신이 경우가 없다는 것을 안다.

"이유가 있겠지요. 애기 엄마 그러면 나는 정식 직원을 구해야 하고 그 동안 사람이 없었는데 김장도 해야 하니 나를 좀 도와주세요. 추우니까 잠은 저 골방에서 자도록 하고 연탄 위에 올려진 물로 세수하면 되고, 우리 집에서 아이를 놀게 해요. 아니 우리 집에서 자도 되고요. 사람이 살자 하는 일이니 시간을 갖고 생각하세요. 애기 엄마는 우리 집에서 일을 할 사람이 아니니 분명 좋은 일이 생길 거에요."

"아줌마! 제가 열심히 할테니 제발 나가란 소리하지 말고 저를 쓰세요. 애기 아버지가 축협을 다니다 잘렸어요. 그래서 사업을 한답시고 경험 없이 친구랑 건축업에 손댔다가 경기가 안 좋은데다가 경리아가씨랑 바람이 나서 도망갔어요. 세상에 이럴 수가 있나요. 아이와 나를 알거지로 만들어 놨어요. 우리 친정을 보증서게 해서 홀랑 들어 먹었어요. 저는 사업에 부도가 났다는 것은 이해를 하지만 맨 마지막에 경리아가씨랑 자취를 감춘 남편이 너무 미워서 한동안 아무 것도 할 수 없었어요. 몇 번이나 죽어 버리려 했지만 그럴 수 없었어요. 내가 알고 있는 사람들을 다 찾아다녀서 돈 빌리는 일을 했고 그 놈의 인간이 나를 충주에서 살아남지 못하게 하고 자취를 감춘 것 있지요. 세상에 바보가 아닌데 어쩜 그럴 수가 있을까요. 사람 인물 보고 결혼 할 것이 아니라니까요. 인물은 멀쩡해가지고 이럴 수 있나요."

아줌마는 커피를 홀짝이며 눈을 감는 듯 했다. 나의 아픔을 받아들이기에 아줌마는 너무 피곤해 있었다. 엉금엉금 기어들어가다시피 아줌마는 잠시 골방 안으로 들어가 눈을 감았다. 밤을 새워 우동 끓이는 아줌마가 일을 쉽게 하기 위해 사람 구한다는 광고를 냈다가 이렇게 아이를 데리고 온 나를 만나 서럽고 배고픈 이야기를 들어주기를 바란다면 무리다.

도마와 칼을 들고 밖으로 가서 큰 고무다라에 배추를 절이기 시작했다. 아영이는 엄마가 일을 하는 줄 알고 주인아줌마 옆에서 얌전히 앉아 있다가 몸이 풀렸는지 사르르 눈을 감아버렸다. 밖에 있는 연탄난로와 장작난로의 불길이 뜨거워서 얼어붙은 가슴이 녹기 시작했다.

사실 나는 남편 잘 만난(?) 덕분에 감옥에 갔었다. 그곳은 살아 있는 지옥이라는 것을 알았다. 남편이 나를 회사 대표이사로 했고 내 앞으로 당좌수표가 만발이 되어 있어서 수감되고 말았다. 남편은 나타나지 않았고 아이는 친정과 올케언니 밑에서 천덕꾸러기로 남았다. 이런 슬픔을 안고 내가 살아가야 한다. 이런 한을 안고 내가 살아야 한다. 아영이가 내 희망이기 때문이다. 아무리 속이 없는 남편이라지만 어떻게 자신의 아이를 낳은 부인에게 이렇게 못된 짓을 할 수 있었을까. 아직 내 호적에 그놈의 아내로 남아있다는 것이 치욕스럽다. 정신이 들면 당장 그 놈의 이름을 호적에서 지워버리리라. 그리고 죽을 때까지 사람들에게 내가 감옥에 갔었다는 말을 하지 말아야 한다. 물론 그 안에 만났던 얼굴들이 지워지지 않지만 꿈속에서 나타나 나와 악수를 청하지만 나처럼 억울한 사람들과 만나고 싶지 않다. 자신이 아프기에 아픈 사람을 만나 도움이 안 될 것이다. 내가 이곳에서 살아남기 위해서는 그곳에 갔다 왔다는 말은 하고 싶지 않다. 만약 주인 언니가 알게 된다면 이해해줄 거라 믿는다. 그 언니는 나를 알아줄 것이다. 올바르게 살고 싶은 한 여자의 마음을 알아줄 것이다. 불타 오르는 장작불을 보며 배추를 절이다 고개를 펴서 불을 잡아본다. 남편에 대한 분한 생각 때문에 화가 치밀어 오른다. 그 화가 다시 불속으로 들어가 타버린다. 나는 이곳에서 이 연습을 좀 해야겠다.

손이 빨라진다. 화장실에 가고 싶었지만 참았다. 배춧속이 노랗다. 차곡차곡 쌓여 있는 이 배추를 절여서 김장을 담가 한가족과 함께 먹으며 아주 평범한 삶을 살 수 있는 팔자였다면 얼마나 좋을까. 소금에 절이기에 미안할 정도로 배추는 싱싱했고 노랬다. 밖에는 느티나무와 단풍잎이 우수수 떨어진다. 아픈 허리를 쉬느라고 밖을 쳐다본다.

세상에 길이 두 개가 아니라 딱 하나였으면 좋겠다. 이 세상에 나는 이곳에 왜 서 있느냐 하는 의문이 들지 않도록 한 개의 길이라면 기꺼이 갈 수 있었을 텐데. 인생에 잘못된 만남이 아영이 아빠라고 생각할수록 분할 뿐이다. 처음부터 너는 이 길을 걸어야 된다는 운명이 정해져서 그 계획된 길을 가면 될텐데…….

비닐문을 열며 들어온 아저씨가 나를 힐끔 쳐다보더니 불쑥 말한다.

"아휴! 반갑습니다. 방글라데시 여인 오셨네요."

눈을 크게 뜨고 의아해 하는 나를 보더니 덧붙인다.

"아하 아줌마 놀라지 마세요. 내가 누구냐 하면 자칭 동심거사라는 이름을 갖고 있고요, 이 집에서는 기타아저씨라 불러요. 이 집에서 앞치마를 입은 사람에게 이름을 지어주는 작명가올시다. 처음에 보는 그대로 말을 할 뿐이지요."

"아저씨! 그런데 내 얼굴이 검어서 눈이 들어가서 이국적으로 생겼단 말은 많이 들었지만 방글라데시는 처음인 것 같아요, 후진국 여인으로 보다니요……."

"참 아줌마! 후진국이라니 아직 오염이 안 된 자연에 가깝다는 뜻으로 지은 이름이오. 아줌마는 개발 되지 않은 자연스런 사람이란 말이에요."

아저씨는 주전자에서 막걸리를 따라서 꿀떡꿀떡 마시다 배춧속을 뜯어서 입에 넣어 우걱우걱 씹었다. 청바지에 군인이 입는 잠바를 입은 모습으로 골방에서 기타를 꺼내더니 난로가에 앉아서 줄을 당긴다.

"방글라데시 아줌마! 배추 절이는 아줌마를 위해 '시월의 어느 날'을 연주해 드리겠어요."

나에게도 저런 낭만은 있었는데 소녀 시절에 기타 치는 이발사를 동경해서 짝사랑하던 시절이 있었는데…… 황홀한 광경이다. 문 앞에는 낙엽이 바람에 쏴악쏴악 소리를 내며 공원 바닥에서 바람의 소리를 연주하고 우동가게 안에 들어 있는 남자는 가슴을 울리는 연주를 한다. 주인아줌마와 아영이는 잠을 잔다. 시간은 초침을 울리며 돌아가고 난로 위에 주전자의 물은 김을 내며 위로 오른다. 낮에는 꼭 잠을 자는 거리 같다. 밖에 입간판들이 서로 부둥켜안고 뒹굴며 잠을 자는 듯하다. 이 거리가 낮에는 을씨년스럽게 조용하다는 것은 익히 알고 있는 사실이지만 발자국 소리

하나 나지 않는 이 고요한 정적 속에 불타는 장작난로가 따뜻하다. 남자는 내일이면 김장 김치에 막걸리 돼지고기 보쌈을 먹을 수 있겠다며 흐뭇해 한다.

클래식 기타를 치는 아저씨는 꽤나 수준이 있어 보인다. 먹는 이야기에 열을 올리니 분명 나처럼 많이 먹지 못했나 보다. 차림새로 봐서 세상의 돈이나 명예를 다 놔 버린 남자 같기도 하다. 주인아줌마가 잠을 자다 깼다.

"아줌마! 힘든데 어떻게 혼자 배추를 절이세요. 제가 깜박 잤어요. 동심거사는 언제 왔어요. 자장가에 맞추어서 단잠을 잤나 봐요. 이제 기타 그만 치고 우리 배추 좀 절여줘요. 그래야 맛있는 김치를 주지요. 내일 배춧속 쌈에다 돼지고기, 또 동심거사가 좋아하는 동태찌게를 줄게요."

기타를 치던 아저씨는 손을 멈추었다.

"어허, 오래 이 집을 지켜주니까 이제는 스승님에게 머슴까지 하라 하네요. 라이브 가수 월급도 안주고 무료 공연에다가 일까지 해달라니. 어험."

아저씨는 배추 옆으로 슬슬 오면서 안할 것처럼 말을 했다.

"배추쌈을 얻어먹으려면 해주어야지. 참 순한량! 저 아줌마를 방글라데시 여인이라 부르기로 했어요."

아줌마는 소리 내어 웃었다. 아줌마는 나를 속으로 무시해서, 혹은 그 이름이 잘 어울린다는 뜻으로 웃는 것일까. 내가 이국적인 여인 중에 유럽 쪽 여인을 닮기를 바라면 안되는 일인가. 나는 이 집에 천 원 이상을 벌러 오는 사람이 아닌가.

아줌마는 아영이를 슈퍼에 데려가서 과자와 아이스크림을 사왔다. 아영은 골방에서 텔레비전에서 나오는 어린이 만화를 보면서 조용했다.
 기타 치는 아저씨는 배추를 소금물에 절여서 다른 고무통에 옮기는 일을 열심히 도왔다.
 배추를 절이면서 아줌마는 기타 아저씨에게 우리네 인생도 이렇게 성깔이 대단한 청춘을 소금물에 담그면 차분하게 절여지지 않느냐는 말을 했다. 젊은 패기와 객기를 포기하는 것이 아니라 차분하게 잠재워서 꿈꾸게 하는 것도 좋은 것 같다는 말을 했다. 배추가 절어진다는 것이 곧 젊음이나 꿈을 절이는 것이 아니라 맛든 인생을 살기 위하여 잠시 잠잠해져 볼 필요가 있다는 것이다.
 방금 내가 처다본 느티나무와 단풍나무 잎들이 모두 떨어져 쓸쓸한 것이 아니라 검은 가지 속에 웅크리고 있는 파란 싹을 틔우기 위함이라는 생각을 덧붙어본다.
 약간 앞뒤가 안 맞는 말을 해서 맞는 것처럼 합리화를 시키는 기타 아저씨와 주인아줌마는 왜 이곳에서 이렇게 살아갈까? 과연 길은 하나였을까? 저 사람들이 선택을 다르게 했더라면 저 모습이 아닌 다른 모습으로 살아가고 있지 않을까.
 오랜만에 삶의 본질적인 문제에 대해 생각해보고 싶었다. 결혼해서 내가 당한 일들이 너무 생소했고 놀라웠기 때문에 앞으로 주어진 길이 맞는지 안 맞는지 믿음이 가지 않는다. 하지만 아영의 미래만큼은 희망으로 믿고 싶다.
 어둠이 내리자 저녁에 근무하는 아줌마들이 시간을 똑같이 맞추어 출근했다. 기타 치는 아저씨가 느티나무 아줌마와 계수나무 아줌마를 소개

시켜주며 나를 방글라데시여인이라 해서 두 아줌마들이 똑같이 배꼽을 잡고 웃었다. 혹 나를 우습게 보며 웃는 웃음이 아닐까, 제발 방글라데시가 아닌 프랑스나 스페인 여인이라 불러주었으면 좋겠다.

느티나무와 계수나무 아줌마들은 정말 철인이란 생각이 들었다. 혼란스런 밤을 낮처럼 일을 한다. 기계처럼 일을 척척 해내는 손이 빠르다. 과연 이 집에서 나도 저런 일을 할 수 있을까.

내일 할 김장 준비를 하면서 저녁 손님을 받는다. 면발을 뽑아 삶으며, 김밥을 말며 누가 뭐라 해도 일을 한다. 골방에서 시끌시끌한 야시장 같은 소리와 광경을 눈을 감고 보면서 내일을 위해 아영이를 품에 안고 잠을 잤다. 연탄난로와 장작나무난로가 두 개 벌건 불을 물고 있어서 참 따뜻하다. 이런 집에서 아영이랑 등 따습고 배부르게 누울 수 있다는 것이 천국이다. 얼마 전에 추운 감옥에서 얼마나 아영을 그리워했던가. 남편이 나타날까 봐 문제 제기를 했다가 나를 어린 딸과 함께 지옥으로 보낼 수 없다는 사람들의 정을 모아 합의를 해주어서 아영이를 품에 안을 수 있게 된 것이다.

사람들이 얼마나 남편을 몹쓸 놈이라 말을 했던가. 이렇게 누워 있으면서도 이가 갈린다.

부아가 치밀어 오르면 잠을 잘 수 없다. 하지만 사람들 틈에서 종일 배추 절이는 일이 힘들었던지 깊은 잠에 빠져들고 말았다.

꿈길에서 부아가 치민 얼굴을 만났다. 아직도 나의 뇌리에서 사라지지 않는 아영아빠가 경리아가씨랑 히히덕거리며 웃고 있었.

나쁜 놈, 나쁜 년, 우리 눈에 눈물나게 하면 너희들은 피눈물을 흘릴 거야. 꿈속에서 소리를 질렀다.

아영이가 놀라서 울었다. 잠결에 더듬거리는 아영은 내 딸이고 방바닥은 따뜻하다. 이렇게 따뜻한 방에서 잠을 잘 수 있다는 것이 얼마나 다행한 일인가. 아직 꿈속인지 현실인지 믿어지지 않았다. 손으로 빨리 바지 호주머니를 만져봤다. 그곳에 어제 일한 품값이 들어 있었다. 잠자리에 들기 전에 주인아줌마가 하루 일한 일당을 생각보다 두둑이 주었다. 주인아줌마가 나의 사정을 알아서 분명 동정을 하는 것이겠지만 나는 이제 돈이 생겼다. 천 원도 없었던 나에게 오만 원이 생긴 것이다. 이렇게 일을 하면 되는 거야. 정신이 번쩍 들어서 일어나 앉았다. 밖에 빛이 들어와서 약간 밝았을 뿐 가게 안은 어두웠다. 그 어두움 속 골방에 걸터앉아 있는 남자를 봤다.

"아! 아! 아영아! 무서워라"

아영이는 나의 악쓰는 소리에 큰소리로 울어대기 시작했다. 남자가 우리 앞에 서 있었던 것이다. 흰 이를 드러내며 검은빛 얼굴로 웃고 있는 듯했다. 가슴이 착 가라앉아버렸다. 온몸이 벌벌 떨렸다. 눈을 뜰 수 없어서 아영이만 부둥켜안고 있었다.

"아줌마! 놀라지 말아요. 나는 나쁜 놈이 아니라니까요. 어젯밤 이 집에서 술 먹었는데 문을 잠그고 아줌마들이 퇴근을 해버렸다니까요. 내가 저쪽 식탁에 앉아 있었는데 나간줄 알았나 봐요. 세상에 어쩜 이럴 수가 있어요. 나는 술 먹으면 잠을 자는 사람이라서 이 집에서 아줌마들과 함께 퇴근한 적이 종종 있었거든요. 그런데 어제 새벽에는 아줌마들이 배추 절인 통 옆에서 잠이 든 나를 놓고 가버렸다고요. 그래서 이렇게 꼼짝 못하고 갇히게 된 거에요. 내가 무슨 도둑놈이나 되는 것처럼 그러면 미안하잖아요."

주인아줌마가 오기 전까지는 밖으로 나갈 수 없다는 것을 알았다. 밖에서 문을 잠그게 되어 있는 허술한 집이라서 잠을 자기에는 여간 무서운 집이 아니었다.

전기를 켜고 마음을 가다듬고 우는 아영을 달래며 아저씨를 내보낼 궁리를 했다. 주인아줌마 전화번호가 적혀 있는 벽을 봤지만 도저히 새벽에 퇴근한 주인아줌마의 단잠을 깨우고 싶지 않았다.

안에 문을 열 수 있어서 밖에 포장마차 벌어진 비닐을 살짝 당기며 남자에게 나가라는 말을 했다. 남자는 나와 아이를 보며 의아하다는 듯이 왜 이곳에서 사느냐 물었다. 갑자기 두려운 생각이 들어서 주인아줌마 친동생인데, 언니가 김장을 해서 도와주러 왔다는 말을 했다. 비닐문을 살짝 밀면 들어 올 수 있는 집이라는 것을 아저씨가 몰랐으면 좋겠다. 분명 저 남자는 술주정뱅일 것이다. 이 시간까지 술 냄새를 풍겼고 이곳에 갇힌 한심한 존재가 아닌가.

호주머니에 들어 있는 돈을 만지작거리며 부자가 된 기분에 흥분하기 시작했다.

연탄불을 갈며 어쩜 이 안에서 올라오는 연탄가스에 우리 모녀가 죽을지 모른다는 두려움을 느꼈다.

이 작은 공간에서 죽음과 놀라움과 부유함을 번갈아 가면서 느낀다. 아영을 달래며 맡는 연탄가스 냄새가 잠깐 정겹게 와 닿았다. 살아가는 길이 여러 길이어서 잘못 선택된 삶이라 계속 남편을 원망하면서 살아야 한다면 차라리 이 냄새 속에서 가만히 아영이랑 사라져버릴까. 이 공간에 갇혀 연탄불을 열어놓고 잠을 자면 아마 우리 모녀가 구름처럼 사뿐히 이 세상을 빠져나와 하늘을 날아 고통없는 세상에 있지 않을까. 잠깐 자살을 생각했다. 아주 달짝지근하게 와 닿는다. 더 이상 이곳에 머물지 않아도 미련은 없다. 이꼴 저꼴 안보고 그냥 사라진다면.

"엄마! 배고파요. 밥 줘요."

아영은 이런 나의 마음을 알아차린 것처럼 아주 또렷한 말을 했다.

"아휴 내 새끼야 미안해, 배고프지? 엄마가 맘마 줄게."

전기밥통 속에 들어 있는 밥을 퍼서 우동국물에 말아 아영이를 먹이기 시작했다. 뜨거운 우동 국물 위에 올려진 유부와 김, 파, 오뎅이 아영이 밥을 먹이기에 제격이었다.

이렇게 김장을 시작한 아침이 시작되었다. 아영이와 나는 노란 주전자에 들어 있는 물을 화장실로 가지고 가서 세수를 했다. 화장실은 변기통이 앞 부분이 깨졌고 고장이 나 있어서 수도꼭지의 물을 틀어서 써야 했다. 아영이와 나는 이곳에서 이를 닦았다. 용산동에서 먼 여행을 온 느낌이다. 살아남기 위해 이를 악물어야 한다. 어린 아영이랑 갈 곳이 없어 이곳까지 왔다. 아영이가 조금만 크면 아니 월세금을 조금이라도 마련해 주인 할머니에게 갖다 주고 그 집에서 쫓겨나지 말아야 한다. 그리고 아영을 유아원에 맡기면 내가 일을 해서 먹고 살 수 있다. 아영을 데리고 할 수 있는 일이 없다. 이런 나를 받아주는 곳은 아마 이 집 외에는 없을 것이다. 초겨울 햇살이 화장실에 나 있는 손바닥만 창문으로 들어온다. 아영이 머리 위에 나 있는 창문 밖에 한 폭의 그림처럼 산수유 열매가 붉게 익어 있다. 작은 문은 다른 풍경이 들어 올 수가 없다. 오로지 산수유만 보인다. 세상사가 이랬으면 좋겠다. 먼 미래의 걱정이나 지나간 날의 후회는 안했으면 좋겠다. 이 한 폭의 그림자처럼 오늘만 생각하며 일해야겠다는 생각을 잠시 했다.

내가 감옥에서 나온 후 줄곧 나를 괴롭혔던 것은 지나간 날에 존재했던 남편에게 버림받은 분한 마음이 들어 부글부글 끓었고 아영을 어떻게 키울 수 있을까 걱정 때문에 절망하고 있었다. 먹고 살기 힘든 이 현실에 배고픔만 생각했더라면 더 힘들지 않았을텐데. 주머니에 천 원짜리 한 장 없을 때까지 처참해지지 않았을텐데.

아, 오늘 하루를 생각하자. 이 집에서 아영이랑 나는 아이를 데리고 얻어먹으러 온 거지가 될 수 없다. 열심히 일을 해서 우리 불쌍한 아영이를 남들처럼 반듯하게 키우고 싶다.

낡은 화장실 청소를 하면서 잠시 머물다 나온 잊고 싶은 감옥의 체온을 느껴본다. 어느 곳에나 빛은 들어온다. 가슴을 열어젖히기만 하면 빛은 사람을 위해 존재한다는 생각을 하며 아영이의 손을 잡고 화장실을 나왔다.

주인 언니가 큰 잠바를 입고 머플러를 두르고 김장을 하기 위해 출근했다. 언니는 말을 하지 않았고 아영이에게 집에서 가져온 우유와 요구르트를 건네주며 머리를 쓰다듬어주었다. 힘이 쭈욱 빠져 버린 창백한 얼굴로 배추를 씻기 시작했다. 태어나서 이렇게 많은 김치를 담그는 것을 처음 보았다. 언니를 도와주러 오는 아줌마들이 둘이 와서 함께 김장을 버무리기 시작했다. 벌건 김치가 척척 버무려지는데 뒤에 있는 큰 고무통에 김치를 갖다 넣었다. 양동이로 김치를 들어다 통에 붓는 일이 처음에는 그렇게 힘들지 않았는데 점점 무거워지기 시작했다. 김치를 버무려주는 아줌마들은 걸쭉한 이야기를 하기 시작했다. 아줌마들이 살아가는 이야기는 평범하면서도 여간 감칠맛 나지 않았다. 속이 노랗게 찬 배추를 뜯어 양념장에 굴을 싸서 먹는 맛은 살살 녹았다. 언니는 동태찌개를 끓이고, 돼지고기를 삶았다.

  기타 치는 아저씨는 머리가 좀 벗겨진 아저씨랑 같이 와서 배추 버무리는 곳 옆 난로에서 기타를 치며 노래를 불렀다. 아줌마는 옛날 연속극 주제곡인 여로를 부르라 졸랐다. 기타 아저씨는 '옛날에 이 길은 새색시 적에 꽃가마 타고 시집가던 길……' 구성지게 노래를 부른다. 이 노래를 들으니 갑자기 눈물이 핑 돌았다. 많은 세월이 흐른 것 아니지만 그냥 노처녀로 남을 것을 뭐가 그리 좋다고 내 인물에 어울리지 않는 눈웃음치는 남자에게 시집을 가서 '여로'라는 길이 내 길처럼 슬프게 와 닿는가. 아영이랑 나랑 이렇게 단둘이서 살아야 하는 길이 서글펐다. 김치를 버무린 사람들은 모두 언니를 도와주러 오는 사람들이었으며 나는 날일을 하러온 일용직 아줌마가 된 셈이다. 사람들이 버무린 김치 양동이를 나르는데 어깨가 빠져 나가는 듯했고 아려오기 시작했다. 날라도 날라도 가득가득 차기만 하는 양동이를 들고 뒤뜰에서 눈물을 찔끔거렸다. 언니는 이런 나의 고단함을 전혀 모르는 듯했다. 관심이 없는 언니는 열심히 겉절이를 해서 손님들과 아줌마들을 나눠 주었다. 김치 나르는 일을 다른 사람과 조금만 교체해준다면 이렇게 힘이 들지 않을 것을…….

  "방글라데시 아줌마가 지금 막 쓰러지려 해요. 방글라데시 아줌마를 위로하는 뜻에서 노래 한 곡을 선사하겠습니다."

기타 치는 아저씨가 웃으며 '흑산도 아가씨'라는 노래를 부르기 시작했다. 아줌마들은 나에게 딱 어울리는 노래라며 웃어대기 시작했다. 힘없이 김치를 뒷길로 가지고 와서 엉엉 울었다. 모든 것을 팽개치며 아이를 업고 떠나고 싶었다. 진저리가 나도록 많은 배추김치를 발로 밟아버리고 나를 놀리는 듯한 아줌마들과 시인아저씨들에게 나를 무시하지 말라는 말을 하며 문을 탁 닫고 나가 버리고 싶다.

하지만 참아야 한다. 내가 여기에서 무너질 수 없었다. 언니는 김장을 끝내고 목욕탕으로 우릴 데려갔다. 사람들 앞에서 옷을 벗기 싫었다. 뱃살과 축 늘어진 가슴을 보며 사람들이 웃어대면 어떻게 하나 걱정했지만 아무도 나의 몸매에 관심을 갖지 않았다.

뜨거운 물에 온몸을 담그니 눈이 사르르 감겨왔다. 아영이랑 이렇게 눈을 가볍게 감을 수 있다면 얼마나 좋을까. 그리고 다시 뜨지 않는다면 아니 다시 눈이 떴을 때는 방에 난로가 있고 따뜻한 방바닥에 명주 이불을 덮고 있었으면 좋겠다. 쌀과 연탄이 가득 쌓여 있고 아영이에게는 인형이 많이 있고 옷이 많았으면 좋겠다. 그리고 내가 좋아하는 퀼트 천 조각에 커튼이 쳐 있는 아늑한 방이었으면 좋겠다. 졸음이 올 때마다 이런 생각이 들었다. 눈이 감기면 떠지지 않았으면 좋겠다는 생각이 들었다. 희망을 꿈꾸면서 나는 영원한 잠을 희망하고 있음을 알았다. 뜨거운 물에 몸을 불리며 언니가 살며시 다가와 내 등을 밀어주겠다는 말을 했다. 고개를 흔들었으나 언니는 때가 많이 밀리는 등을 밀어주었다. 오늘은 힘드니 언니집이 바로 앞에 있으니 그 집에 가서 자라고 나를 안내해주었다. 보통사람들이 살아가는 모습인 듯한 작은 아파트에 방금 전에 꿈꾸었던 명

주이불이 푹신하게 나를 기다렸다. 아영이랑 나는 집 나온 이틀째 밤을 푸욱 잠에 빠져 들었다. 세상에 무슨 일이 났는지 앞으로 무슨 일이 일어날 것인지 모를 밤을 맞았다. 고단하여 아무 생각이 없는 텅 빈 마음으로 잠을 잤다.

김장한 뒷날은 손으로 머리를 빗을 수 없을 만큼 어깨가 아팠다. 근육에 멍이 든 것처럼 움직일 때마다 아려왔다. 주인 언니는 아무렇지 않은 표정이다. 아영이는 골방에서 언니에게 애교를 부린다.

"아줌마는 나쁜 사람이에요. 우리엄마 일을 시키구 아줌마는 일을 하지 않아요."

깜짝 놀라서 아영을 보며 나무랐다.

"아영아! 그런 말을 하는 것이 아니야. 그러면 못 쓴다. 어른에게 버릇없이."

"아영아! 미안하다. 니네 엄마에게 일을 하게 해서 그런데 아줌마는 밤을 새워서 일을 하지 않니? 너무 일이 힘들어서 엄마가 나를 도와줄 뿐이란다."

주인 언니는 아영이 볼에 뽀뽀를 하며 밖으로 데리고 나갔다. 아영은 언니를 잘 따른다. 사람들 누구에게나 잘 붙는 아영이가 아마 나를 닮지 않았나 보다. 사람을 구한다는 구인광고가 계속 나가기 때문에 전화가 간간히 왔다. 사람들은 일하는 시간이 다른 집보다 두 시간 짧은데다가 가족처럼 지내실 분이라는 표현이 마음에 들어서 또 이름이 행복한 우동가게라는 이유를 대며 좋은 반응을 보이기 시작했다. 언니가 없는 시간에 오는 전화는 간단하게 사람을 구했으니 미안하다는 말을 해버렸다. 이 집에서 일하고픈 욕심은 내가 살아가기 위한 길이라는 것을 안다.

하지만 언니는 그런 전화를 받으며 아주 친절하게 상담을 한다. 가끔은 아줌마들이 왔다가곤 했다. 언니는 주소와 전화번호 이름을 적어놓고 합격을 시키지 않았다.

어깨가 쑤시는데 숟가락을 아주 야무지게 삶아 닦고 행주를 보송보송 삶았다. 가게 바닥에 낀 때를 수세미로 앉아서 박박 닦아냈다. 어떻게 하면 주인 언니 눈에 들게 할까 생각했다. 마음을 움직이면 감동 잘하는 사람이라는 것을 알기 때문이다.

사람들이 들어오면

"안녕하세요, 반가워요."

두 손을 배에 대고 아주 얌전하게 인사를 한다. 그런 모습을 언니가 보며 빙그레 웃다가 이불에 고개를 묻고 웃기 시작했다. 보통사람보다 치열한 삶을 산 언니치고는 잘 웃는다.

뭐가 그리 우스워서 저렇게 웃을까. 출근해서는 얼굴이 백지장처럼 창백해 입을 꼭 다물고 점심장사를 하다가 점심시간이 지나 두 시쯤 되면 언니는 간단한 식사를 한다. 그리고 커피 한 잔을 백합이 그려진 우아한 도자기 잔에 타서 나랑 함께 마시더니 그 후는 웃음꽃이 핀다. 이제 잠에서 막 깨어난 아이처럼 아영이랑 웃어대는데 철없이 보인다. 두부아줌마가 남자처럼 큰 잠바를 입고 나타나 두부 값과 계란 값을 달라고 서 있다. 언니는 잠시 웃음을 멈추고

"나 아줌마에게 할 말이 있어요. 아줌마! 우리 집에서 나랑 거래한 지가 십 년이 되어 가는데 나에게 불리한 말을 해서 아줌마들이 그만뒀잖아요.

그럼 안 되지 않아요?"

입술이 약간 두툼해서 말을 함부로 할 것 같지 않은 두부아줌마가 무슨 영문인지 모른 듯 눈을 동그랗게 떴다.

"아니 내가 무슨 말을 했다는 거요?"

"아줌마! 나는 아줌마가 아주 열심히 나보다 더 치열한 삶을 살아서 얼마나 존경하는 줄 알아요? 아줌마 두부차 녹음기에서 흘러나오는 노래 가락을 이렇게 외우고 있어요.

두부 사세요, 따끈따끈한 두부 사세요.

말랑말랑한 떡볶이 사세요.

맛있는 오뎅 오뎅 사세요.

부들부들한 순두부 사세요

아줌마! 사모님! 나오셔서 맛난 창란젓 사세요.

이 소리가 들릴 때마다 아줌마가 얼마나 좋은지 아느냐고요. 그리고 아줌마 딸이 공부 잘해서 과학고 나와서 카이스트에 들어간 일이 마치 내 딸처럼 자랑스럽고 대견스러워서 아줌마가 멋있는 두부아줌마라 사람들에게 자랑을 많이 했는데 아줌마가 저번에 그만둔 아줌마 붙잡고 이 집은 김장을 얼마나 빡시게 하는지 김장하고 난 후 어깨 빠진 아줌마가 있었다는 말을 했어요. 그래서 그만두었어요. 김장을 하는 것이 무서워서 그만두었는데 아줌마가 책임질 수 있어요?

낮에 아줌마가 그만두면 나는 얼마나 힘든 줄 알아요? 밤에 시달리고 낮에 아줌마 일을 해야 하는데, 아줌마가 내 마음을 아느냐고요."

언니는 차근차근 두부아줌마를 보며 미리 준비한 말처럼 아주 자연스럽게 말을 이어갔다.

두부아줌마는 얼굴을 붉혔다.

"아휴 내가 그렇게 말한 것이 아니라, 그런 뜻이 아니라, 김치를 한꺼번에 많이 해서 김장철에 꼭 아줌마들이 바뀌는 것 같아서 나눠서 주인 언니에게 하자는 건의를 해보라 했어요. 언니가 나오기 전에 내가 두부와 계란을 가져오기 때문에 가끔은 아줌마들이 나를 붙잡고 하소연을 하거든요. 그러면 이 집에 있는 문제를 해결하는 방법을 내가 언니에게 말을 하면 입이 싸다고 식당아줌마에게 오해 살까봐 한번 건의 해보라는 뜻으로 했는데 이제부터 절대로 말 안 할게요. 언니랑 함께 한 세월이 얼만데 미운 정 고운 정이 아니라 내 입장에서는 내 물건을 팔아주어서 고운 정 고마운 정만 들었는데 어떻게 언니에 불리한 이야기를 할 수 있겠어요." 주인 언니는 입가에 잔잔한 미소를 띠며 말했다.

"맞아요, 요즈음 사람들 힘든 일을 피해가려는 것을 알아요. 처음에는 내가 혼자 김장 다 하고 혼자 주방일 다 할 때가 속이 편했지요. 정말 지나고 보니까 사람과의 관계가 얼마나 힘든가를 알았어요. 정말 내 사람처럼 생각하며 믿었다가 하루아침에 나를 버리는 것 같은 배신감을 느낄 때 제일 힘들어요. 하지만 두부아줌마! 언제나 내 편에서 이야기해야 한다고요. 알았지요?"

"알았어요. 다시는 그런 일이 없도록 할게요. 여자는 입을 조심해야 된다고요. 그렇지요."

두부아줌마는 웃으며 이야기를 하고 조심스레 문을 닫고 나갔다.

차 시동이 걸리자마자 녹음기에서 따끈따끈한 두부 사세요. 노랫가락이 거리를 울리며 지나갔다. 이야기를 들어보니 이 집에는 김장철에 사람이 잘 나가나 보다. 이 찬스에 내가 걸렸다. 정말 머리를 빗는데 어깨가 아파서 손이 올라가지 않았다, 다시 허리가 아프고 다리가 천근만근이 되었다. 그렇지만 나는 아영이를 데리고 일을 해야 하고 주머니에 천 원이 없었던 사람이라 참아야 한다. 나는 이곳에 오래 있고 싶지만 이곳에 사람이 구해질 때까지 잘 참아야 한다. 조금 있으니까 오토바이를 탄 새마을금고 아줌마가 나타났다.

"언니! 어제 김치 담그느라 힘들었지. 겉절이만 잘 얻어먹었네요. 도와주지 못해서 미안해요. 일요일에 김장하면 내가 도와드리려 했는데……."

헬멧을 벗으니 남자인 듯 여자인 듯 짧은 머리지만 목소리는 고운 아줌마가 아주 반갑게 인사를 했다.

이 아줌마는 일수를 찍는 아줌마가 아니라 움직이는 새마을금고 역할을 한다. 직접 갈 수 없는 장사하는 사람을 위해 직접 방문을 해서 입출금을 해결한다. 언니는 다 낡은 새마을금고 통장에 어제와 똑같은 액수만큼 저금한다. 그리고 잔돈을 바꾼 후 또 입을 열었다.

"아줌마! 오늘 아줌마에게 할 말이 있어요. 오해하지 말고 들어요."

"왜? 언니! 내가 무슨 잘못했어요?"

"아니. 큰 잘못은 아닌데 내 입장에서 불리한 말을 해서 잡아놓으려구 벼르다가 오늘 말하기로 했어요. 무엇이냐 하면은 아줌마가 우리 집에 일하는 아줌마들에게 늘 와서 하는 말이 거슬려요. 낮에 일하는 아줌마에게는 더운 날은 이렇게 더운 날 어떻게 주방에 불일을 하느냐, 매일 묻지 않아요? 우리 집에는 조금 약하긴 하지만 에어컨과 선풍기가 있어서 얼마나 시원한데 물론 불일은 하지만 낮에는 불 쓰는 일을 많이 하는 것이 아니거든요. 아줌마가 낮에 오토바이 타고 온 시내를 도니까 아줌마가 더우면 더 덥지 우리 아줌마들이 뭐가 덥다고 그렇게 엄포를 주는지 거슬려요. 정말 작업 환경이 나쁜 것처럼 더운 날 우리 아줌마에게 그런 말을 해서 나를 불리하게 하지요. 그리고 또 하나 밤에 일하는 아줌마들에게는 어떻게 밤에 잠 안자고 일을 하느냐 나는 밤에는 억만금을 준다 해도 못한다, 그리고 밤에 일을 하면 건강에 안 좋아서 수명이 짧다는 이야기를 간간히 걱정하는 마음으로 하지요. 나는 그렇게 생각 안 하거든요. 낮에 푸욱 자고 밤에 텔레비전 보는 시간에 일을 해서 여가 활용도 되고, 낮에 살림을 다해서 아주 탄탄한 가정을 이루고 사는 사람들에게 금방 무슨 병이라도 걸릴 것처럼 말하면 불안해지잖아요. 그 말들은 나에게 불리한 말이니 하지 말아요. 알았지요?"

"아이고 언니! 미안해요. 나는 그런 뜻이 아니라 그냥 아줌마들에게 인사말처럼 하는 것인데. 정 많은 언니 밑에서 근무하는 것이 얼마나 다행이냐는 말을 종종 해요. 언니 없을 때. 그런데 그렇게 들릴 수 있겠네요. 이제 절대 안 그럴게요."

"그래요, 아줌마가 열심히 살아서 생활력 강한 모범적인 여자라 좋아해요. 그리고 엊그제 나에게 쑤어다 준 호박죽을 참 맛있게 먹었는데 아줌마가 정으로 우리 아줌마들에게 하는 소리라는 것은 알지만 앞으로 나에게 이익이 되는 말을 하라는 거에요. 오늘은 다 잡아놔야겠어요. 작정을 했거든요. 내가 바보같이 웃기만 하니까 사실 우리 집에 물건 대준 사람들에게는 내가 고객인데 나를 갖고 노는 느낌을 가끔 받거든요. 알았지요?"

새마을금고 언니는 가만히 있다가 한 대 얻어맞은 기분으로 멋쩍어하다가 웃으면서 오토바이 소리를 크게 내며 나갔다.

새마을금고 언니가 있는 동안 나는 얼굴을 들지 못했다. 축협에 다닐 때 방문 직원으로 함께 근무한 적이 있다. 내심으로 새마을금고 언니에게 내가 자리를 잡아 놓고 인사를 하리라 생각해본다. 내가 만졌던 돈 다발과 숫자들을 다시 만지고 싶다. 그리고 열심히 오토바이를 타며 충주 시내 바람을 따라 살아보고 싶은 생각이 들었다.

줄이어서 남양청과 아저씨가 들어왔다.

또 언니는 웃으면서 한 마디 했다.

"삼촌! 어제 파 갖다 준다고 돈을 받아갔는데 왜 안 가져 왔어요. 나를 속이면 안돼요. 사실은 내가 낮에 졸려서 계산을 안 한 것 같지만 속으로 다 한다고요. 십 원 한 장만 틀려도 나는 거래처를 바꿀 거에요. 알았지요. 그리고 어제 배추 값이 너무 비쌌어요. 나는 말하지 않으려 했는데 배추 한 단에 오백 원씩이 더 비싸다는 결론을 우리 집에 김장 도와주러 오는 아줌마들이 말했어요. 내가 세상시세를 모른다는 이유로 속이면 안돼요. 알았지요?"

아줌마는 이제 들어온 사람들에게 문제제시를 하는 것에 재미를 붙이는 것처럼 웃으면서 밉지 않게 은근한 항의를 해왔다. 이야기 내용 모두가 하루아침에 말하는 농담이나 투정이 아니었다. 분명 십 년 가깝게 보고 느낀 점을 이런 너스레처럼 늘어놓은 듯했다.

모자를 쓴 남양청과 총각은 얼굴을 붉히며 해명했다.

"한량이 누나를 어떻게 속여요. 어디서 많이 억울한 일이 있었나봐요.

누나가 날마다 현금으로 물건을 사주는데 고마워서 하나라도 이익을 주면 주었지 우리는 그런 일이 없답니다. 어제 배추도 오백 원 더 싸게 드린 거고 파는 형에게 가져다주라 했는데 잊어먹어서 오늘 갖다 놨고요. 누나처럼 착한 고객에게 누가 그래요. 물건 값이 삼백 사백 외상하다가 결국은 떼어먹고 도망간 식당도 있는데요. 고급집인데도 이렇게 골탕을 먹이는데 나는 누나네 집 같은 곳에만 물건을 팔면 좋겠어요."

언니는 큰소리로 웃었다.

"맞아요, 나는 외상을 하지 않아요. 그리고 남양청과 사람들이 참 좋아요, 아주 열심히 살잖아요. 그리고 성실하고. 싱싱한 물건을 대어주며 정이 들어서 다른 사람들이 거래처를 바꾸라 해도 일편단심 남양 청과만 거래하고 있잖아요. 며칠 전에 읽었는데 '총각네 야채가게'라는 책인데요. 요즈음 베스트셀러 같은데 한번 사서 읽어보세요. 딱 어울릴 것 같아요."

"한량이 누나가 쓴 책이나 볼 터이니 누나가 내 이야기 좀 쭈욱 읊어서 써주세요. 또 우리 형제를 키가 작다는 이유로 난쟁이 오형제 이런 제목으로 쓰면 안돼요."

"삼촌 가게 이야기 써달라면 그렇게 쓸 것 같은데요. 재미있잖아요. 그리고 진실이구요. 엊그제 밤에 술주정하는 사람 왔을 때 삼촌이 딱 버티면서 혼내줄 것처럼 하니까 그냥 갔어요. 얼마나 고마웠는지 몰라요."

언니는 야채 총각에게 따지기는커녕 고마운 마음을 전한 듯 했다.

아무리 있고 싶어도 인연이 안 되면, 내 자리가 아니면, 있을 수 없는 것이 순리다.

우동집에는 구인 광고를 보고 사람들이 취직을 하기 위해 줄을 이었다.

언니는 계속 주소와 전화번호 그리고 이름을 적어 놓았다. 내가 이 집에서 아영이랑 얹혀살기란 무리라는 것을 알았다.

  주머니에 천 원짜리가 아닌 만 원짜리가 두둑해졌으니 더 이상 미련을 갖지 말아야겠다는 생각을 했다. 새마을금고 언니가 이 집을 드나들면서 드디어 아는 체를 하게 되었다. 직원을 뽑거든 나에게 알려달라 부탁했더니 마침 한 사람이 무극으로 남편이랑 장사를 하러 가게 되어서 자리가 났다는 이야기를 했다. 언니는 서둘러서 새마을금고 이사와 직원들에게 나에 대하여 이야기 해주었다.

  처음에 내가 근무했던 곳에서 돈 만지는 일을 할 수 있으리라 생각을 안 했는데 아주 우연하게 정식으로 취직이 되었다. 밀린 월세를 내고 아영을 유아원에 보내며 나는 직장을 다닐 수 있다. 정말 꿈만 같았다. 부엌일은 어려서부터 소질이 없다는 이유로 엄마에게 무척 혼이 난 사람이다. 사실 결혼생활 하면서 남편이 집안일을 하지 못한다는 이유로 자존심 상하는 이야기를 많이 했다. 내가 천 원짜리 한 장이 없어서 이 집 일을 택했지만 주인 언니는 내가 하는 일이 얼마나 답답했을까. 아영을 데리고 서툰 주방 아줌마가 되기를 소망했건만 이 집 주인 언니의 거부가 오히려 복이 된 셈이다.

  다시 컴퓨터를 만질 수 있어서 참 좋다. 그리운 아라비아숫자를 다시 쓸 수 있어서 신이 난다.

  우리 아영이에게 엄마가 새마을금고 다닌다는 명예를 오래 남기기 위해 열심히 주인 언니가 안 쓰는 고물 오토바이 수리를 해서 시동을 걸어보리라.

  나 소녀 시절에 어린 아들 둘을 데리고 우리 집에 밥을 얻어먹으러 왔다가 눌러있게 되었던 가족이 어떻게 떠났는지 그 이유를 몰랐는데 나처럼 다른 일을 구해 벅찬 희망을 안고 떠났으면 얼마나 좋을까 생각해본다.

이 집에서 가을 김장철에 어깨가 빠져서 그만둔 아줌마가 있다는 소리를 들었는데 내가 그 일을 대신 해주고 떠나게 되었다. 주인 언니는 늘 아영이를 위해서 떠난 남편을 호적에서 지우지 말라는 말을 신신당부 한다. 한없이 개방된 것 같지만 아주 고지식한 주인 언니 앞에서 그냥 고개를 저어본다. 자리 잡으면 실종신고를 내서 홀로서기를 꼭 하리라는 나의 마음을 흔들리게 하고 싶지 않다는 뜻인데 이곳에 와 보니 나를 또 헷갈리게 한다. 하늘 아래 아빠가 살아 있는데 버젓이 살아 숨 쉬는 아영이는 아빠를 모르고 살아야 한다는 것이 억울하다. 나이보다 영리한 아영은 우리 아빠는 언제 오느냐는 말을 종종 한다. 주인 언니의 말대로 호적에서 지우지 말라는 말은 어쩜 아영을 위하여 아빠란 자리를 여유분으로 남겨둔 것인지 모른다.

언니는 아이를 업고 떠나는 나를 보며 입술을 꼭 깨물며 살다보면 반드시 좋은 일이 있다는 아주 식상한 말을 하고 또 한다. 나는 언니에게 한마디 툭 뱉었다.

"언니의 웃는 얼굴을 보면 누가 그 그늘을 볼 수 있겠어요. 나는 언니의 웃는 모습이 부러울 뿐이지 언니의 생활은 부럽지 않아요. 언니는 너무 무식하게 살아요. 일요일도 안 쉬고 낮이나 밤이나 우동집 귀신이 되어 산다는 것 끔찍한 것 같아요"

 해바라기의 눈물

억지로 이혼을 했다. 바람난 남편을 붙잡아 이혼 서류에 도장을 찍게 했다. 그러면 속 시원할 줄 알았다. 내가 먼저 서두르면 승리한 줄 알았다.

억울해서 그대로 살 수 없었다. 왜 바보처럼 당하면서 사느냐고 사람들이 나를 향해 돌을 던질 것만 같았다. 요즈음은 참고 사는 사람이 바보로 통한다. 연속극이나 영화에서 빗나간 사랑이 호기심을 유발해서 흥미를 끈다. 그래서 사람들은 식당아줌마들이 차를 타고 핸드폰을 두 개 가지고 다니며 애인을 사귄다는 말을 많이 한다. 정말 믿어지지 않는 말이다. 먹고 살기 힘든데 어떻게 그런 시간적 정신적인 여유가 있을까. 일이 힘들어서 진저리가 나는데.

사실 나는 내 남편을 식당에 다니는 아줌마에게 뺏겨버렸다. 식당일에 힘이 든 아줌마가 어떻게 우리 남편을 유혹할 수 있었을까.

그리고 나는 식당아줌마가 되어 이곳에서 일을 하려고 왔다. 억지로 밤에 일하는 것을 택해서 왔다. 나도 식당에 밥 먹으러 오는 남자나 한번 유혹해서 나를 이렇게 만든 세상의 남편에게 보복하고 싶다.

우동집에는 많은 남자들이 드나든다. 이혼녀라는 말을 하지 않았다. 서른세 살의 여자. 피가 아직 뜨겁게 끓고 있다. 맨 처음 아들과 딸을 남편에게 데려가라 큰소리 쳤지만 막상 아이들을 계모의 손에 보낸다니 정신이 반짝 들었다. 사랑하는 나의 금싸라기 같은 아들을 어떻게 계모에게 보낼 수 있어. 아무 대책도 없이 바람나서 잡혀먹은 집에서 덩그러니 아이들을 둘 맡게 되어버렸다. 분이 나서 분풀이를 하려고 이혼을 했는데 속이 시원하지 않았다.

술을 마시기 시작했다. 처음으로 먹었던 술은 청하다. 약간 달짝지근한 맛이 혀끝을 마비시키며 내 마음을 내 육신을 마비시키고 있었다.

남편은 바람이 나서 그 여자를 포기할 수 없지만 이혼만큼은 안 된다 식이었다. 마음과 몸이 그쪽으로 갔으면서도 이혼은 안 하고 싶다는 것이 무슨 도둑놈 심보냐 싶었다. 남편이 얄미워서 나를 버린 남편이 야속해서 엿을 먹이고 싶었다. 분하고 원통해서.

그리고 나는 이곳에 식당 아줌마로 취직을 하게 된 것이다. 먹고 살기 위해 우리는 가족이 찢어지는 아픔을 안고 연수동 영구 임대아파트에서 살게 되었다. 걸어서 출퇴근할 수 있는 직장을 구하다가 이곳에 눈이 머무르게 된 것이다.

처음에 주인 언니는 남편이 젊을 텐데 무엇 때문에 밤에 하는 일을 택하느냐 물었다. 남편도 야간 일을 한다는 식으로 적당히 둘러댔다. 혼자가 되고나니 사람들 앞에서 갑자기 기가 죽게 되었다. 아주 떳떳하게 돌아섰는데 날개가 부러져 있었다는 상처를 몰랐다. 내 자존심에 치명적인 상처가 되었다. 첫 번째로 내가 다니던 교회에 집사라는 직책을 내놓게 되었다. 내가 얼마나 열성으로 기도를 했는데 신은 나를 보듬어주지 않았고 모른 체 참고 기도하라는 긴 숙제만 남겼다. 한때 신앙생활에 불이 붙어서 하느님을 왜 믿는가를 알았던 시절에, 지나가는 사람을 붙들고 예수를 믿으라 이야기하고 싶었던 용기 있던 시절의 모든 나의 신앙은 물거품처럼 되어 버렸다. 내 기도의 열매는 하늘에 있었던 것이 아니라 남편에게 달려 있다는 것이 화가 나기 시작했다. 불륜을 저지른 남편과 헤어진 후 교회에서 나를 안아줄 줄 알았다. 다정다감한 교회식구들이 내 편이 되어 다독거리며 관심과 사랑으로 감싸줄 줄 알았는데 그것은 꿈이었다. 기도를 하며 인내롭게 바람이 잦아들 때까지 기다리지 못한 탓 때문일까?

교회 사람들은 내가 이혼한 후 제일 먼저 소외감을 느끼게 했다. 이혼녀가 집사를 하면 교회이미지에 먹칠을 하는 것처럼 은근히 나를 옥죄기 시작했다. 스스로 내 안에 있는 성전은 그대로 놓고 직책을 내놓았다. 그리고 교회를 나가는 횟수를 줄였다. 아이들은 예나 지금이나 열심히 교회를 나갔다. 내가 느끼는 소외감은 교회 사람들과는 하나 상관이 없을지 모른다. 나를 오래 떠올리지도 않을 것이며 그렇게 소중한 존재가 아니라 그저 이웃이었는데 오히려 내가 기대를 하고 관심을 많이 가졌는지 모른다.

사람이 태어나서 사람으로 사는 것이 정당한 것이 아닌가. 신이 아닌 인간이 어떻게 그 거룩한 신의 세계에 도달한 삶이 되기를 꿈꿀 수 있을까.

행복한 우동가게에 첫 번째 전화한 사람이라는 이유로 취직이 되었다. 주인 언니 말은 묘한 게 사람이 필요해서 전화를 받을 때 처음으로 전화한 사람과 인연이 되었다는 말을 했다. 약간 미신적인 말이지만 주인 언니가 정해놓은 법이니 그럴 듯하다. 용케도 나는 첫 번째 주인공이 된 셈이다. 언니는 나에게 예쁘다는 말을 많이 했다.

아직 내 안에 들어 있는 남편에 대한 분노와 남편을 빼앗아 간 식당아줌마에 대한 증오가 부글부글거려서 일은 손에 잘 잡히지 않았지만 열심히 따라서 하기 시작했다. 남편이 자리를 잡으면 양육비를 보내준다는 말을 희망으로 믿은 것에 더 화가 난다. 송두리째 모두 잊어버릴 수 있다면 얼마나 좋을까.

설거지를 하면서 막걸리가 남아 있으면 주인 언니 모르게 홀짝거리기 시작했다. 나는 아직 술의 힘을 빌리지 않으면 똑바로 나를 지탱하기가 힘들다. 설거지를 하다가 사람들이 먹다 남은 막걸리 잔에 남겨져 있는 술을 마실 때 그 달짝지근한 맛이 좋았다.

일을 하다가 배가 고파서 언니가 삼겹살을 프라이팬에 구워 상추에 싸서 마늘과 고추를 넣어 먹으려고 식탁 위에 차려 놓았더니 비닐문을 밀며 호프집을 하는 여자 두 분이 들어 왔다.

우리는 우동과 김밥을 준비해야 해서 고기 먹을 때를 놓치는 아쉬움으로 우동을 삶았다.

"아줌마! 우리 배가 고파 미치겠는데 이 고기 좀 먹으면 안돼요?"

머리가 짧은 여자는 애원하듯 언니에게 말을 했다.

속으로 경우가 맞지 않는 말이라 생각하며 언니가 당연히 거절할 줄 알았는데 언니는 엉거주춤한 목소리로 응낙했다.

"예. 드세요."

이 말이 떨어지기 무섭게 두 아줌마들이 허겁지겁 구운 삼겹살을 상추에 싸서 먹기 시작했다. 김밥을 싸는 사이에 고기는 바닥이 나서 얼마나 화가 났는지 모른다. 머리가 짧은 아줌마가 김밥을 먹고 나서 퉁퉁거렸다.

"아휴, 주방아줌마가 온지 얼마 안 됐나 봐요. 김밥이 옆구리가 터졌어요. 이 집의 김밥이 맛있기로 유명한 집인데 이것은 영 아니에요."

방금 먹은 고기로 배를 채웠으니 김밥이 맛있을 리 없었다. 물론 김밥을 말 때 한 점의 고기라도 먹으려고 서두르다보니 김밥이 헐렁하게 싸진 것은 사실이다.

언니는 이렇게 손님들 비유를 맞추는데 우선이었고 배가 고파 걸음걸이가 힘든 식당아줌마 마음을 알아주는 데는 둔한 것 같다. 이렇게 야속할 수가 있을까. 언니가 텅 비어 있는 프라이팬을 보며 아줌마들이 한 점 안 남기고 다 먹어버렸다고 서운해 하는 눈치였지만 나에게는 미안하게 생각하지 않았다.

일을 하다가 배가 고파서 술을 주워 먹기 시작했다. 허기진 배를 채우기 위해 막걸리나 소주, 정종을 마셨다. 언니는 일을 하면 배가 고파서 밥을 먹어야 하는지 모르기 때문이다. 왜 야식을 먹어야 하는지 이해가 아직도 잘 되지 않는다는 언니는 왜 밤에 이 집을 운영하는지 모르겠다.

처음 식당아줌마로 취직을 한 터라 수없이 밀려오는 사람들 중에 남자 손님들을 많이 만날 수 있었다. 그동안 집에서 낮에 어느 전자 대리점의 직원들 점심밥만 해주는 일을 하다가 이곳에서는 술을 먹고 휘청거리는 사람을 많이 만나게 되었다. 보잘 것 없는 식당아줌마에게 관심을 보이는 사람이 많아져서 혹 내가 그렇게 예뻤던가, 매력이 정말 있는 것인가를 의심해볼 정도였다. 처음에는 남자들이 나를 놀리는 줄 알았다. 사랑한다는 것은 잘 나가고 갖출 것을 갖춘 사람들의 몫이라 생각했다.

　남편에게 버림받아 이곳에 오니 탤런트 전도연을 닮았다는 말을 종종 했다. 갸름한 얼굴에 튀어나온 이마며 긴 목선의 옆모습이 영락없는 전도연이라 부르기 시작한 사람은 이곳을 수시로 드나드는 기타 치는 시인아저씨였다. 아저씨는 나에게 해바라기 아줌마라 했고 애칭은 전도연이라 했다. 처음에는 농담인 줄 알았다. 남편에게 받았던 수모때문에 나는 이 세상에서 지지리 못난 여자라는 피해 의식을 갖고 살았다. 오죽하면 소박을 받았을까. 여자로 거울 앞에 서면 얼굴이 창백해 보이며 힘이 없어서 이런 지루한 얼굴을 좋아할 사람이 이 세상에는 하나도 없을 것 같았다. 남편이 식당여자랑 바람이 났다는 것이 자존심이 상했다. 아주 괜찮은 여자랑 바람이 났다면 나는 이렇게 분하지는 않을 것이다.

　그런데 전도연을 닮았다는 시인아저씨의 애칭은 정말 나를 전도연이란 탤런트로 살게 만들었다. 이곳 사람들은 전도연이란 이름이 너무 잘 어울린다는 말을 종종 했으며 나를 찾아오는 단골 선생님도 있었다.

　"단 한 번만 밖에서 만납시다. 왜 당신 같은 고결한 사람이 이곳 구정물에 손 담그며 일을 해야 하나요. 나는 요즈음 마음이 이상해졌어요. 아마 늦바람이 났나 봐요. 술이 취해도 술이 깨도 생각이 나요. 나랑 제발 친구가 됩시다."

　설거지를 하는 나의 등 뒤에서 이글거리는 눈빛으로 속삭이기 시작했다. 물론 처음에는 농담처럼 이야기하다가 어느 날 그 선생의 눈에서 진실한 빛을 보았다. 함께 노래방을 가자는 등 시인의 공원으로 잠깐 나오라는 말을 계속 이어 했다.

　어느 날 이웃가게에 돌냄비 우동 두 그릇과 김밥 한 개를 배달하러 갔다 돌아오는 길에 누군가가 어둑한 골목길에 서 있었다. 어디서 본 듯한 남자는 나를 전도연이라 부르는 선생이었다. 깜짝 놀라 쟁반을 들고 엉거주춤 서 있었다.

　"내가요. 보고 싶어서 이 집을 배회하다가 혹 나오지 않을까 하고 있는데 만났어요. 나 나쁜 놈 아니에요. 요즈음 전도연씨가 보고 싶어요. 가을이라서 그러나 봐요. 어디서 분명히 본 듯한 얼굴이요."

　"제가 식당아줌마라 우습게 보고 갖고 놀려고 그러는 거지요. 저는 비록 이곳에 나와 일을 하지만 그렇게 헤픈 여자가 아니랍니다."

　"무슨 그런 말씀을 하는 거요. 당신은 이곳에서 밤에 설거지를 할 분이 아니랍니다. 분명 좋은 일이 있을 거에요. 나는 당신을 도와주고 싶어요. 힘이 된다면 이런 어려움에서 해방해주고 싶어요."

　횟집골목에서 본 시인의 공원 느티나무는 고개를 흔들고 있었다. 살랑살랑 가을바람과 함께 불어오는 바람은 행복한 우동가게 장작 난로에서 나오는 연기처럼 하늘을 향하여 흩어지고 있었다. 저렇게 사심없이 나도 따라 흐르고 싶었다. 모든 것을 내팽개치고 식당아줌마가 바람이 나서 저렇게 밤이면 이 집을 기웃거리며 내 그림자를 따라 다니는 남자와 증발할 수 있다면 떠난 남편에 대한 한이 풀릴 수 있을까. 호적에서 지워버리면 다 지워진 줄 알았다. 마음과 몸에서 이미 떠났다 생각했다. 가장 중요한 호적에서 빼버리면 모든 것이 끝난 줄 알았다. 그런데 아들과 딸을 데리고 있으니 지워졌을 뿐이지 그 흔적이 너무 크게 남았다. 중학 1학년생이 된 아들이 학교에서 선생님이 큰소리로 부모가 이혼한 사람 손들라 해서 아들이 손을 안 들었더니 왜 손들지 않았느냐 핀잔을 주었다는 것이다. 세상에 이럴 수가 있을까. 이혼이라는 것이 뭐가 그리 대단한 일이라고 선생은 아이들 많이 있는데 이혼한 부모의 아이라는 주홍글씨를 달아줄 필요가 있을까. 초등학교 5학년이 된 딸도 마찬가지로 학교에서 부모가 이혼한 아이라 놀린다는 것이다. 억울했다.

내가 잘못해서 이혼한 것이 아니라 모든 사람들이 나를 떳떳한 사람이라 인정할 줄 알았는데 이혼녀라는 명칭은 나에는 자존심 상하는 주홍글씨를 달아주었다.

한참을 이상한 우동집에서 나오는 연기를 바라보다가 내 앞의 건물에서 삐져나온 그림자 같은 사람에게 눈을 옮겨본다. 저 사람은 과연 나를 정말 좋아하는 것일까. 들고 있는 쟁반을 버리고 저 사람을 따라갈까. 과연 살고 싶지 않은 이 어려운 나의 현실에서 구원의 빛이 되어 줄 수 있을까.

솔직히 나는 외롭다. 아무에게도 말할 수 없는 애절한 그리움이 있다. 서른일곱이 된 나의 청춘을 어디서 보상 받을 수 있을까. 정조를 지키고 싶어서가 아니라 어쩔 수 없이 세상에서 말하는 과부가 되어버렸다. 어두운 거리에 수없이 많은 남녀들이 쌍쌍이 손을 잡고 지나간다.

잠시 남자 앞에서 내가 여자임을 인식해본다. 그리고 그 남자를 따라서 시인의 공원 벤치에 앉아 본다. 나뭇잎이 하나 둘 떨어지며 수북하게 쌓인 나뭇잎 속에 신발을 묻어보았다.

"가을이라서 참 좋네요. 선생님은 내일 출근 안 해요?"
"물론 하지요. 요즈음 아이들을 가르치는데 애를 먹어요. 칠판에다 당신 얼굴을 그리고 싶어요. 내가 왜 이런지 모르겠어요. 믿어도 좋고 안 믿어도 좋은데 나뭇잎만 보아도 온통 당신 생각이에요. 충주시 가로수에 노란 은행잎 등이 켜지듯 내 마음에 당신 내음이 나요."

시인의 공원에 앉아 사랑을 고백하는 이 남자 앞에 진실이듯 농락이듯 헤아려보고 싶어진다.

"저 지금 가봐야 해요. 언니에게 혼날 것 같아요."

"잠시 만요. 나의 마음을 받아주세요. 이제부터 내 생각을 하는 거에요. 나만 생각하면 너무 억울하잖아요. 슬플 때 외로울 때 나를 기억하기에요."

남자는 눈을 동그랗게 뜨면서 다그쳐 물었다. 어처구니없는 남자의 말이 싫지 않았다. 샛노란 은행잎처럼 내 마음에 환한 등불이 켜진 느낌이다.

언니가 오지 않는 나를 찾으러 밖으로 나왔다. 이쪽저쪽을 기웃거리다가 우리와 눈이 마주쳤다. 언니가 살며시 웃으며 다시 비닐문 안으로 들어간다. 우리는 몰래 연애를 하다 들킨 기분으로 비닐문 안으로 따라 들어 왔다. 사람들은 이 집에 더덕더덕 붙어있는 종이의 글씨처럼 다닥다닥 앉아서 먹을 것을 달라 조른다. 나를 따라 들어온 남자는 한 귀퉁이에 앉아 나에게 어묵 한 사발과 정종 한 잔을 달라 주문했다. 많은 사람들 중에 이 남자가 갑자기 특별한 사람으로 느껴진다. 어묵을 돌그릇에 끓이면서 그 속에 들어갈 새우와 조개 두개를 더 넣어 주었다. 그리고 마지막 계란을 한 알 더 풀었더니 양이 초과해서 돌그릇 위로 국물이 마구 넘쳤다. 언니는 이런 내 마음을 알았는지 식은 국물을 한 사발 더 부었다. 부글거리는 마음을 잠재우려는 듯이 언니는 침착한 모습으로 우리 두 사람을 응시했다.

뜨거운 정종 두 잔을 데워서 그 남자의 앞에 앉았다. 물론 언니는 이런 나의 행동을 좋아하지 않는다는 것을 안다. 언니가 이 집에 처음으로 온 날 나에게 했던 말이 절대로 남자들 앞에서 술자리를 함께 하면 안 된다는 말을 했을 때 그런 말은 남편에게 버림받은 여자에게는 어울리지 않는다는 생각에 그럴 일 없다는 말을 자신 있게 했다. 그런데 나는 이 남자 앞에서 정종을 마시고 싶다. 사람들은 주문한 음식을 달라 보채는데 언니는 일손이 딸려서 허둥대는데 잠시 나만의 여유를 가져본 것이다. 남자는 눈치가 보였던지 빨리 일을 하러 가라는 말을 하며 자리에서 일어났다. 일이 끝나면 공원으로 나오라는 말을 덧붙이며 문을 열고 나갔다.

가슴께로 따뜻하게 스며드는 불타는 정종은 그동안 얼어붙었던 마음을 녹이기 시작했다. 이혼 후 시달려 왔던 후유증은 나에게 계속 술을 먹게 해서 잠시 후회와 갈등을 마비시켰을 뿐이다. 속 시원하게 웃어본 적이 없었다. 몰래 마시던 술에서 이제 술잔을 함께 기울일 수 있는 사람이 생겼다. 일을 하면서도 자꾸만 시인의 공원에서 나를 기다릴 남자가 궁금해진다. 우동을 끓이면서 자꾸만 헛손질을 하게 되었다. 기계에서 면을 뽑아서 부글부글 끓는 물에 적당히 삶아서 우동국물을 떠서 작은 냄비에 데운다. 그 다음에 우동그릇을 뜨거운 국물에 살짝 헹구다시피 해서 젓가락으로 건져 우동그릇에 담아내는 과정은 언니가 국물의 간간한 맛과 감칠맛을 그대로 손님에게 전달해주는 과정이니 온도와 양을 정확하게 조절해야 된다는 이야기를 아마 백 번도 더 했건만 손이 잘 움직여주지 않았다.

공원에 있는 남자가 진정으로 나를 좋아한다는 생각이 자꾸 들면서 우동이 너무 삶아져서 쫄깃함을 잃었고, 국물은 너무 끓여서 간이 짰다. 덜거덩덜거덩 그릇을 떨어뜨리기도 하고 우동 위에 얹는 고명 중 파, 유부, 김가루, 쑥갓 중에 하나를 빠뜨리기도 했다. 불타는 정종을 마시면 정말 사랑이 불붙는 걸까.

잠시 달콤한 꿈을 꾸어본다. 이 치사하고 비굴한 아니 가난한 생활에서 나를 구원 시켜줄 수 있는 사람이 지금 공원에 있는 것이다. 무지개 타고 나타난 백마탄 왕자인 셈이다. 진짜로 나를 데려갔으면 좋겠다. 내가 전도연이가 되고 난 후, 기타 치는 아저씨 다음으로 내게 관심을 보인 남자다. 기타 치는 시인아저씨는 언제 시간을 내서 장미 여관에 가자는 말을 종종 해왔다. 그리고 술에 취하면 나를 아주 무섭게 쳐다보곤 했다. 하지만 그 아저씨는 너무 나이가 먹었고 언니랑 스스럼없이 많이 친해서 아니 한 마디로 남자로서 매력이 없는 늙은 아저씨일 뿐이다.

그러나 공원에서 날 기다리는 남자는 처음부터 내가 전도연을 닮았다는 것이 아니라 진짜 전도연이란 탤런트인 줄 안다. 그리고 아직은 젊고 객기와 패기가 있다. 이글거리는 눈은 미래 지향적이다. 이런 남자가 나를 찾아서 이 집을 맴돈다는 것이 얼마나 신나는 일인가. 어느 산골짜기를 흐르다가 깊은 웅덩이에 고여서 오랜 시간 동안 외로움에 검은 이끼가 끼어 버린 내 인생을 다시 산골짜기에 졸졸 흐르게 해주는 충동을 주는 남자다.

처음 이 집에 출근했을 때는 머리를 질끈 묶었고 낡은 티셔츠에 청바지 차림이었다. 립스틱을 바르지 않아서 입술이 말라 있었다. 식당아줌마 직업에 무슨 화장이 필요할까. 멋스럽게 치장할 이유가 없다는 생각뿐이었다. 금방 자다가 세수를 하고 나온 차림의 나를 주인 언니는 순수하다고 표현했다. 그리고 며칠 동안 늘 아침이슬처럼 맑은 눈동자를 가졌다는 말을 했다. 아침 이슬 같은 전도연이란 말을 하며 기타 치는 시인아저씨랑 마주보며 웃어댔다. 처음에는 이 집에서 일어나는 모든 일들이 너무 생소해서 나를 놀리는 듯 했다. 아무에게도 관심을 받지 못한 나에게 살맛나는 말을 많이 하는 사람들이 나를 놀리는 듯해서 수상했다.

그런데 이제 그 말이 모두 진실이라는 생각이 들었다. 출근을 하기 전에 거울을 들여다 보는 일이 가장 즐거운 시간이 되었다. 아무렇게나 자란 눈썹을 밀었다. 될 수 있으면 전도연 닮은 눈썹을 하고 싶어서 전도연 사진을 거울 앞에 붙여놓고 화장을 하기 시작했다.

갸름한 얼굴인 탤런트를 평소에 너무 얼굴이 길지 않을까 생각해 왔기 때문에 그보다 조금 길지 않은 계란형의 내 얼굴이 더 예쁘지 않을까, 자신이 생겼다. 주근깨가 잘잘하게 박힌 볼에 고운 입자의 분을 바르고 한 떨기 붉은 장미 이파리를 연상하며 립스틱을 입술에 발랐다. 메말랐던 내 입술이 촉촉하게 살아난다. 토닥토닥 화장이 오래 머물 수 있도록 분첩으로 마무리를 한다. 목이 파인 티셔츠를 입고 치마를 받쳐 입는다. 검은 스타킹은 약간 흠집이 나 있어서 안쪽으로 보이지 않게 뒤집어 신었다. 머리는 루비가 박힌 핀을 꽂았다. 이런 내 모습은 아무래도 진짜 전도연보다 훨씬 멋있다. 언제부턴가 이 집에 출근하는 일이 즐거워졌다.

그 이유는 지금 저 시인의 공원에서 나를 기다리는 남자에게 잘 보이기 위한 것도 있지만 솔직히 나를 인정받고 싶어서다. 이곳에 드나드는 사람들에게 진짜 탤런트가 이 집에서 식당아줌마가 되어 근무한다는 이야기를 듣고 싶다. 만약 나를 버렸던 남편이 이곳에 온다면 나의 예쁜 몸매와 얼굴에 놀라서 까무러치거나 기절을 했으면 좋겠다. 내가 버린 여자가 돌아서서 보니 저렇게 아름다운 여자였을까 손등을 꼬집어보고 꿈인가 생신인가 비틀거리다가 다시 쓰러져서 병원에 갔으면 좋겠다. 그때 혈압이 있는 남편이 중풍이 와서 영원히 병석에서 일어나지 못하는 거야. 그러면서 죽을 때까지 후회하게 만드는 거야. 지금 살고 있는 남편의 여자, 나처럼 식당 다니다가 내 남편을 빼앗아간 여자가 중풍 걸린 남자를 놓고 가버리는 거야. 그러면 우리 남편은 외톨이가 되어 보호자 없는 환자가 되어 자기가 버린 조강지처에게 사죄하다가 죽는 거야. 아주 처참하게 그런 남편을 상상하니 속이 다 후련해진다.

처자식 버리고 식당 다니던 여자랑 살고 있는 남편에 대한 분노가 언제 사그러들까. 내 호적에 남으로 되어있는 그 남자는 왜 이렇게 수시로 나타나서 미움의 대상이 되는 것일까. 이제 모든 것이 끝났는데……

주인 언니에게 조금 잘못 보여도 된다는 생각이 들었다. 달그락 달그락 거리며 설거지 안 해도 되고 옷에 밀가루 묻히며 우동 가락을 뽑지 않아도 된다. 어쩜 저 공원에 있는 남자가 나를 구원해줄지 모르니까.

이런 꿈을 꾸고 있는 나에게 주인 언니는 야속하게 프린스 호텔에 우동 열 그릇 배달해야 한다는 것이다. 지금 시간이 새벽 세 시다. 이런 시간 배달에 응하는 언니는 참 돈욕심이 많은 사람이다. 아니 식당아줌마 입장을 헤아리지 않는 사람이다. 어쩜 이 집에서 금방 해방될지 모르니 걱정할 필요는 없다. 이렇게 이기주의적인 집에서 많은 미련이나 불만을 가질 수 없다는 생각이 들었다.

우동 열 그릇을 삶아서 쟁반에 담았다. 언니가 다섯 그릇씩 두 쟁반에 나누어 담아서 쟁반 두 개를 이중으로 합하여 머리에 이어 주었다. 비닐문을 빠져 나와 프린스 호텔로 간다. 그 길은 시인의 공원을 지나서 가야 한다. 시인의 공원에 앉아서 퇴근시간을 기다리는 남자 앞을 지나가야 한다는 것이 너무 부끄러운 생각이 들었다. 그 남자 앞에서 쟁반 두 개를 겹쳐서 이고 가는 내 모습은 탤런트 전도연이 아니라 영락없는 식당아줌마일 뿐이다. 자존심이 상하지만 어쩔 수 없는 현실이다. 언니는 지금 공원에서 남자가 기다리고 있다는 사실을 알아서 이렇게 늦은 시간에 나에게 배달을 시키는 것일까. 평소에 배달이 들어오면 대부분 언니가 직접 배달을 하는데 오늘은 언니가 힘들다는 이유로 간간히 들어온 배달을 내게 시킨다. 제 분수를 알아야 한다고 경고 하듯이 내가 잘 보이고 싶은 남자 앞에서 쟁반을 두 개 머리에 이어 주었다. 혹사당한 기분이다. 당장 내일부터 이 집을 그만두어버릴까. 아니 열흘 정도 참아 월급을 타면 그만둘까. 그만두면 나는 또 실업자가 될텐데, 그리고 전도연이란 이름을 잃어버리는데, 그리고 나를 좋아하는 남자들을 만날 수 없는데, 공원으로 가는 몇 걸음 사이에 여러 생각이 겹쳐서 들어왔다.

　시인의 공원에 앉아 있는 남자는 담배를 피운다. 담배 연기는 찬 공기 속에서 춤을 추듯 맴돌다 사라진다. 마치 이 집의 장작 난로에서 나오는 연기처럼 허공 속으로 사라진다. 흩어지는 모습으로 와 닿는 연기처럼 나의 사랑도 언젠가는 연기 속으로 사라져버릴 것 같은 불안한 예감이 온다.

　남자 앞에서 엉거주춤 서 있으니 남자가 벌떡 일어났다.

　"무거운데 어떻게 해? 아니 내가 들고 갈테니 이리 내리세요."

"괜찮아요. 정말 안 무거워요."

남자는 머리 위에 쟁반 하나를 내려 의자 위에 올려놓았다. 다른 쟁반을 마저 내린다. 남자가 쟁반하나를 두 손으로 들고 내가 쟁반 하나를 들고 함께 프린스 호텔을 향해 걸었다. 아무 말 없이 술이 취한 사람이 휘청거리며 간다. 가로등 아래서.

"아! 임선생 지금 뭐하는 거여. 여기서 배달하는 거요. 아니면⋯⋯."

지나가던 남자 친구가 쟁반 든 남자를 보며 깜짝 놀란다.

"아! 나 이 집에 취직했어. 이 아줌마가 미인이라서 그냥 배달맨으로 취직한 거야."

"아니 내가 보기엔 우동집 주인 여인에게 반해서 그러는 거지. 진짜 잘 어울린다."

함께 우동집에 잘 어울려 오던 최선생님이 지나가다가 놀라는 표정으로 말을 시킨다.

많이 민망하리라 생각했는데 아무렇지 않게 있는 그대로를 말하는 남자가 믿음직스러웠다.

어쩌면 나라는 존재를 우습게 여기지 않는다는 증거일 것이다. 솔직하게 말해준 것이 여간 고맙지 않았다. 남자는 비틀거리며 쟁반을 들고 호텔 앞 계단을 넘으려다 쟁반을 들고 넘어졌다. 우당탕 소리와 함께 함께 쟁반 안에 든 우동가락이 제멋대로 머리를 풀어버렸다.

이럴 수가! 큰일이 난 것이다. 호텔 지배인이 쫓아 와서 계단에 하얗게 머리를 풀어헤쳐 있는 우동가락들을 청소하는 아줌마를 불러 치우게 하며 다른 손님들이 볼까 봐 우동 냄새가 호텔 안으로 들어갈까 봐 벌벌 떠는 모습이었다. 남자는 젖은 바지를 톡톡 털며 일어났고, 이럴 때는 지혜롭게 현실을 극복해야 한다는 생각이 들었다. 살아남기 위해 머리를 써야 했다. 일단 우동 다섯 그릇을 605호에 배달하면서 다섯 그릇은 조금 늦게 가지고 올 거라 말을 했다. 그리고 우동 다섯 그릇 값을 남자에게 빌려 달라 해서 언니에게 갖다 주며 우동 다섯 그릇을 빨리 말아달라 수선을 떨었다. 전혀 눈치를 못 챈 언니는 의아해 하는 표정으로 나를 쳐다보며 말없이 우동 다섯 그릇을 말아 주었다. 성급한 마음으로 우동을 들고 호텔로 가서 우동 열 그릇 값을 받고 배달이 늦어져서 미안하다는 말을 하며 위기를 모면했다. 남자와 나는 이렇게 언니에게 말할 수 없는 비밀이야기를 하나 만든 셈이다. 시간이 조금 걸렸고 내가 갚아야 할 돈이 만 오천 원 빚이 됐지만 얼마나 다행한 일인가.

솔직히 내가 이 집이 싫어서 그만두면 두었지 이 집 언니에게 쫓겨나고 싶은 마음은 추호도 없다. 그것이 나의 마지막 자존심인지도 모른다. 남자의 젖은 바지를 털어주며 이 사람은 내 사람이라는 생각이 들었다. 허허벌판에서 양팔을 쳐든 허수아비처럼 외롭게 느껴진 이 늦가을에 이 남자가 따뜻한 벽이 되어 줄 것만 같아서 기분이 좋았다. 갚아야 할 돈 만 오천 원과 함께 자꾸만 설레는 마음이 자리를 잡게 되었다.

남자는 정말 무엇에 홀린 듯이 이 집을 맴돌다가 또 술이 잔뜩 취하면 가게 안으로 들어와 나와 정종 잔을 기울이기를 좋아했다. 일이 다 끝나는 시간이라서 일하면서 이리저리 언니 모르게 훔쳐 먹은 술이 얼근하게 오르고 있는 터다.

문을 닫으려 하는 언니에게

"언니! 열쇠를 나를 주면 안 돼요? 나 이 선생님이랑 술 한 잔 더 먹고 가게요."

아주 자연스럽게 말을 했더니

"그것만은 안 돼. 우리 집에서 그럴 수는 없어. 있을 수 없는 이야기야."

한 마디로 거절하는 언니가 너무 야속해서 애원했다.

"언니! 오늘 밤 저 선생님이랑 술 한 잔 해야 한다고 나는 밤에 나오기 때문에 시간이 없어. 저 선생님이 날 좋아한다는 것 알잖아. 그런데 나는 밤에 일을 해야 하구 저 선생님은 낮에 근무해야 하니 우리는 만날 수 없어. 그러니까 나를 좀 이해해 주세요."

언니는 머리를 다시 풀어서 묶으며 대답했다.

"전도연! 나도 너의 입장을 이해하지만 절대 안 된다. 너의 남편이 다른 유부녀랑 불륜을 해서 그렇게 됐다는 말을 들었다. 언니가 다 알고 있어 충주가 좁잖아. 그런데 네가 똑같은 잘못을 저지를 거라고? 그것은 안돼."

언니는 술 취해 있는 남자에게 큰소리로 이제 끝났으니 나가야 된다는 말을 아주 독하게 했다. 남자는 비틀거리며 우리와 함께 비닐문을 빠져 나왔다. 나의 그림자처럼 새벽에 가는 길을 바래다주는 언니는 아무 말을 하지 않았다. 찬바람이 가슴 안으로 불어 왔다. 남자는 나를 따라 오다가 언니의 냉정한 눈빛이 무서웠는지 사거리에서 택시를 잡아타고 사라졌다.

언니는 모퉁이에 돌아서면서 나를 불렀다.

"전도연! 우리 저 가게 안에서 청하 한잔 할래?"

언니는 내 대답을 기다리지 않고 구름에 달가듯이라는 간판이 있는 야식집으로 들어갔다. 우리 가게보다 늦게 문을 닫는 가게가 있었다. 술 한 잔 사주지 않던 언니가 웬일일까. 한 번도 노래방에 데려가 주지 않은 구식, 아주 고지식한, 현실을 살기에는 조금은 모자란 언니가 웬일로 내가 마음주는 남자를 따돌리고 술을 사주겠다는 건가.

  언니는 차림표을 보더니
"전도연이 좋아하는 광어회와 청하 한 병 주세요."

  비싼 회를 사다니 조금은 믿어지지 않았다. 저번에 근무한 아줌마들에게는 가끔 인천 바다횟집에서 회를 시켜주었다는 소리를 들었는데 지금은 회가 먹고 싶지 않다는 이유로 한 번도 사주지 않았다. 보통 식당에서 종업원들에게 해주는 회식을 단 한 번도 하지 않는 언니는 악명이 높은 건가, 아니면 자린고비인가 모르겠다. 모두들 불만을 이야기할 뿐이지 그만두지 못한 까닭은 다른 곳보다 아주 조금 봉급을 더 주기 때문이라 했다. 그리고 소문에 의하면 이 집 부엌은 주인 여자가 일을 잘 못하기 때문에 일하기가 편하다고 했다. 나는 언제고 나를 식당아줌마에서 구해줄 남자, 즉 구세주를 만나면 이 집을 그만둘 각오를 갖고 사는 사람이다. 그 사람이 나를 좋아해서 늘 쫓아다니는 남자가 될지 모른다는 기대를 언니는 무참히 짓밟고 있는 것이 분명하다. 그렇다면 이 집을 하루라도 빨리 그만둘까. 그리고 그 남자가 퇴근 후 전화하면 전도연처럼 예쁘게 화장하고 나가는 거야. 저 남자만 잘 사귀면 이 집을 그만두어도 전도연이란 탤런트 행세를 할 수 있다는 생각이 들었다.

  잠은 소리없이 오는 법, 맛있는 회와 술이 나왔건만 일하면서 먹었던 술기운이 온몸에 번지면서 자꾸만 눈꺼풀이 감긴다.

  "전도연! 너 술 그렇게 먹어도 괜찮은 것 보니 참 용하다. 아침에 애들

밥이나 해주니. 다 필요 없어 아이들 잘 길러야 한다."

언니는 술을 따라주며 또 고리타분한 이야기를 하기 시작했다.

"아휴, 언니나 잘 하세요. 언니도 말을 하지 않지만 사연이 있잖아요. 사람들은 언니를 보면 혼자 산다는 이야기도 하고 언니 남편이 사업을 하다가 망해서 행방불명됐다는 말을 하던데 언니나 나나 입장은 거기서 거기 아니유."

"그래 나에 대해 아무렇게나 말해도 좋아. 남의 말은 소용이 없어. 누가 말을 하든 나는 자신있게 살고 있어. 우리 집 이야기는 미지수로 남아 있어서 사람들이 늘 궁금해 하거든. 하지만 가화만사성이 얼마나 중요한 줄 아니. 미인이란 소리를 아무리 많이 들어도 남의 남자에게 들어 봤자 아무 소용이 없는 거야. 그 남자들은 누구에게나 달짝지근한 이야기를 할 수 있어. 그런데 문제는 모두 자신의 가정을 지키면서 이렇게 일하러 밖에 나온 여자들에게 매력을 느껴서 위로를 받고 싶은 거다."

언니는 제법 술을 잘 마셨다. 나에게 술을 사주겠다 하더니 회와 술을 언니가 맛나게 먹고 있는 것이다. 그리고 웃으면서 이야기를 잘 풀어낸다. 나이는 나와 다섯 살 차이가 날 뿐인데 친정엄마가 귀에 박힌 말을 하듯이 여자의 인생을 이야기 한다. 시원한 청하를 받아 삼키며 다시 정신이 들었고 언니와 내가 정말 친자매 같은 생각이 들어서 말을 마구 해댔다.

"언니! 내 기분 알아요? 이혼하면 다 될 줄 알았다고요. 이렇게 예쁜 전도연의 앞날이 환하게 열릴 줄 알았다고요. 그런데 언니까지 내가 말하지 않았는데도 어떤 사연으로 인해 혼자가 됐는지 알고 충주는 참 좁아요. 요즈음 시대가 어떤 시대인데……."

"그래 너 잘났어. 못났으면 너의 남편이 너랑 결혼했겠니. 남의 여자를 거느릴 힘이 있는 것도 능력이라 하더라. 너의 남편이 식당 아줌마와 바람이 났다면 너 생각해 봐라 너는 우리 집에 오는 손님 중에 능력과 매력이 없는 남자에게 관심을 가졌겠니. 분명 너의 남편도 그 선생님처럼 눈웃음을 친다던지 마음이 착해서 힘든 아줌마들에게 관심을 갖다가 그랬을 거야. 아니면 커피 한 잔이라도 살 능력이 있다든지……."

언니는 나의 남편의 인상 착의까지 알고 있는 것처럼 말을 했다.

"언니! 정말 우리 신랑은 눈웃음치고 마음씨가 좋아. 약하고 힘든 사람들에게 잘한다고, 그래서 미장을 하는 오야봉인데도 돈을 모으지 못해. 기술이 무척 좋은데 인정을 받아서 큰 공사를 맡기도 하는데 돈은 못 벌었다고. 그래도 나를 이런 고생은 시키지 않았는데 언니! 사실 우리 신랑이 이혼하지 않겠다고 나에게 사정했다. 그런데 그때는 너무 분해서 도장을 팍팍 찍어버리고 싶더라고. 찍고 나니까 정말 그놈의 인간이 가버렸어…… 다시는 돌아올 수 없는 다리를 건넌 거야. 나는 정말 잘못했다고 통곡을 하며 나에게 기어들 줄 알았는데 그것이 아니더라고."

언니는 술을 한 병 더 시켰고 나는 눈물과 콧물을 훌쩍거리며 이혼 그 당시의 절박함과 그 후의 허망함을 호소하기 시작했다. 언니는 술이 취하지 않는 눈으로 내가 떠드는 소리를 계속 들어주었다.

"나는 어떻게 해요. 나는 아직 젊다고, 혼자 수절하기에는 너무 몸이 뜨거워. 그래서 이렇게 긴긴 밤을 지새우려 이 밤을 택했는지 몰라. 그리고 나는 무지 가난해. 아이들 둘을 혼자 가르치기가 힘들어…… 그놈의 인간이 나와 아이들을 정말 버렸다고. 언니! 정말 나는 언니 집에 와서 딱 하나 느낀 것이 있어 그것이 무엇이냐고, 이혼을 하지 말 것을…… 왜 내 발등을 내가 찍었을까. 언니를 조금 빨리 만났더라면 나는 결코 이혼하지 않았을 거야."

언니는 내 손을 잡아주며 등을 토닥거려 주었다.

"그때 그 순간은 아무도 못 말렸을 거야. 사람의 힘으로 되지 않는 팔자라는 것도 있나 보다. 반드시 큰 이별을 하라는 운명적인 것 말이야. 이혼을 한 후 아무리 똑똑한 사람도 후회하지 않는 사람은 별로 없을 것 같아. 그 순간을 못 이겨서 그러는 거야. 네 마음에서 남편을 지우지 못해서 괴롭다는 것을 알아."

"언니! 사실은 술 안 먹었을 때는 그 선생님이 조금 멋있어 보인다. 사실 내 가슴이 울렁거리기는 해. 그런데 그 사람이 술 안 먹은 모습은 한 번도 보지 못했어. 술 먹으면 정상은 아니잖아. 어쩜 나를 놀리는 것인지, 희롱하는 것인지 모르겠어요."

"정신 차려라, 그 선생님 술 먹으면 아줌마들을 그렇게 따라 다니는 것이 술주정이란다. 어제 낮에는 그 사모님이랑 함께 왔어. 그 사모님은 젊고 아주 지적이면서 예쁘다. 그 선생님 술 안 드시면 사모님에게 꼼짝 못하는 눈치더라. 그리고 아이들이 둘인데 엄청 예쁘고 행복한 가정이야. 밤에 술 먹고 너를 따라 다니는 것은 가식이나 사기는 아니지 순간만큼은 진실한 사랑이란다. 알았니. 너 그 말을 술 깨서 계속 가슴에 담아 고민하면 처참하게 또 무너진다. 세상 사람들은 밖에서 바람을 피워도 가슴 속에 특별하게 숨어 있는 사랑은 조강지처에 관한 사랑이란다. 안 그래도 이 말을 너에게 해주려고 벼르던 참이야. 전번에 근무했던 아줌마에게 알아봐 확인할 수 있을 거야. 그리고 그 사람은 아주 선한 사람이야. 그래서 밤거리를 헤매며 그런 사랑 표현을 할 수 있는 거야. 이 세상이 얼마나 험악한 세상인데 넌 꿈을 꾸고 있어. 달콤한 꿈에서 빨리 깨라고요."

몸에서는 구정물 냄새가 나고 입에서는 술 냄새가 확 풍기며 잠에 취하듯 술에 취하듯 어느 봄날 나른한 오후 달콤한 꿈을 꾸듯 하다가 이 모든 것들이 한꺼번에 확 달아나버렸다.

섣달 그믐날 밤에 우동집 문을 내가 열었다. 언니는 음성 대소에 있는 시댁에 제사를 지내러 갔다. 우동집 문을 닫으면 설날 고향을 찾아온 손님들을 허무하게 할 거라 고민하는 언니를 도와주고 싶었다. 아니 궁극적인 목적은 품값을 받기 위함임을 고백한다. 이혼 후 명절이 돌아오면 고민이다. 덧없이 남편이 없는 자리를 느낀다. 아이들을 데리고 갈 곳이 없는 가족이 되고 만다. 왜냐하면 시댁에 갈 수 있는 면목이 없고 친정에는 더욱더 이혼한 딸이 아이들 데리고 나타나 청승맞은 모습을 보이기 싫었다. 아이들과 꼼짝없이 영구 임대아파트에 갇혀 있자면 얼마나 서러워지는지 모른다. 정말 명절이 없었으면 좋겠다.

갈 곳 없는 우리 가족을 위해 언니는 이곳에서 우동을 팔면서 설을 쇠라 했다.

따뜻한 난로가 있고 덕지덕지 붙어있는 글 종이 덕에 정신은 없지만 외로움을 느낄 수 없는 집이기에 아이들과 함께 이곳으로 설을 쇠러 왔다.

이제 사춘기로 접어든 아들 민우는 처음에는 투덜거리더니 벽에 붙어있는 글들을 읽으며 마음을 풀기 시작했다. 딸 소영이는 차림표를 보면서 먹고 싶은 음식을 주문하기 시작했다.

아이들은 각기 우동과 쫄면, 낙지 떡볶이와 김밥, 초밥을 계속 해달라 보챈다. 처음으로 이 집에서 먹어본 음식이니 맛있어 했다. 엄마 입장에서는 속이 든든해질 수 있는 돼지 두루치기를 해주고 싶었다. 술안주로써 있는 차림표를 보면서 소영이는 고개를 흔들었다.

문을 열어 놓으니 사람들이 하나 둘 몰려들기 시작했다.

기타를 치는 시인아저씨는 내일 고향에 가기로 했다면서 우리 집에서 기타를 치며 섣달 그믐밤을 지낼 듯 보였다. 언니 말이 이 아저씨는 우동집 특별한 손님이니 안주나 술을 공짜로 주라 했다. 기타 치는 시인아저씨의 술안주라는 이유로 돼지고기를 푸짐하게 잘라서 고추장을 넣어 큰 냄비에 먹음직스럽게 볶았다. 상추와 마늘, 고추, 된장을 기타 아저씨 앞에서 놓고 아이들에게 먹으라 했다. 기타 치는 시인아저씨는 위로 아래로 우리 아이들을 훑어보더니 툭 뱉었다.

"순한량이 또 마술을 어린아이들한테까지 걸어 놓았구먼. 한번 그 마술에 걸리면 헤어나지를 못한다니까요. 나도 이렇게 오랜 세월을 순한량 마술에 걸려 있다오."

"아저씨는 한량이 언니를 좋아하잖아요. 그러니까 매일 오는 거지요. 사람들이 가끔 이 집의 주인아저씨냐는 소리를 해요. 정말이라고요. 그러면 언니는 펄쩍 뛰지 않고 그냥 웃기만 하데요. 꼭 어떤 때 보면 부부 같아요."

아이들은 두루치기를 상추에 싸서 먹으면서 콜라를 먹고 싶어했다. 언니 말이 아이들이 먹고 싶은 대로 먹이라 했고 섣달 그믐밤 만큼은 이 집 주인이 되어보라 했으니 아주 자신있게 콜라 병뚜껑을 따서 아이들 컵에 따랐다.

"전도연씨! 몰라서 하는 소리에요. 나는 순한량이 같은 말상을 좋아하지 않아요. 또 주걱턱 같기도 하고 몸은 좀 예쁘지만 얼굴은 영 아니야. 나는 전도연씨 같은 스타일을 좋아한다니까요."

아이들은 무슨 말인지 몰라 어리둥절해 했다. 아이들 앞에서 전도연이란 이름은 아주 다른 사람이라 생각한 눈치다. 아이들에게 언니 골방에 들어가 텔레비전을 보라 타이르며 동심거사를 향하여 눈을 껌벅거렸다. 기타 치는 시인아저씨는 이제 술에 많이 취해 있어서 점점 목소리가 높아지고 있었다. 내 말을 잘못 알아들은 듯 전도연이란 이름을 자신이 지어준 이름이라면서 어쩜 그렇게 전도연의 목선과 얼굴을 닮았느냐는 말을 했다. 그리고 우리 아이들이 안쓰러운지 슈퍼에서 과자와 음료수를 사왔다.

밤은 점점 깊어지면서 고향을 찾아온 손님들이 언니를 찾으며 들어 왔다. 그리고 고등학교 시절부터 이 집을 다녔는데 대학을 졸업한 후 결혼해서 아이가 둘이 된 아빠가 되었다는 말을 하며 이 집이 지금까지 존재하는 것에 흐뭇해 했다.

어떤 분은 연애시절 지금의 아내와 이 집을 처음에 왔었는데 주인아줌마가 장사를 시작한지 얼마 되지 않아서 얼굴을 못 들었다는 것이다. 정말 믿어지지 않지만 언니는 그때 음식을 시켜도 알아듣지 못했으며 돈 계산을 못해서 쩔쩔맸다는 것이다. 그리고 얼굴이 빨개졌다고 했다. 그 분 말에 의하면 우아한 머리모양과 귀티가 나는 얼굴에 얼마 못가 문을 닫을 거라는 예감을 했다는 것이다. 가슴 아팠던 일은 언니가 그때는 아줌마를 쓰지 않아서 혼자 일을 하다가 지쳐서 부엌에다 신문지를 깔아 놓고 잠을 자고 있어서 얼마나 미안하던지 그냥 슬글슬금 나와버렸다는 것이다. 그때 언니는 사업 실패로 떨어져 있게 된 남편에 대한 원망과 분노가 너무 커서 숨쉬기조차 힘들었다는 말을 들었다. 그것은 남편이 잘 나갔을 때 뒤에서 돈 거래를 도와주었던 사채업자 여자가 있었다는 사실을 알고 언니는 큰 고통에 휩싸인 것이었다. 아주 몰랐더라면 오히려 언니가 편했을 텐데. 그 아픔을 안고 우동집을 하면서 그때는 저 골방이 없어서 아주 작은 부엌에서 잠을 잤나 보다. 언니에게 서럽고 아픈 나날이 있었기에 조금은 평범한 사람과 다르게 행동하는 언니를 이해하는지 모르겠다. 그리고 언니랑 이야기 하다보면 나와 처지가 비슷한 사람이라는 생각이 자꾸 들어서 언니에게 향한 불만스런 마음을 접을 수 있나 보다. 갑자기 언니가 불쌍하다는 생각이 들었다. 이곳에서 이렇게 외로운 나날을 홀로 견뎌낼 수 있는 힘은 무엇이었을까. 아이들 둘을 잘 기르기 위한 한국 어머니의 정신이었을 것이다.

　나는 사실 부도 난 것도 아니었는데 내 스스로 가정을 깨버린 자책이 왔다. 언니는 조금 미련한 듯하나 어쩜 이 긴긴 인생의 싸움에서 이기기 위한 무장을 하고 있는지 모른다.

　시간이 흐를수록 사람들이 몰려와서 우동 한 그릇을 달라고 난리다. 아들이 쟁반을 들고 우동을 나르고 딸은 제법 컸는지 설거지를 도왔다.

　기타 치는 아저씨는 더 많은 술을 마시며 밤을 새워 기타를 치며 노래를 했다. 사람들은 모두들 기타 아저씨가 이 집에서 기타 치는 일을 아주 자연스럽게 느낀다. 항상 언니가 앞치마를 차고 우동을 뽑아내듯이 기타 아저씨가 노래를 부르는 것은 이 집의 찌그러진 양재기처럼 친숙하게 느껴진다. 간혹 기타 치는 아저씨가 없으면 노래하는 아저씨를 찾는 사람이 종종 있다.

아이들과 함께 우동집 주인이 되어 우동을 끓이는 동안 서러움이나 외로움은 사라졌다. 손님들이 남긴 정종이나 막걸리를 오늘 밤은 언니 모르게 먹은 것이 아니라 아이들 모르게 먹었다. 형광등이 졸음 오는 듯 희미하게 느껴진다. 이제 손님은 뜸해졌으니 언니처럼 술을 먹은 손님은 받지 않았으며 끝낼 준비를 서둘렀다. 기타 치는 아저씨는 술이 많이 취해 기타를 메고 비닐문을 빠져 나간다. 이글거리는 눈빛으로 나를 바라본다. 아이들이 있다는 사실을 알아차리는지 호주머니에서 구겨진 천 원짜리 지폐를 몇 장 꺼내어 세뱃돈이라며 아이들에게 준다. 그리고 하늘을 보며 노래인지 시인지 아니면 혼자 하는 말인지 무슨 소리를 내며 시인의 공원으로 사라졌다. 저 남자는 부인이 두 번이나 도망갔다는 소리를 들었는데 집에 가면 얼마나 외로울까. 과부 사정은 과부가 안다는 말이 생각났다.

시인의 공원에 눈이 내렸다. 갈 곳 없는 사람들의 마음을 더 슬프게 하는 눈은 소리없이 내렸다. 한때 눈이 오면 강아지처럼 좋아하던 시절이 있었는데. 세월이 흐르면서 내 안에 들어있던 낭만은 사라져버렸다. 그런데 이 집에 온 후 잃어버렸던 옛 시절 마음으로 다시 돌아가곤 한다. 문을 닫으며 술을 취해 거리를 휘청거리며 지나가는 한 남자를 보면서 늦가을내, 겨우내 나의 그림자처럼 술 먹고 따라 다니던 남자가 아닌가 고개를 갸웃거리며 다시 쳐다본다.

우동집 장작 난로 기둥에서 나오는 구름 같은 연기를 보면서 한때 꿈꾸었던 달콤한 꿈을 다시 불러오고 싶은 생각이 들어서 고개를 흔들었다. 이 집에서는 안 돼. 언니는 나의 사랑에 초치는 방해꾼이거든. 모든 것은 저 연기처럼 하늘로 사라져버렸다. 문을 잠근 후 아이들은 골방에서 잠이 들었다. 민우는 발에 물기가 젖어 있고 소영이는 배 앞의 셔츠가 물에 촉촉이 젖어 있다. 우동집 주인 여자로 하룻밤을 보내며 이 집을 떠난 사람들이 언니를 찾아 다시 몰려든다는 것을 알았다. 밖의 불을 끄고 부엌에 앉아 본다.

평소에 떳떳하게 마시고 싶었던 비싼 산사춘을 하나 꺼내어 놓고 고급 도자기 잔을 하나 내 앞에 놓았다. 그리고 앞에 놓인 잔에 술을 따르고 그리고 또 내 앞에 놓인 잔에 따랐다. 무슨 말인가를 앞에 놓인 잔을 보면서 했다. 내가 한 말이 내 귀 안으로 들어오지 않는 말을 했다.

눈물이 아주 뜨겁게 볼을 타고 흘러내린다. 알아들을 수 없는 말을 하고 우는 내 자신이 바보 같다. 아이들이 언니의 골방에서 새벽잠을 잔다. 이 아이들은 어떻게 키워낼 것인가? 그리고 이 뜨거운 가슴을 어떻게 식히며 살아갈 것인가. 눈은 소리 없이 사각사각 내렸다. 기름때가 낀 환풍기가 돌아가는 작은 문으로 밖을 본다. 이 가게 안으로 언니가 돌아오지 말아주었으면 좋겠다. 내가 주인이 되어 우동집 언니 동생으로 앞치마 차고 큰소리 내어 웃어대며 나풀나풀거리는 흰 나비처럼 우동가락을 걸어 올리며 살았으면 좋겠다.

내 앞에 놓인 잔은 누구를 기다리는 잔일까. 분명 연기처럼 흩어진 사람을 기다리고 있는 것이 분명하다. 언니는 나에게 떠나간 남편이 다시 돌아올 거라는 말을 비춘 적이 있다. 아주 짜증나고 지루한 말이지만 이 시간에 나 홀로 두 잔 술을 마시며 생각해본다. 내 마음에는 돌아올 것 같지 않은 사람을 막연하게 기다린다는 사실이 분명해졌다. 숨이 막힐 것 같은 또 다른 분노와 질투가 다시 솟아나는데 왜 이런 방정맞은 생각을 하는지 모르겠다. 이 세상 사람들은 내가 한 잔 술에 취해간다는 사실을 아무도 모르는데. 그저 사각사각 눈이 내릴 뿐인데…….

나는 춤추고 싶다

 첫 출근, 선택된 삶

왜 그 집에 갔을까. 모를 일이다. 늘 술을 먹으면 생각지도 않은 일을 해서 큰일이다. 까마득하게 기억 속에서 지워 버리고 싶은 집인데, 이것이 문제다. 나도 모르게 일어나는 일에 대해서는 속수무책이다.

지금은 그 집을 떠나온 지 오래인데 왜 그 집 이야기를 해야 하는지 모르겠다.

비몽사몽 헤매며 나도 모르게 찾아든 그 집 앞.

사실은 나는 문학이나 사람 사는 이야기 등, 그런 것에 관해 잘 모르는 여자다. 그저 노래하기를 좋아하고 술 먹기를 좋아하고 일해서 먹고 사는 아주 사소한 사람, 아니 이 세상에 없어도 되는 사람, 아무도 기억해주지 않는 사람, 그래서 억울한 사람인지 모른다.

그 집에 들어섰을 때, 개나리가 피어나는 봄이었다.

나이가 마흔 고개를 넘어 쉰으로 가는 시점에서 나는 충주 화제 신문을 보고 행복한 우동가게라는 집을 찾아 나섰다.

식당아줌마를 구한다는 광고는 줄줄이 이어졌지만 내 시선을 끌게 하는 문구는 〈가족처럼 따뜻하게 지내실 분〉 이 말이다.

제기랄, 가족처럼 지내고 싶다는 말인가, 아니면 가족처럼 일을 열심히 해달라는 말인지 분간할 수는 없었지만 아무튼 급여가 얼마, 초보자 환영, 40대 이하 아줌마 모집 등등의 것들 보다는 훨씬 마음에 들었다.

사실 나는 김치공장을 5년 다닌 경력이 있었다. 그러나 돈을 벌기 위해서였을 뿐, 나는 그 지긋지긋한 작업장이 싫었다. 하얀 모자와 비닐 앞치마, 검은 장화, 마스크 이 복장이 너무너무 지겨웠다. 김치 담는 일은 탄력을 잃어가는 내 팔의 말랑 살을 잡는 일이었다. 그곳에서 배추 절이고 김치 버무리고 김치 나르며 청소하는 과정을 되풀이하다 보면 팔이 떨어져 나갈 듯 아팠다. 배추를 다듬으면서, 함께 근무하는 아줌마들의 흉을 보는 일은 재미있었다. 반면 김반장에게 찍혀 일본으로 수출하기 위해 포장된 김치 박스를 창고 안으로 날라 차곡차곡 쌓아야 하는 일은 곤욕이었다.

남자들이 들어도 힘든 일을 중년의 아줌마 힘으로 들어올리기란 쉽지 않았다.

'내가 뭘 잘못했다고 나만 날마다 이런 일을 시키는 거야. 나는 도저히 더 이상 버틸 수 없다'고, 속으로 욕을 하면서 김치 박스를 날랐다.

김치 버무리는 일만 해도 괜찮은데, 아니 찬물에 살랑살랑 배추 씻는 일만 해도 괜찮은데, 내가 해야 하는 일은 언제나 어깨가 빠져 나갈 것 같은 일들 뿐이었다.

젊은 여자들이 입술에 붉은 연지를 바르고 첫 출근을 하지만 그녀들에게는 이 혹독한 일을 시키지 않는다. 왜냐하면 사나흘을 못 버티고 그만둘 것이 뻔한 일이기 때문이다. 그렇다면 나이 먹은 나에게 주어진 이 혹독한 일은 아마도 그만두라는 뜻이 아닌가.

나는 소주병을 몰래 앞치마 안쪽으로 감추고 들어와서 힘이 들 때마다 마셨다. 그리고 속으로 중얼거렸다.

'썩을 놈의 세상 나를 이렇게 박대하다니, 내가 이 세상에서 무엇을 잘못했다는 말인가. 너희들이 잘났으면 얼마나 잘났다는 말인가. 야, 웃긴다. 내가 나이 먹어간다고 나를 깔보는 거야. 너희들은 나이 안 먹을 줄 알아. 웃기지만 내가 당장 그만두고 싶어도 내 세 딸년들 때문에 참는다. 은수, 은영, 은지 이년들이 나를 기다리고 있기 때문이다. 씨발, 내 남자가 없는 것도 아니고 그냥 잘 생긴 남자랑 살다 보니 아들 하나 데리고 사는 셈을 해야 되나. 내가 이곳에서 이렇게 살아 있으려면 시어터진 김치가 되어야 하지 않나 하는 넋두리를 했다. 술을 먹고 하는 소리니 누가 들으면 주정이라 하겠지만 술 앞에서 나는 정직한 삶일 수밖에 없었다. 모두들 나에 관해선 밖으로 드러나 보이는 일만 평가할 뿐, 속 창자를 꺼내어 발랑 보여주는 말이나 행동을 할 대상은 나에게는 술밖에 없었다. 그렇기에 술 앞에서 즐거웠고 두려웠다.

술김에 어깨는 아프지 않았지만, 정말 내가 그 회사에서 잘리게 된 동기가 김치박스 나르는 일이 힘들어서였는지 아니면 작업 도중에 술을 먹은 이유에서인지는 나 자신도 알 수 없었다.

어쨌든 나는 김치 공장에서 해고당했다.

13평 임대 아파트는 재건축 한다는 소문이 자자한데, 그래서 나는 하루라도 놀면 안 된다. 일을 해야 한다. 부지런히 일을 해서 재건축 아파트에 반듯하게 들어가야 하는데…….

그래서 날마다 화제 신문을 봤다.

열 살이 어린 신랑은

"여보! 어깨가 그렇게 아프면 다른 데 가서 어떻게 일을 할 수 있겠어. 그냥 쉬어, 우리 통장에 저금해 놓은 돈으로 먹고 살면 되잖아. 아들이 있는 것도 아니고 우리만 먹고 살면 돼. 은수, 은영, 은지, 이년들은 초등학교만 졸업시키고 공장에 보내면 돈 벌어오겠지. 그리고 내가 또 봄 되면 일 열심히 해서 당신 밥 먹여 살릴테니 제발 그렇게 조바심내지 말고 아픈 어깨 침이나 맞으러 다녀."

이제 사십이 된 내 신랑은 나를 꼭 껴안는다.

그리고 나를 안고 침실로 간다.

사십이 된 남자와 오십이 된 여자의 잠자리.

그 남자의 손안에 히물히물 내 몸이 무너진다. 솔직히 나는 지금 이 남자랑 잠자릴 하고 싶은 마음이 전혀 없다. 왜냐하면 먹고 사는 것이 걱정이기 때문이다.

'내 딸들을 어떻게 공장에 보낼 수가 있어. 어떻게 초등학교만 졸업시킬 수 있어. 중학교가 의무교육인지 아닌지 나는 잘 모르지만 내가 초등학교 졸업을 못하고 말았던 가슴 아픈 상처를 안고 살아 왔는데, 어떻게 내 딸을 나처럼 만든단 말인가. 말도 안 돼. 내가 죽는 한이 있어도 이렇게 무시받고 소외당한 삶을 살게 할 수는 없어. 내 딸들에게 엄마의 개떡 같은 삶을 연결시킬 수 없다고. 이 자식아. 네가 애비냐. 애비가 아니, 나보다 열

살이 아래인 네가 어떻게 딸들을 공장 보내면 된다는 소리를 할 수 있단 말이야.'

내 배 위에 개기름을 흘리며 숨을 가쁘게 쉬고 있는 사내를 향해 나는 또 술주정을 하듯이 속으로 말을 하고 있다.

'지금 너랑 사랑할 수 없어. 이것은 추저분한 짓 같아. 이제 제발 그만 좀 하자'

큰 소리로 애원하고 싶지만 또 참는다. 나는 내심 열 살 어린 신랑과 그래도 열심히 잘 살아보고 싶은 생각이 간절하다.

행복한 우동가게에 기웃거리는 일이 내 속으로는 자존심이 상하고 속 터지는 일이지만 이는 내 가정을 지키기 위한 마지막 나의 몸부림이다.

주인댁은 안경을 끼고 책을 읽고 있다가 나를 무심히 쳐다본다. 청원피스를 입었고 머리를 차분하게 묶은 여자는 안경을 벗으며 일상적인 미소를 짓는다.

저 주인댁의 웃음은 긍정인지 아니면 부정인지 모를 일이다. 나는 작은 눈을 내리 깔며 '홍, 약간 고상한 척 하는 년 같은데 웃기지 마라. 식당 하는 년들 다 그렇고 그렇지. 책이나 보고 안경을 벗고 나를 얕보지 마라. 너도 보자 하니 보통 팔자를 타고난 것 같지는 않은데. 그리고 별 실속 없는 일을 하고 있는지도 모르고 말이야. 나를 퇴짜 놓으려면 조용히 놔. 웃지 말고 가소로우니까.'

"안녕하세요. 반가워요. 이것도 인연인데 우리 차 한 잔해요. 커피가 좋은가요. 보성 녹차가 좋은가요?"

여자는 얼굴에 웃음을 가득히 담았지만 저 웃음이 진짜인지 나를 현혹,

아니면 무시하는 웃음인지 정말 모를 일이다.

"저는 진한 커피 한 잔 주세요."

주인댁은 도자기로 된 커피 잔을 이리 저리 고르더니 비슷한 잔 두 개를 선택했다. 커피 잔들이 왜 저리 짝짝이 많을까. 오래된 느낌의 커피 잔이다. 저것들도 늙어서 이제 아무 쓸모없는 몸뚱이 같은 느낌이 든다. '제기랄, 무지 짠가봐. 저 쓸모없는 잔들을 모두 폐기 처분할 것이지 저렇게 많이 모아놓고 살다니, 주인 여자는 분명 짠돌이가 분명해. 아니면 이 집 장사가 무지 안 되는 건 아닐까? 그렇다면 정신을 반짝 차려야지. 이 집에 잘못 취직했다가는 월급을 못 받을지 몰라. 따뜻하게 지내실 분 구한다더니 막상 와서 보니 비닐로 쳐진 포장마차더라고, 삐거덕거리는 비닐 문을 밀고 들어오니 완전히 도깨비집인걸, 덕지덕지 붙어있는 글 조각들, 꼭 귀신이 나올 것 같아. 이렇게 산만하고 지저분한 집이 장사가 잘될 리가 없고, 따뜻한 가족처럼 지낼 리가 없어. 모두가 저 머리 묶은 주인 여자의 가면일지 몰라. 그렇다면 나도 단단히 무장을 해야지. 이 여자가 나를 선택하기 전에 내가 거부하는 거야.'

나는 늘 이 세상에서 거부 당할까 봐 겁을 내면서 살아온 여자임에 틀림없다. 특히 어려서 부모에게 거부당했던 삶이 제일 처절하게 가슴 아팠다. 아버지는 술을 먹고 노래를 부르면서 마을을 떠돌았지만 나를 자식으로 끌어안지 않았다. 늘 돈 벌어서 여덟이나 된 동생들을 돌보아야 된다는 말을 하면서 초등학교조차 졸업시키지 않았고, 우리 집 막내가 태어난 날, 나를 집으로 끌어들였지. 그 동생은 나에게는 정말 악연이었어. 나는 사실은 노래나 춤 쪽에 특기가 있었거든. 학교에서 학예 발표나 오락시간에는 내가 톱이었다고. 아이들은 나를 공부 못하는 아이로 생각했지만, 나는 늘 무용시간이 좋아서 내심 그 시간을 기다리곤 했지. 나는 도시락을 못 싸가면서도 파란 하늘 아래 덧신을 신고 춤을 추는 운동회 연습시간에는 마냥 신이 났단다.

발을 들추며 춤을 출 때 하얀 구름을 타고 하늘을 날고 싶었어. 배고픔이 없는 하늘에서 춤을 추며 노래를 하고 싶었다.

학교에서는 아무도 나를 알아주지 않았어. 내가 노래를 잘한다든지 운동회 무용 연습을 좋아 한다는 것을 몰라주었지.

그래서 늘 코 흐르고 붉은 다후다 치마만 입고 다니는 나를 당연히 오월 어린이날 행사의 앞에 세우지 않았지. 그래서 나는 은근히 화가 났다구. 맨 뒤에서 누런 블라우스에 낡은 다후다 치마 입고 서서 오월은 푸르구나. 우리들은 자란다. 오월은 어린이날 우리들 세상…… 을 노래하며 율동을 하면, 때는 이때다 싶어서 얼마나 큰소리로 노래를 했던지.'

나를 거들떠도 보지 않던 선생님이 행사가 끝난 후 슬그머니 다가와,

"언년아! 너 노래 정말 잘하더라. 어디에서 그런 큰 소리를 낼 수 있었니! 정말 너 노래 잘해. 노래 한번 불러볼래?"

선생님은 나를 놀리는 것 같기도 하면서 약간 나의 능력을 인정하는 듯한 표정을 지었지.

나는 몸에 불이 당기는 듯한 뜨거움 때문에 옆에 누가 있는지 없는지 인식하지 않고

"해당화 피고 지는 섬마을에 철새 따라 찾아온 총각 선생님……."

목소리를 높여서 하늘을 나는 기분으로 노래를 불렀다.

하얀 뭉게 구름 위에서 사뿐히 발을 들어 춤을 추는 듯한 몸부림을 쳤다.

내가 땅 위에 발을 디딘 순간, 우리 반 아이들의 '우악' 하는 함성이 들려왔다. 그리고 반장아이가 내가 꼭 기생 같다는 말을 했다.

'기생! 그래 그 말이 별로 좋지 않은 말이지만 나는 언젠가는 기생이 될 거야. 노래 부르며 춤을 추는 기생 말이야.'

아버지가 끌어들인 나의 길은 나 혼자 가는 길이었다. 거부당한 나의 삶 언저리에서.

이 주인 여자 앞에 내가 먼저 선택되기 전에 거부 하는 법을 써 먹어도 되지 않을까.

진한 커피를 앞에 놓고 주인 여자는

"지금 연세가 몇이나 되셨어요."

"예? 많이 먹었어요. 나이가 많으면 안쓰실려구요? 안 써도 괜찮아요. 그냥 와봤어요."

"아니요. 우리 집은 나이 드신 분도 잘 적응만 하면 어울리는 집이에요. 보다시피 이렇게 시골스러우니까. 아주 젊은 사람보다는 나이가 좀 드신 분이 어울려요."

"그럼 제가 촌스럽다는 뜻인가요?"

주인 여자는 입가에 웃음을 가득 담아 웃으며

"아니에요. 참으로 고우신데요, 꼭 이웃집 언니 같아요. 참 인상이 좋으세요."

주인 여자의 신발을 물끄러미 쳐다보며 안도의 한숨을 내 쉬었다.

일단 나는 이 주인 여자의 마음에 들었다. 과연 내가 이 집에서 일을 하면 보수를 제대로 받을 수 있을까. 그냥 일당제로 달라하면 되겠네. 그래야 안심할 수 있어. 지금은 점심시간이 조금 지났다. 하지만 이렇게 손님이 없을 수 없어.

주인 여자는 내 속에서 일어나는 갈등과 무관하게

"내일부터 출근하실 수 있어요? 당장 사람이 필요하거든요."

"한 사흘이나 일주일 동안 일해보시고 힘드시거나 도저히 아니다 싶으면 그만두셔도 돼요. 단 일하신 대가는 꼭 지불해 드릴 테니 걱정 마세요."

예, 아니요를 할 여유가 없이 나는 이렇게 이 집에 취직이 되었다.

주인 여자가 내 손톱에 붉은 매니큐어를 찬찬히 들여다봤다. 음식을 만들어야 하는 부엌에 맞지 않다는 표정이다.

"제가 요즈음에 집에서 놀다가 심심해서 매니큐어를 칠해봤어요. 내일 지울 거에요."

주인 여자는 슬며시 웃었다.

말 붙이기가 어려울 것 같은 느낌이 왔지만 말하는 것이 그리 거북하지 않았다.

개나리가 피어 있는 임대 아파트 골목을 지나 앞치마 하나를 둘둘 말아 옆구리에 끼고 집을 나왔다. 행복한 우동가게란 허름한 간판이 있는 비닐하우스의 문을 흔들어 본다.

지나가는 사람 하나 없고, 비닐하우스 앞 작은 공원에는 느티나무며 단풍나무가 환한 햇살을 받고 있다. 시인의 공원이란 간판이 장승처럼 서 있다.

알아듣지도 못할 음악이 공원에 흐르고 사람들은 아무도 없다. 아침이 훨씬 지났지만 이곳 풍경은 아직 잠에서 깨어나지 않아 보인다. 아무도 보이지 않는 적막한 곳에 덜렁 나만 서 있다는 것이 어쩐지 섬뜩하다.

"안녕하세요. 또 만나서 반갑네요."

내 등 뒤에서 부르는 소리가 있어 돌아보니 노란 스웨터를 입은 주인 여자가 웃고 있었다.

얼굴은 허옇게 부어 있는 듯 하고 눈이 붉게 충혈 되었는데, 어제 오후의 모습이 아니다.

아니 부부 싸움이라도 한 것일까. 누구한테 한 대 맞은 듯한 분위기다.

"아줌마! 사실은 제가 새벽 다섯 시까지 일을 하다가 들어갔어요. 이 시간은 제가 잠을 자는 시간이거든요, 내일부터는 아줌마 혼자 열두 시까지 청소며 점심 준비를 하셔야 해요. 오늘은 처음이라 일머리를 모르니까 가르쳐 드리러 왔어요."

주인 여자는 호주머니에서 열쇠를 꺼내어 비닐문을 열고 안으로 들어섰다. 비닐문이 이중으로 되어 있는 집. 밖은 실외 포장마차고 안은 실내 포장마차다.

안에 전등불을 켜고 주인 여자는 빗자루와 쓰레받기를 들고 나왔다. 청소를 하고 있는 주인 여자는 아직 잠에서 덜 깨어난 듯한 몸짓이다.

밖의 풍경도 안의 모습도 푸욱 잠이 들어 있는 듯 보인다.

쏴악, 물 내려가는 소리에 주인 여자는 술이라도 취한 듯, 잠에서 덜 깬 표정을 지었다. 취직해서 처음으로 이 집에 온 나는 이상하기만 하다.

"쉬 - 쉬 -."

휘파람 소리가 나더니

"안녕하세요. 동심거사 납시오."

손에 하얀 목장갑을 끼고 들어온 남자가 주인 여자를 보고 싱긋 웃는다.

"아휴 순한량이 잠을 자지 않고, 이렇게 출근을 하게 되어서 어떻게 해. 아휴 지독해, 어젯밤을 새우고 또 나오다니."

남자는 아무렇지도 않게 물통에서 물을 꺼내어 마신다.

온통 덕지덕지 글로 도배가 되어 있는 이 집 한쪽에 수북하게 쌓인 종이 쪽지를 훑어보며 그는 어젯밤에 쓰인 글이 어떤 건가 묻는다.

주인 여자는 충혈된 눈으로 한쪽 귀퉁이에 적힌 글을 가리킨다.

지나온 세월은 찰나였습니다. 모든 것을 용서하고 돌아 선다
해도 남아 있는 세월이 얼마인지는 누구도 알 수 없습니다.

"아하, 무거운 말이지만 동심거사가 시켜서 쓰는 글 같구먼. 순한량 정말 맞는 말 같지. 내가 예전에 다 말한 말 아닌가. 이 스승님이 하는 말이라고."

남자는 입을 크게 벌리고 호탕하게 웃는다. 허름한 군복셔츠에 청바지며 양말을 신지 않은 남자의 출현은 참으로 기이하다.

"아하, 아줌마가 오셨네요. 막걸리 한 사발 따라 와요. 이름을 지어 줄 터이니"

여자는 뒷문을 열고 찌그러진 양재기에 막걸리가 철철 넘치도록 들고 와 남자 앞에 내밀었다. 단무지와 김치 쪼가리를 가져다 놓고 여자는 말

없이 일을 한다. 나는 주인 여자의 뒤를 쫓아다니며 일을 배워야 한다.

남자는 벌컥벌컥 막걸리를 들이켜고

"아줌마는 벽오동 아줌마요"

밑도 끝도 없이 벽오동 아줌마란 말이 기분이 상했다. 감정을 좀처럼 숨기지 못해서 손해를 많이 본 나는

"아저씨 누굴 놀리는 거에요. 보자 하니 나보다 나이도 어린 것 같은데 식당에 일하러 왔다고 무시하는 거지요?"

버럭 소리를 질렀다. 내심 이 집이 이상하다. 주인한테 잘 보여서 오래 있고 싶은 집은 아닌 것 같다. 내 취향에 맞지 않는다는 생각이 점점 든다.

아직 아침이 되지 않았는데, 구석진 이 집에서 과연 내가 일을 할 수 있을까. 의문이다.

"아줌마! 미안해요, 제가 미리 말씀을 못드렸어요. 우리 집에 처음으로 온 아줌마들에게 저 아저씨가 꼭 별명을 붙여주거든요. 별명이라기보다, 좋아서 붙이는 애칭이에요."

주인 여자는 남자의 변호를 하기 위해 나선 사람처럼 슬슬 웃기만 한다.

남자는 귀퉁이에 서 있는 기타를 꺼내 오더니

"벽오동 숨은 뜻은 봉황을 보자 하니…… 아뜨드 뜨드 뜨드……."

얼굴 전체를 밀가루 반죽을 하듯 주물럭거리면서 노래를 했다.

이상하다. 많이 들어본 노래다. 친정에서 아버지가 불렀던 노랫소리다. 막걸리 퍼마시며 첫딸 신세를 망쳐버렸던 아버지 노랫소리다.

아이 아홉을 낳고 책임을 지지 않았던 아버지, 초등학교 졸업을 시키지 않고 부엌데기로 나를 끌어들였던 울 아버지, 그리고 아버지의 그늘 안에

서 어머니는 목소리가 없었다. 그림자로만 살다가 사라진 어머니, 모두 우리를 책임지려 들지 않았다. 등에 오줌을 축축하게 누었던 막내동생. 등이 오줌에 절어 피부가 물러 몹시 쓰라렸다. 막내 동생이 한때는 죽어버리기를 바란 적도 있었다. 이제와 생각하면 그 동생에게 미안하다.

마을 사람들이 '빈 망태'라는 별명을 아버지에게 붙여준 이유가 무엇이었을까.

아버지는 일하기를 싫어했다. 논밭 일을 열심히 해서 먹고 살아야 할 우리 형편에 아버지는 늘 빈 망태만 지고 다녔단다. 그리고 보리가 자라는 양지 바른 논두덕에서 노래를 불렀다. 보리피리를 만들어 불며 노래를 불러댔다.

울 엄니는 아마 배가 고파서 죽었을 것이다. 내가 아버지 죽기를 바라 죄를 받아 엄니가 죽어버렸다. 나는 그 시절 막내를 업고 어린 엄마가 되어 살아야 했다.

술만 먹으면 빈 망태 아버지가 노래를 부르다가 우리 막내를 보면 화를 벌컥 내며 매를 들고 와 매질을 하기 시작했다.

"아휴, 재수에 옴이 붙었지. 이놈이 내 마누라를 데려 갔다고, 이 자식이 태어나지 말았어야 하는데."

아버지는 막내를 때린다.

어린 나는, 아니 막내의 엄마가 되어 있는 나는 어린 동생을 품안에 안고 고샅길로 나섰다. 그리고 그 아이를 껴안고 하늘을 보며 몸을 바르르 떨었다. 대나무가 파랗게 우거진 우리집 뒷마당에 대나무들이 나를 따라서 윙윙 소리를 내며 울었다.

먼저 조용히 사라진 어머니도, 우리를 내쫓고 목소릴 높여 노래를 부르는 아버지도 모두 미웠다.

그때 들었던 노래, 그 노래를 저 남자가 부른다. 사실은 저 노랫소리가 자장가처럼 정겹게 느껴진다. 아버지가, 그렇게 무능하고 모질던 아버지가 밉지 않게 와 닿는다.

남자는, 노래를 하다가 기타를 한쪽 귀퉁이에 놓고

"자, 동심거사는 떠납니다. 아줌마! 잘 사귀어 봅시다, 나 보면 막걸리 한 사발에 우동 한 그릇 정도는 보시할 줄 알아야 해요. 작명값이요."

"싫어요. 무슨 뜻인지 모르겠지만 아저씨 그 이름은 싫어요. 나를 놀리지 마세요."

소스라치게 놀란 얼굴로 거부 반응을 보인 나를 보며 주인 여자는

"아줌마! 너무 신경 쓰지 말아요. 저 아저씨는 착한 사람이에요. 아줌마의 깊은 마음을 아는 듯 노래해 주었잖아요. 처음에는 낯설지만 날이 지나면 적응할 수 있어요. 아줌마 저 분 오시면 막걸리 한 사발 정스럽게 뚝 떠 주세요."

주인 여자는 점점 생기를 되찾은 듯 얼굴이 밝아지기 시작했다. 점심시간이 다가오면서 주인 여자는 창문을 활짝 열고 안에 있던 축축한 어둠은 몰아내고 밖의 햇살을 안으로 들어오게 하고 있었다. 정말이다. 알다가도 모를 일이다.

이 집은 안개에 쌓인 듯하면서 사람을 홀리는 뭔가 있는 것 같다.

주인 여자의 말이 터졌다.

"아줌마! 첫째로 음식 재료가 싱싱해야 돼요. 우리집 음식은 모양을 중

요시 하는 것이 아니라 마음을 넣어서 식구가 먹는다는 생각으로 해야 돼요. 그래서 아줌마처럼 세상 연륜이 많이 쌓인 분을 우리 집에서는 좋아하는 거에요."

주인 여자의 손놀림은 어설프기 짝이 없지만 이곳저곳을 설렁 설렁 더듬고 다니다 보니 뭔가 정리가 되는 듯 했다. 이 주인 여자를 따라서 일을 했다가는 안 되겠다는 생각이 들었다.

주인 여자는 낮 열두 시면 실로 짠 가방 하나를 덜렁 메고 나타난다. 손뜨게로 짠 스웨터와 긴 청치마에 머리를 묶은 모습은 어딘지 촌스러운 듯 하면서 잘 어울리는 것 같기도 하다. 그녀는 항상 얼굴에 환한 웃음을 띠고 있다.

'분명 저 여자의 웃음 속에 뭔가 있긴 있는데, 그것이 뭘까. 남편이 있긴 한 것일까. 혹은 없는 것일까. 말을 하다가 가만히 창밖을 내다 볼 때 여자의 눈은 커다란 슬픔이 배어 있는 듯하다. 두고 봐야지 뭘 그렇게까지 신경 쓸 필요가 있을까.'

점심시간이 지나고 주섬주섬 모인 설거지가 산더미처럼 쌓였다. 주인 여자는 다시 잠 속으로 빠져드는 듯하다.

이럴 때 몰래 빠져 나와 내가 좋아하는 담배 한 대 피우고 와야지.

화장실 가는 길은 여간 길지가 않다. 요즈음에도 이렇게 해놓고 장사가 되는 것 보면 참 희한하다. 어디에서 주워 왔는지 모르지만 보도블록을 듬성듬성 징검다리처럼 놓았는데, 그것들은 어디서 신나게 얻어맞아 깨지고 부서진 몸으로 이곳에 웅크리고 있다. 주인 여자는 화장실 가는 그 길에서 가끔 하늘을 쳐다보곤 한다. 파란 하늘이 가슴으로 들어온다는 말을 하며 한참을 서 있기도 하고 그 보도블록 사이로 이제 막 움을 트고 있는 이름 없는 풀들과 쪼그리고 앉아 뭐라 이야기를 하는 듯하다.

무척 심심한 모양이다. 아니 속 터지는 일이 있나 보다. 주인 여자는 자신의 말은 별로 하지 않고 가게 안에서 일어나는 일에 흥미를 갖는다. 매상 올리는 일도 아닌 아주 쓸데없는 데 관심이 많은 이 여자는 심심하면 '밥 먹으세요. 커피 한 잔 하세요. 먹고 싶은 것 해 먹으세요.'

이 말을 입에 달고 산다. 하기야 늘 손님에게 '뭘 더 드릴까요. 모자란 것 있으면 말씀하세요.' 이런 말을 노상 하니, 나에게도 녹음테이프를 틀어 놓은 것처럼 하겠지.

주인 여자는 내가 담배 피운다는 사실을 안다면 분명 "담배 한 대 피우고 하세요."하고 말할 것이다.

그런데 저 여자의 몸짓이나 행동으로 봐서 내가 담배를 피운다든지 술을 먹는다는 말을 하면 나를 이 집에서 내쫓아버릴지 모른다는 생각이 든다.

비밀이 있어야 아름다운 여자라는 말을 주인 여자가 어느 곳에 전화하면서 한 적이 있다.

이 집을 그만둘 때까지는 비밀에 부쳐야지, 구석지고 어느 곳 하나 다듬어지지 않는 해괴한 화장실에 앉아 나는 몰래 담배를 피운다.

똑똑…….

담뱃불을 끄고 얼른 물을 틀었다. 화장실 뒤쪽에는 손바닥만 한 창문이 나 있다. 그 사이로 산수유나무가 보인다. 그 연한 잎이 나를 보고 웃는다. 나도 조금 웃어본다.

제기랄, 이 집에 와 보니 자꾸 내가 이상해지는 느낌이다.

문을 두드린 사람은 내 별명을 '벽오동'이라 지어준 시인아저씨이다.

남자는 문 앞에서 머뭇거리다가 내가 나오자 화장실 안으로 들어가면서

"벽오동 아줌마! 담배질 하지요. 우리 도망간 마누라도 담배질 해서 얼마나 내가 담배 냄새를 싫어하는 줄 알아요."

"아니에요. 난 담배 피우지 않았어요."

문을 쾅 닫으면서 남자는

"걱정하지 마세요. 주인댁에게 이르지 않을게요. 이 집 주인은 고지식하고 애기 같아서 아마 담배 피운 줄 알면 크게 놀랄 걸요, 그리고 이상하게 볼지도 몰라요."

징검다리를 디디면서 내가 뭔가 도둑질을 하다 들킨 것 같아 한 마디로 기분이 더럽다.

'제기랄, 이 나이에 나보다 나이 덜 먹은 주인 여자 눈치를 보며 살아야 하다니. 내 팔자가 원망스럽다. 그렇지만 은수, 은영, 은지를 키워야 하니 어쩌겠는가 참아봐야지.'

임대 아파트 재건축이 된다면 내가 살고 있는 빈민 아파트에서 벗어날 수 있는 기회가 딱 한 번 있긴 있을 텐데. 그러면 나는 스물 네 평 아파트에서 살 수 있다. 그러면 나는 부자가 된다. 매일 담배와 술로 오랜 세월을 살아온 나에게 행운이며 기적 같은 일이 되는 것이다.

주인 여자는 한 쪽에 놓은 작은 평상 같기도 하고 다락방 같기도 한 곳에 고개를 조아리고 자고 있다. 여기 저기 앞치마가 널려 있고, 수북하게 쌓여있는 책들이 조금은 가증스럽기도 하다. 저 여자는 언제 일하고 저렇

게 많은 책들을 읽을 수 있을까.

　모두가 거짓말인지 몰라. 분명 저 여자는 나처럼 초등학교도 졸업 못해서 공부에 한이 맺혀 있는지 몰라. 그러니까 그 한을 풀기 위해 저 지저분한 방에다 책을 쌓아놓고 사람들에게 자랑할거야. 저렇게 보지도 않고 책을 베개삼아 잠을 자는데…….

작가의 꿈, 무단 가출

앞치마 안에서 진동으로 해놓은 핸드폰이 울린다. 주인 여자 단잠을 깰까 봐 밖으로 나가 받을까 하다가 그냥 받았다. 낯선 번호가 찍힌 전화를 받자, 서울 여자 목소리가 들린다.

지금 우리 집에는 은수의 친구, 두 여자애가 와 있다. 이유없이 우리 집에 와서 은수가 학교 가는 시간에도 집에 있다. 은수 말에 의하면 컴퓨터 사이트에서 만난 친구라는 것이다.

석연치 않아서

"왜 그 애들이 우리 집에서 사흘이나 있어야 하느냐"

잔소리를 하지만 지금 우리 은수는 사춘기라는 이유로 내 말을 통 듣지 않으니 더 이상 길게 말을 할 수가 없었다.

은수는 내가 매일 은수 아빠랑 술을 먹고 싸운다는 이유로 방황을 하기 시작했다. 아무에게도 말할 수 없었지만 사실 한 달 전에 우리 은수가 가출을 했다. 얼마나 속이 상했는지 모른다.

하루 이틀 사흘이 되어도 나타나지 않다가 우리 집에 와 있는 아이들이랑 같이 나타난 것이다.

내가 죽는다고 밀가루를 봉지에 담아가지고 은수 앞에 악을 부렸더니 은수는 그 뒷날부터 학교에 나가기 시작했다.

은수 아빠는 매일 밖에서 막일을 하지만 돈을 벌어오지는 않는다. 하지만 우리 아버지처럼 노래를 부른다든지 아이들을 못살게 굴지 않으니까, 내가 그냥 참는다. 다만 우리 딸들에게 돈 없으면 공장 다니면 된다는 소리만 안했으면 좋겠다.

그리고 매일 힘들게 일하고 들어가 잠을 자려고 하는 나에게 술 먹고 덤비지 않았으면 좋겠다. 남들은 술을 먹으면 힘이 없어진다는데 우리 연하의 신랑은 술이 정력제가 되나 보다.

아니 글쎄, 딸이 집을 나가 애간장을 태우고 있는데, 남편이란 사람은 내 옆으로 와서 자꾸 치근대는 바람에 밤새워 싸웠다.

어떻게 그럴 수 있어. 다 큰 딸이 집을 나가서 안 들어오는데 어떻게 부부 관계를 할 수 있냐는 말이다.

내 딸은 돌아왔지만 혹처럼 달고 들어온 서울 애들 중에 내게 전화를 한 아이 엄마는 꼭 은수가 집을 나갔을 때의 내 심정이었을 것이다. 그녀는 울먹이면서 아이를 찾아 달라 애원한다.

우리 집에 있으니 데려 가면 되지 않느냐. 나는 지금 일을 하느라 집에 갈 수 없다는 말을 했더니 서울 엄마는 아이들이 엄마를 보면 또 달아날 것이니 가만히 집에 들어가 덮쳐서 억지로 집으로 끌고 들어가야 된다고 한다. 과연 억지로 데려갈 수 있을까.

잠을 자는 줄 알았던 주인 여자가 우리의 전화 소리를 들었는지 벌떡 일어서더니

"아줌마 빨리 집으로 가서 그 분을 도와주세요. 빨리요."

"아니! 내가 어떻게 그 애들을 돌려보내겠어요. 그런 식으로 집에 간들 또 뛰쳐 나온다구요. 그러다 우리 순진한 은수만 더 버리는 건 아닌지 모르겠네요."

"아줌마! 중3이면 그럴 수 있어요. 이 고비만 지나면 차분해져요. 사춘기라서 그래요."

주인 여자는 아주 선한 미소를 지으면서 배려를 하는 듯 말을 했다. 그리고 나의 물 묻은 앞치마를 뒤에서 끈을 잡아 풀었다.

어쩐지, 예술 고등학교 입학 준비로 무슨 방학이라더니 그놈의 계집애들이 어른인 나를 놀렸구나. 비닐 문을 닫고 가게를 빠져 나와 빠른 걸음으로 집을 향했다. 봄 햇살이 따뜻하게 내 살 속으로 기어 들어온다. 본토 왕소금 구이, 어유도, 어우동, 땃따붓따, 딱따구리, 얼큰이, 즐비하게 늘어선 음식점. 또 마주 보고 있는 허리우드, 내고향 노래방, 황금성 게임장, 유앤미 편의 노래방…… 내 눈에 들어온 간판들은 낮에 잠을 자고 있다. 저녁 일곱 시, 내 퇴근시간에 불이 들어와 번쩍거릴 뿐 내가 근무하고 있는 이 시간에는 모두 잠을 잔다. 거리에는 사람들도 없다. 햇살이 이렇게 고운데 사람들은 어디로 갔을까. 낮에 잠을 자고 밤에 일을 해서 과연 이곳 사람들은 밥을 먹고 살 수 있을까. 내가 다녔던 김치공장하고는 다르다. 그곳에서는 햇살 아래서 많은 사람들을 만났는데 이곳에는 낮에 밥

먹으러 오는 사람 빼고는 잘 만날 수 없다. 점심을 먹으러 온 사람들도 어쩌면 어제 먹은 술이 아직 덜 깨서 오는 사람들이 아닐까.

술집과 음식점이 즐비하게 늘어선 골목길을 빠져 나와 벽에 곰팡이 냄새가 날 것 같은 임대 아파트에 들어왔다.

검은 윤기가 반지르르 나는 차 안에서 선글라스를 쓴 남자와 머리를 묶은 여자가 나왔다.

"안녕하세요, 은수 어머니! 죄송해요, 제가 자식을 잘못 길러서 이렇게 되었어요."

서울 여자는 얼굴에 화장기가 하나 없었다. 다만 왠지 모르게 특별한 삶을 살고 있을 법한 느낌이 들었다. 검은 선글라스를 쓰고 있는 남자는 아무 말을 하지 않았다. 검은 구두가 차처럼 반짝반짝 빛이 났다.

"은수 엄마 도와주세요. 그 애가 나를 보면 도망을 가요. 내가 잘못했어요. 애 아빠랑 이혼하는 것이 아닌데 조금만 참았더라면 이 지경까지는 안됐을 것을…… 은수는 학교에 갔다면서요. 미안해요. 우리 아이들이 은수를 꼬드겨서 서울까지 오게 만들고…… 모두 제 잘못이랍니다."

서울 여자는 말을 잇지 못하고 큰소리를 내어 울었다. 경비아저씨들이 무슨 일이 있어 보이는지 차 곁으로 나와 서성인다.

105동 일 층이 우리 집이다. 집을 향해 조심스럽게 가는데 아파트 앞쪽에서 이상한 소리가 났다.

이미 서울 아이들이 저희들을 찾으러 왔다는 것을 알고 뛰기 시작한 것이다. 앞쪽 베란다 문을 뛰어 넘었다. 아이들은 이미 아가씨처럼 화장을 야하게 하고 핸드백을 메고 뛰기 시작했다. 아니 이럴 수가, 이럴 수가 우당탕 아이들을 향해 뛰었지만 아이들은 이미 아파트 입구를 빠져 나갔다. 경비아저씨가 눈치를 채고 아이들을 잡아 몸싸움을 벌였지만 얼마나 힘이 센지 악을 쓰면서 도망을 가버렸다.

서울에서 온 여자는 선글라스를 쓴 젊은 남자를 부둥켜안고 울었다. 은수는 아직 학교에서 오지 않았고 그 아이들이 놔두고 간 큰 가방 안에는 담배와 술이 있었고 그리고 알 수 없는 비닐 안에 작은 알약이 있었다. 이 아이들이, 아니 내 딸이 집을 나갔다 오지 않았는가. 그렇다면 내 딸도 이 아이들이 갖고 있는 술과 담배 작은 알약을 먹고 있는 건 아닐까…….

절대로 공장에는 보낼 수 없다는 엄마의 바람을 무참히 짓밟고 있는 것은 아닐까. 딸이 학교에 간 이유는 아마도 이 아이들이 우리 집에 잘 머물 수 있게 하기 위해서였을 것이다. 휴우, 내가 이렇게 살아서 무엇을 하겠나.

서울 여자는 충주 시내를 다 뒤져서 딸을 찾겠다 나섰고 나는 아파트 열쇠를 잠그지 않고 다시 오던 길을 걸어 몸담고 있는 직장으로 돌아왔다.

노란 개나리는 아직 아파트 담벼락에 환장하게 피어 있고 자꾸 내 입안에서는 담배향을 부르고 있다. 가게 안에 들어서자 주인 여자는 잔뜩 놀란 눈으로 나를 쳐다보지만 나는 아주 심각한 척 하면서 화장실로 간다. 보도블록이 오래 돼 떨어져 나간 이 길이 어쩜 내 모습을 닮아 마음에 든다. 화장실 안에서 담배 불을 댕기며, 학교에서 돌아온 딸은 친구들이 없어진 걸 알면 어떤 표정을 지을까. 혹, 또 쫓아 나서지 않을까. 하얀 연기처럼 풀어져 내린 내 마음의 가닥이 잡히지 않는다. 화장실 귀퉁이에는 이런 글이 쓰어 있다.

낮게 생활하고 높게 생각하자

누군가 써놓은 글 조각을 이곳에 주인 여자가 붙여놓은 것이다.
빙그레 웃음을 지어 보며 담배 한 개비를 달게 빨아들이고 밀린 설거지를 하러 가게 안으로 들어왔다. 화장실 갔다 돌아오는 길은 길지만 징검다리를 건너는 느낌이 정겹다.

주인 여자는 나를 보자마자 커피 두 잔을 타서 식탁 위에 놓고 마주 앉는다.
"아줌마! 걱정하지 마세요. 시간이 해결해줄 거예요. 저도 중3때 가출을 했었거든요. 아줌마! 그 시절에는 서울로 돈 벌러 가는 무단가출 소녀들이 많았잖아요. 저는 그때 외가에 간다고 어머니에게 거짓말하고, 초등학교만 졸업하고 서울로 돈 벌러 간 친구를 따라 가게 되었지요. 그때 그 친구는 이웃집 이발사와 첫사랑에 빠져, 죽고 못 살 정도로 사랑했는데 그만 아주 작은 오해로 이별을 하게 된 거예요. 그 첫사랑 주인공을 나도 사실은 좋아했거든요. 그래서 늘 가슴을 두근거리며 힘들어 하게 되었지요. 두 사람의 이별은 짝사랑만 했던 나의 아픈 가슴에 이별처럼 와 닿아서 무작정 서울로 함께 그냥 떠나고 싶더라고요. 결국 그때 그 이발사의 첫사랑이 두 소녀를 서울행 기차를 타게 한 것이에요.
그날 나는 교복을 얌전하게 차려 입고 중2학년 때 받은 선행상 상장을 가방에 넣고 전엽이란 친구를 따라 서울행 완행열차에 몸을 실었지요. 그런데, 전엽이는 기차 안에서 또 타고난 바람기를 발휘하는 것 있지요. 완행 열차에서 고등학생으로 보이는 남자애와 눈이 맞아버렸어요. 저도 나를 좋아해주는 남학생을 찾고 있었어요. 키가 불쑥 크고 늦게 생리를 한, 늦게 핀 여자라서인지 남학생들이 나를 좋아하지 않는 눈치였어요. 울 어머니가 나는 늦게 필 여자가 될 거라고 했는데, 그 말이 맞았는지 꺽다리처럼 키만 큰, 얼굴이 까무잡잡한 여자애를 누가 좋아하겠어요. 저는 창밖으로 부는 찬바람에 이제 막 시작된 내 청춘의 외로움과 소외감을 느끼기 시작했지요.

참, 대전발 영시 오십 분, 바로 그 기차를 타게 되었는데 그 대전발 열차가 출발하기 바로 직전에 나는 혼자 화장실 간다고 빠져나와 각기 우동 한 그릇을 사먹었어요. 왜 혼자 먹었느냐 하면 전업이는 언니처럼 서울에 가면 돈이 필요하니 아무 것도 먹지 말고 서울까지 가야 한다 했거든요. 그리고 자신은 그 남학생이랑 계속 이야기하면서 재미나게 시간을 보낸 것 있지요. 나는 배고픈 것을 참을 수 없어서 화가 나고, 은근히 샘이 나서 혼자 숨어서 우동 한 그릇을 단숨에 먹어 치웠어요. 아! 글쎄 그 맛이 너무 맛있어서 지금도 잊지 못해요. 양은대접에 유부가 송송 썰어져 별처럼 떠 있고, 파가 둥글둥글 몸을 구르는 듯한 모습, 유난히 김이 모락모락 나는 국물이 착 달라붙었지요. 그 맛을 잊지 못해요. 그 우동을, 친구 모르게 먹은 죄로 내가 이렇게 우동 장사가 되어 사나 봐요. 낮이나 밤이나 우동을 끓이며 사나 봐요."

주인 여자는 입맛까지 다시면서 흥이 나서 이야기를 계속 늘어놓기 시작했다.

나는 할 일이 많이 밀려 있어서 난감한 표정을 지으며 천천히 설거지를 하기 시작했다. 주인 여자는 오랜 가뭄에 단비라도 맞은 듯이 얼굴에 윤이 나며 눈이 빛나 보였다. 사실, 나는 이런 주인 여자가 못마땅했다. 은수때문에 내가 얼마나 마음이 심란한 줄 과연 주인 여자는 알고 저러는 것일까. 우리 아이들의 문제가 주인 여자에게 저렇게 흥밋거리가 되는 것일까. 내심 자존심도 상해 죽겠는데 왜 어린 시절에 가출했던 이야기를 저렇게 너절너절 늘어놓는 것인지 모르겠다. 밥 먹고 살만하니까 중학교를 갔을 거다. 주인 여자가 가출을 할 때 방직 공장에서 밤낮을 돌아가며 열심히 베를 짜고 살아야만 했던 나의 과거사를 저 주인 여자는 아는가.

물소리에 이야기가 잘 들리지도 않는데.

"아줌마! 새벽이 되어 서울에 도착했지요. 얼마나 막막하던지 그래도 내가 먼저 경찰서로 가자는 제안을 했어요. 우리 언니와 고모 주소를 가져 왔으나 서울 지리를 모르니 경찰서에 도움을 받고 싶었으니까요. 순경 아저씨가 난로 옆에 앉아 졸면서 우리에게 기다리고 있으면 아침에 고모네 집을 찾아준다 하더군요. 그래서 우리는 둘이 앉아서 도망온 이야기를 늘어놓기 시작했어요.

공장에 취직해서 돈을 모으면 은행에 맡기지 말자, 만약 은행에 불이 나면 우리 돈이 다 없어질 테니까. 그리고 서울에서 야간 학교를 다니자 그리고 성공해서 강진에 내려가자. 만약에 고모가 하는 공장에 취직 시켜주지 않으면 우린 다시 구로 공단으로 도망을 가자, 집에 내려간다는 이야기를 하고 도망가면 된다.

전업이는 돈을 벌어서 집에 있는 동생들 공부 가르치고, 또 무슨 짓을 해서라도 부모님께 논밭을 사 드릴 거라 장담했어요. 그런데 나는 비록 서럽고 배고픈 세월이지만, 낯선 미지의 세계에서 아주 훌륭한 작가가 되어 보리라 다짐했어요. 그러기 위해서는 자유인이 되고 싶었어요. 공부하라는 우리 아버지 우리 어머니 잔소리 듣기 싫어서, 아니 방청소 하지 않는다는 둥, 큰소리로 웃는다는 둥, 남학생은 아에 쳐다보지도 말라는 등의 울 어머니 성화가 듣기 싫어서 이유 없는 방황을 시작한 것이에요. 그때 나는 우리 국어 선생님을 좋아했거든요. 그 선생님이랑 전쟁이 나면 무인도로 도망을 가고 싶었어요. 그런데 국어선생님은 앞에 앉은 작고 귀여운 아이들만 예뻐하고 나 같은 것에는 관심을 보이지 않았어요. 그래서 저는 눈이 나쁘다는 핑계로 아버지를 졸라 멋있는 안경 하나 얻어 끼고, 그때서야 맨 앞에 앉을 수 있었지요. 국어시간에 시가 나오면 모두 외울 수 있었고 소설이 나오면 내가 모두 이미 본 소설이어서인지 선생님의 관심을 끌기에는 충분했었지요. 콧대가 유난히 높았던 선생님은 하루는 자습을 시키시고

"강순희! 어디 한번 안경 좀 줘볼래. 안경이 순희에게 잘 어울리거든."

하기에 수줍게 웃으며 쿵쾅 거리는 가슴을 주체하지 못한 채 안경을 벗어 선생님에게 주었더니

"아니 너, 이 안경 멋 부리기용 아니니? 정말 너 멋 부리려고 일부러 낀 것 아니야?"

맞아요. 나는 도수 없는 안경을 낀 거에요. 그 시절에는 안경 낀 여학생들이 지적으로 보여서 멋이 있었거든요.

그 후로 나는 맨 뒷자리로 쫓겨났고, 국어 선생님은 나를 맞배기 안경이라 놀리기 시작했어요. 그 후 무인도로 선생님이랑 도망갈 꿈은 산산조각

이 나버린거지요.

　전업이랑 같이 흠모했던 이발사도 좋았고, 국어선생님도 좋았는데 제겐 모두 짝사랑이라서 서울로 도망올 수밖에 없었지요.

　그런데 책상에 기대어 잠을 자던 순경이 갑자기 책상을 탁 치면서

　"야 너희들, 무단 가출소녀들이지? 어쩐지 이상하다 했더니. 야, 니네 부모 모르게 니가 이 키 큰 애를 꼬셔가지고 나왔구나. 빨리 빨리 주소랑 이름 대. 학교 이름도 말해."

　다리가 유난히 길어 보이던 젊은 순경은 꼬치꼬치 나오게 된 동기를 묻기 시작했어요.

　"너희들 부모님께 연락해서 데리러 오라 하고 싶은데 강진이라 하면 너무 멀어서 일단 고모 주소가 있으니 너희들을 고모에게 넘길 거다. 이놈들 특히 키 큰 놈 정신 차려. 서울이 그렇게 호락호락한 줄 아니? 걸어 다니면 코 베어 가는 세상이란 말이야."

　밤이 좀처럼 빨리 새지는 않았어요. 우리를 고모에게 넘길 거라 말한 순경은 퇴근을 했고 몸이 뚱뚱해서 의자에 앉아 있으면 바지가 아주 짧아 보였던 순경이 우리에게 말을 시키기 시작했어요.

　특히 나에게는 그러지 않았지만 전업에게 몸수색을 해야 한다는 이유로 전업의 온몸을 만지기 시작했어요. 전업은 울컥울컥 얼굴이 변했고 나는 그 순경아저씨의 눈빛이 징그럽다는 생각을 했어요. 몸수색을 길게 한 순경은 전업에게 전화번호를 적어주면서 서울에서 직장을 꼭 잡아야 한다면, 혹시 고모가 공장에 취직을 시켜주지 않으면 자기에게 전화를 하라는 말을 했어요. 자신이 도와주겠다는 말을 몇 번이나 해요. 전업은 울상

이 되어 가방을 끌어안고 있었고 나는 벌써부터 집을 나온 것을 후회하기 시작했어요.

고모와 언니가 전화를 받고 달려왔고 고모는 내가 방학이라서 서울에 놀러 왔다고 생각하여 무지 반가운 얼굴로 나를 안아주었어요. 서울에서 학교를 다니던 우리 언니는 새침하고 아주 거만하여 나를 반기지 않았어요. 아무튼 고모를 따라 고모네 집으로 갔어요. 동숭동에 있는 고모집에서 맛난 돈가스를 배부르게 먹고 따뜻한 방에서 깊은 잠에 빠져 들었지요. 내 친구 전업은 당분간 고모네 집일을 도와주는 식모로 취직을 했지요.

나는 전업의 기막힌 신세 따위는 걱정을 안하고 나팔바지며 지지미블라우스에 반해서 실컷 멋 부리며 서울거리를 구경하다가 언니랑 함께 귀향하게 되었어요.

그 전업이란 친구에게는 참 미안해요. 물론 그 후 전업은 고모네 옷공장 시다로 취직이 되었지만 고모 말에 의하면 타고난 바람기를 따라서 다방으로 가버렸다는 거에요. 시간이 흐른 후 전업은 강진에는 잘 내려오지 않았지만 서울에서 돈을 벌어서 동생 공부시키고 집에 논밭을 사기 시작해서 아주 효녀라 불리게 되었지요. 내가 고등학교 때 딱 한 번 내려 왔었는데, 그녀는 무지 예쁜 서울 여자가 되어 있었어요. 나는 내 자신이 아주 촌년처럼 느껴져서 서먹거렸어요. 그리고 같이 구로공단 공장에 취직 못해서 미안했었구요.

그 후로 전업을 요정이나 술집에서 봤다는 소리를 들었지요. 그런데 시집갈 때 즈음 되어서는 서울 생활을 모두 청산하고, 고급 공무원과 선을 봐 결혼해서는 지금은 아들 둘 낳고 아주 잘 살아요. 지금 내가 살아가는 모습을 보면 비웃을지도 몰라요. 그녀는 아주 부자가 되어서 안정된 생활을 하고 있답니다."

주인 여자는 함께 가출했던 전업이란 친구가 부럽다는 듯이 말을 한다. 아니면 지금의 자신의 위치를 슬퍼하는 것 같기도 하다.

"아줌마! 청소년 시절에 한 번쯤의 방황은 다 해요. 나는 그때 무단가출을 하고 돌아왔지만, 우리 엄마 아버지가 고모네 집에 통 크게 한 번 다녀온 걸로만 알아서 아무 탈 없이 방황을 끝낼 수 있었지요. 그 후 가끔 문제아를 학교 방송에서 부를 때 마다 내 이름이 끼어 있지 않나 가슴을 조이긴 했지만요. 한 번쯤 모르는 체 해주세요. 그리고 세월을 낚아요. 자식은 마음대로 안돼요. 엄마 아빠만 반듯하면 자식은 절대로 잘못되지 않아요."

주인 여자의 말은 나에게 위로가 되지 않았다. 무단가출을 했던 저 아줌마의 속없는 이야기가 지금 나의 마음으로 들어올 리 없었다.

# 딸을 찾습니다

그날 밤 늦게까지 딸은 소식이 없었다. 왜 집에 오지 않는 것일까. 연년생으로 딸을 셋 낳은 죄로 팔이 늘어지도록 김치공장에서 일을 했고 이제 저만 말 잘 들으면 고등학교에 보내줄 수도 있는데, 사람답게 여자답게 잘 길러서 시집을 보내고 싶은 이 어미 마음을 은수가 과연 알긴 알까.

충주 시내를 밤을 새워 헤맸지만 그 서울 아이들과 우리 은수를 만나지 못했다. 맥이 풀려 새벽에 들어온 나를 노란 개나리가 환하게 반긴다. 아줌마 용기를 잃지 말아요, 딸은 아무 일 없을 거에요. 분명 주인 여자 말대로 한번 방황해본 것 뿐일까?

매일 이렇게 밤이면 은수 아빠랑 술을 마시며 이 길을 헤맸는데, 우리 은수 가슴에 찬바람이 불고 있다는 것은 생각지도 못했는데, 주인 여자가 기차타고 도망갈 때 밖에서 불었다는 찬바람이 내 가슴으로도 불어왔다. 하늘에 지금 지고 있는 그믐달을 쳐다보며 '어쨌든 이 애미는 너를 기다린다. 부디 몸조심 하여라. 은수야 몸조심해야 돼'라고 되뇌었다.

밤새 한숨도 자지 못했고 아직 딸이 들어오지 않았는데도 일하러 나섰다. 모든 것을 접어버리고 내가 좋아하는 술이나 실컷 마시고 싶었지만 중2, 중1된 어린 딸들과 속없는 연하 남자 때문에 일을 하러 가야 한다.

따뜻한 우동향이 몸 안으로 간간하게 스며 오면서 어젯밤 잠을 자지 못한 피곤함이 한꺼번에 밀려온다.

주인 여자는 뒤에 있는 김치 항아리를 들여다 보며 이제 묵은 김치가 얼마 남지 않았으니 김치를 담가야 한다는 말을 한다. 가슴이 철렁하다.

온몸이 이렇게 허물어져 가는 오후에 김치를 담가야 하겠다는 주인 여자의 말에 '휴우, 나는 이제 죽었구나. 김치담기를 피해서 이곳에 왔더니 이곳에는 아주 큰 김치 항아리들이 화장실 가는 길 뒤편으로 우람하게 서서 나를 기다리고 있었구나.'

주인 여자는 군내나는 묵은 김치를 한 바가지 퍼서 가게 안으로 들어오면서 보리밥에 김치를 머리만 툭 잘라서 길게 척척 걸쳐 먹는다. 주인 여자는 우동을 팔면서 이상하게 우동 한 그릇을 맛나게 먹지 않는다. 왜 그럴까? 나는 이 집의 우동이 맛이 있어서 하루에 꼭 한 그릇 이상을 먹는다. 밀반죽을 손으로 해서 즉석으로 면을 기계에 뽑아 만든 우동이 여간 맛나지 않다. 이 집에 잘 왔다는 이유 중 하나는 바로 시원한 우동을 먹을 수 있다는 점이다. 그런데 점심시간이면 주인 여자는 늘 보리밥을 해서 된장찌개에 겉절이나 무 생채나물을 벌겋게 비벼 '쩝쩝' 소리를 내며 먹는다. 주인 여자 앞에서 우동을 먹겠다는 말을 하기에 왠지 자존심이 상해 어려서 지겹게 먹어 싫은 보리밥을 억지로 먹는 수밖에 없다. 주인 여자는 어려서 옆방에 사는 사람이 보리밥을 하도 맛있게 먹어서 그게 그렇게 부러웠다는 말을 하며 그리운 보릿고개 이야기를 한다. 내가 보리밥이 싫은 이유와 주인 여자의 그리운 보리밥 이야기는 차원이 다르다.

그래서 나는 주인 여자가 가게에 나오기 전에 점심준비를 마친 후 꼭 우동을 삶아서 먹곤 한다. 아침을 거의 먹지 않고 출근하기 때문에 우동을 푸짐하게 한 그릇 삶아 나는 아주 맛나게 먹는다.

주인 여자는 오후 두 시쯤 점심시간이 끝난 후 아침겸 점심 보리밥으로 상을 차린다. 먹기 싫은 보리밥을 주인 여자 따라서 먹는 내 마음을 주인 여자는 눈치 채지 못하여

"아줌마! 고기를 좋아하시면 냉장고에 있으니 구워 드세요. 제가 이 시간에는 아침이나 마찬가지라서 고기를 먹을 수가 없어요. 저는 밤에 일을 하기 때문에 밤에 입맛이 돌아서 밤에만 고기를 부담 없이 먹을 수 있답니다."

주인 여자는 묵은 김치를 쭈욱쭈욱 찢어서 보리밥 위에 걸쳐서 아주 맛나게 먹는다. 우동을 먹은 탓에 밥맛이 없어서 찬물에 물을 말아 밥알을 훌훌 넘기는 나에게 주인 여자가 말했다.

"은수가 돌아오지 않았지요? 여자는 익은 음식과 마찬가지이니 평소에 몸조심해야 한다는 교육만 잘 시키면 돼요. 요즈음은 아이들이 영리하니까 크게 걱정하지 않아도 될 거에요."

주인 여자가 밥을 먹고 커피 두 잔을 타서 식탁으로 가져왔다.

넘겨짚어 말하는 주인 여자 말에 기분이 나빴지만 속에 들어 있는 커피며 알약들이 마음을 짓눌렀다.

커피를 마시며 주인 여자는 에너지가 솟는 듯 했다. 채소 장사가 하얀 추리닝을 입고 유명 메이커 운동화를 신고 비닐 문을 밀며 들어왔다. 그는 박스귀퉁이를 조금 떼어서 이 집에 오늘 필요한 채소를 적는다.

누가 말하지 않아도 고물 냉장고를 이리저리 열어가며 쑥갓, 고추, 당근, 파, 시금치 등등을 주욱 적는다. 이 집의 자동 시스템은 물건을 팔러온 사람들이 스스로 냉장고를 열어 자신들이 직접 주문하여 물건을 제 자리에 갖다 놓고 간다는 점에 있다. 주인은 허름한 천으로 된 가방을 뒤져서 구겨진 돈을 꺼내서 준다. 때로는 돈을 세고 또 세고 침을 발라서 다시 세어 주다가 보통 때는 돈을 대충 꺼내서 상대방에게 주면서 받으라 한다. 그럴 때마다 나는 주인 여자 편이 되어서 상대방이 돈을 세는데 눈을 떼지 않는다. 혹시나 주인 여자가 불이익을 당할까 봐, 아니 솔직히 말하면 장사꾼들의 속셈이 움직일까 봐 시선을 떼지 않는다. 나의 노파심은 들어맞지 않는다. 장사하는 사람들은 정확하게 받을 만큼만 세어 받는다.

"삼촌! 우리 배추 서른 포기 놓고 가요. 김치가 다 떨어지고 있었네요."

"배추! 지금은 삼천 원해요. 조금 있으면 모내기 하니까 그때는 아주 싸게 갖다 줄 테니 그때 한 두 접 해요. 그 후로는 비싸지니까요."

채소 장사는 뽀얀 피부에 앞머리에 약간 파마를 해서 볼륨이 있다. 비닐 사이로 열린 문안으로 들어온 햇살이 참 곱다. 채소 장사는 노총각이란다. 오형제가 그만그만한 키에 충주 공판장에 가게를 갖고 있으면서 남양 청과라는 간판을 걸고 동분서주 열심히 일을 한다. 이 집에는 장사하는 사람으로 인식되기보다는 가족의 한 사람으로 스스럼없이 드나든다.

채소 장수는 이것저것 적은 채소를 비닐에 담아 가게 안으로 툭 던져 놓

듯이 갖다놓고 차를 타고 가면서

"이따가 배추 경매 봐서 오늘 밤에 갖다 놓을 테니 내일 아침에 배추 절여서 김치하면 돼요."

채소 총각은 나에게 말을 하며 트럭을 타고 '씨잉' 가버린다.

잠시 밖의 바람은 따뜻하게 와 닿는다. 가로수처럼 주욱 서 있는 시인의 공원 느티나무들이 섬세하게 푸른 물감을 들이고 있다. 주인 여자는 밖으로 나오더니 심호흡을 크게 하며 마당같은 시인의 공원으로 총총히 걸어간다. 주인 여자가 점심식사 후 늘 홀로 가서 앉아 있는 곳이다.

도대체 저 여자는 왜 저리 외로워 보일까. 혼자 저 곳에 앉아 있으면 무슨 생각을 할까. 늘 웃고 있지만 어딘지 모르게 숨어 있는 저 느티나무잎 같은 그늘이 보인다.

뭔가 나보다 더 기가 막힌 사연이 있었으면 좋겠다. '엿 같은 세상' 시쳇말로 아니 집나간 딸년이 늘 했던 말을 되씹어본다. 나만 왜 이리 힘들어야 하냐. 주인 여자를 긴 치마 휘날리며 박꽃 같은 웃음을 웃는 고상한 여자로 사람들이 그렇게 봐주는 것이 때로는 역겹다.

누가 내 마음을 알까. 맥이 풀리고 힘든데 왜 하필이면 내일 김치를 해야 하나. 우리 딸을 찾아 삼천리를 헤매야 하는데. '딸을 찾습니다.' 크게 현수막을 써서 전국을 헤매든가 텔레비전 방송에라도 나가야 하는데 이게 뭐야. 엄마란 사람이 이렇게 먹고 살자고 식당에 출근해서 일이나 하다니. 나 같은 것은 어미도 아니야. 딸년은 집을 나가 들어오지도 않는데, 소주에 푸욱 절은 채 게슴츠레한 눈을 뜨며 잠자리를 원하는 신랑이나 나나 뭐가 다르단 말인가.

주인 여자가 느티나무 밑에 나가 노는 시간에 나는 화장실에 가서 담배 한 대를 피며 울컥하는 마음에 가슴을 껴안고 꾸역꾸역 울기 시작했다. 변기레버가 아예 고장이 나버려서 수돗물을 틀어놓고 물소리를 따라 소리를 내본다.

"이놈의 계집애야! 너 신세를 어떻게 하려고 이러는 거야 제발 돌아와야 해. 알았지. 은수야 내가 잘못했어. 어미가 맨날 아빠랑 술이나 먹고 살았으니 너희가…… 내 잘못이다."

매일 이 집에 찾아오는 머리가 희끗희끗한 시인아저씨의 '어제보다 조금 더 진한 푸른 산수유 잎이 되었다'는 말이 생각나 화장실 문틈으로 산수유 잎을 무심히 쳐다본다.

우리 딸아이의 입장에서 나는 생각하지 않았다. 모두가 제 아빠 때문이라 생각했고 제 아빠랑 이혼 안하고 살아 주는 것이 최선의 방법이라 생각했다.

팔남매의 누나이자 언니가 된 나는 돈을 벌러 서울 공장에 갔었다. 머리를 틀어 올리면 잘 어울린다는 친구들 말처럼 나는 늘 나이보다 더 성숙해 보이는 여인으로 살았다. 그냥 어른이 되고 싶었다. 철없이 힘들고 배고프고 서러웠던 공장생활이었다. 비오는 날이면 축축한 한기를 온몸으로 느끼며 베를 짜는 공장에서 일을 했다. 지금 그 시간들을 머릿속에서 지워버리고 싶다. 그리고 지금의 현실에 반박하여 내가 왜 연하의 남자를 만나야 했고 또 술을 먹고 담배를 피우는지, 게다가 이 집에 식모로 취직을 해야 하는지를 변론해야 한다.

내가 너무 억울하니까. 정상적인 삶을 살지 못해 문제아의 엄마가 되어

숨을 크게 쉴 수조차 없는 이 답답함을 털어놔야 한다.

　공장에서 베를 짜다가 쉬는 날이면 고향 가는 길은 멀었고, 아버지와 동생들이 내가 벌어 보내준 돈으로 생활을 하고 있어서 그곳에 가는 차비마저도 아껴야 했으므로, 나는 늘 혼자 시내를 돌아다니곤 했다. 그러다가 한 남자를 만났다.

　사람들 눈에 잘 띄는 잘 생긴 얼굴과 목소리를 가진 애인을 사귀게 된 것이다. 친구들이 깜짝 놀라며 호박이 덩굴째 굴러왔다는 말을 할 정도로 멋있는 왕자를 만난 것이다.

　그런데 그 남자를 알고 난 후 나는 고향에 돈을 송금할 수 없었다. 나는 그 남자의 자취방으로 들어가 함께 살게 되었다. 꽃이라면 일찍 핀 꽃이 된 셈이다. 우리 주인 여자가 말했던 가출소녀 시절 이야기 중에 전업이라는 여자의 인생이 바로 나와 비슷하다는 생각이 들었다. 주인댁 앞에서 그 전업의 편이 되지는 못했지만 그 친구처럼 사랑을 팔아서 집안이라도 구했으면, 그 뿌듯함 때문에 술과 담배, 연하남자랑 가깝게 하지는 않았을지도 모른다. 쉽게 정을 주어 쉽게 깨져버렸던 내 청춘은 그 남자의 자취방에서 아이까지 갖게 되었다. 그 남자는 스타가 되는 것이 꿈이었고 그 뒤 군대에 가버렸다. 아이를 가졌다는 사실을 알고 나를 버렸던 것이다. 뱃속에 아비 없는 아이를 안고 나는 자모원으로 가서 겨우 몸을 풀었다. 악몽 같은 영화 속 장면이 나에게 일어났다. 내가 낳았던 아이는 아무도 모르게 입양되고 말았다. 해외 입양을 시키고 나니, 나는 남자들이 괴물로 보였다. 사람들은 나에게 철없는 장난을 했다는 말을 했다. 내가 한 사랑은 쉽게 찾아왔고 쉽게 가버렸다. 그 남자가 나를 피하지 않았으면 나는 그 남자 집에 가서 아이를 낳았을 것이고 그 아이를 기르며 군에 간 남자를 기다렸을 것이다. 허망하고 너무 억울하게 미혼모가 되어버렸던 나는 분명 나중에 벌을 받을 거라는 생각을 했다.

그렇지만 나는 다시는 배신당할 남자, 겉만 잘 생긴 사람을 만나지 않으리라 결심했다. 내가 선택 당할 것이 아니라 내가 선택해서 살아가리라 다짐했다.

첫아이를 낳을 때 하늘이 노랗던 고통과, 갈기갈기 찢어진 내 심장의 상처 따위는 모를 그런 사람을 택해 살아야 된다고 생각했다.

그래서일까. 나는 얼굴이 얽고 코가 주먹코며 이가 유난히 들어나 보이는 못생긴 총각인 지금의 남편을 택해버렸다. 그 후 나는 첫 아이가 눈에 자꾸 아른거렸고 꿈속에서도 나를 향해 자꾸 돌을 던지며 나타나기에 빨리 아이를 낳아야겠다는 생각이 들었다.

날마다 립스틱 짙게 바르고 남편을 유혹했다. 열 살이나 아래인 내 신랑은 내가 아니면 장가를 못 갔을 거라는 말을 주위에서 자주 했다. 혼수를 원하지 않은 남편, 나의 기가 막힌 과거를 아예 알려고 하지 않은 남편이 고마웠다. 빨리 아이를 낳아서 알콩 달콩 행복하게 살고 싶은 생각뿐이었다.

연년생으로 아이를 셋이나 낳은 후 남편은 점점 내 친정아버지를 닮아갔다. 밖에서 막일을 하는데도 번 돈을 집으로 가져 오지 않았다. 또, 술을 먹으면 잔소리를 하며 잠을 못 자게 했다. 점점 심해지는 남편의 주정 때문에 난 정말 헤어지고 싶었다. 아이를 데리고 집을 나가 살고 싶었다. 그래서 집을 나가 집 근처에 있는 여관에 숨어 보기도 했지만, 남편은 조금도 변하지 않았다.

애비 없이 딸 셋을 내 힘으로 키울 자신도 없었다. 그래도 시댁에서 가끔 쌀이나 고춧가루, 마늘 정도는 보내주니 그것만으로도 남편의 그늘에서 살아야 된다는 생각이 들었다. 오기가 생겼다. 서럽고 운이 지지리 없는 인생에 또 과부가 된다는 것이 싫었다.

살기 위해서 남편이 술을 먹고 주정을 할 때면 나도 함께 술을 먹는다. 그리고 술이 취하면 내가 좋아하는 노래를 부르며 춤을 춘다.

날마다 남편이 돌아오면 집에서 술을 마셨다. 남편에게 술은 반드시 집에서 먹고 이차나 삼차 역시 나가고 싶으면 함께 가자는 약속을 했다. 그 후 남편은 일이 끝나면 꼭 일당을 받아가지고 술을 사왔다. 그리고 열 살 더 먹은 여자인 아내랑 술을 먹고 주정을 하려 하면 내가 먼저 부른 노래에 목소리를 낼 수 없었다. 그리고 나는 춤을 추었다. 아이들을 작은 방에 꼭 넣어놓고 남편을 부둥켜안고 간드러지게 노래하며 나비처럼 춤을 추었다.

남편은 단 한 번도 이차나 삼차로 술을 먹으러 가자는 말을 하지 않았지만 오히려 내가 먼저 밖으로 나가자고 했다. 술이 오르면 나는 밤의 거리를 남편과 함께 누볐다. 호프집, 포장마차, 소주방 아니면 룸살롱까지 미친 듯이 남편을 끌고 다녔다. 죽기 아니면 까무러치기다. 아이들은 집에서 무엇을 하는지 관심도 갖지 않고 술에 발동걸렸다는 이유만으로 충주 시내를 헤맸다.

밤이 하얗게 샐 때 어렴풋이 이 우동집 앞을 많이 지나다녔지만 발길이 한 번도 이곳으로 들어오지는 않았다. 허름한 우동집에는 술이 없을 것 같아서…….

그런데 지금은 그 집에 설거지하는 주방 아줌마로 취직해서 이렇게 키가 훌쭉하게 큰 주인댁 눈치를 보며 산다. 그녀는 나이가 나보다 다섯 살 정도는 어려 보인다. 나는 주인댁이 좋아하는 보리쌀도 삶고, 담배도 모르게 슬쩍슬쩍 피우곤 한다.

화장실 안에서 산수유 잎을 보며 한참을 생각하다가 주인댁이 공원에서 놀다 들어오지 않을까 싶어 담뱃불을 끄고 징검다리를 건너 가게 안으로 들어온다.

한밤중에 전화가 왔다. 기다리던 딸은 오지 않았다. 개나리가 알을 품으려 시들해지려 하는데 학교에서는 사흘만 은수를 기다리다가 제적을 시키겠다는 경고를 해왔다. 이제 학교가 문제가 아니라 은수의 신상에 아무 문제가 없기를 바랄 뿐이다. 연하의 신랑은 또 소주잔을 기울이고 나를 안으며 침대로 가자 한다.

자식이 무엇인지, 돌아오지 않아도 걱정하지 않는 신랑의 멱살을 잡아 흔들고 싶지만 그럴 힘이 없다. 낮에는 우동과 씨름을 하고 딸이 없는 집에서 내가 살아 무슨 의미가 있을까. 남편이 마시던 술을 병째 낚아채다시피 해서 병째로 벌컥벌컥 마셨다. 저 놈의 인간, 속없는 남편을 이기는 방법은 더욱더 술을 먹고 춤을 추는 것 뿐이다.

은수를 생각하며 춤을 덩실덩실 추었다.

그러다 새벽이 되었는데 내가 다니는 우동집 주인 여자에게서 전화가 왔다.

"언니! 걱정하지 말아요. 딸이 우리 집에 있어요. 우동집으로 오세요.

은수가 돌아왔어요."

"뭐라고 ? 정말 우리 은수가 왔다고요?"

"언니! 맞아요. 언니 와요. 그리고 은수에게 아무 말도 하지 마세요. 심한 말 절대 하지 말아요."

슬리퍼를 끌며 아파트를 빠져 나왔다. 개나리가 파란 잎만 남기고 그 흔적을 지우고 있는 밤이다. 또 그 옆에서는 철쭉이 고개를 내밀어 밤하늘 밑은 환하다.

하얀 철쭉은 우리 딸이 돌아오는 길을 비추느라 가로등 아래 빳빳한 몸매를 들어내고 있는 것이리라. 하얀 철쭉을 한 움큼 꺾어 가슴에 안고 우동집으로 가고 싶다. 발이 땅에 떨어지는지 아니면 집에서 내가 좋아하는 춤을 추고 있는지 분간이 가지 않는다.

걱정이 있다면 주인 여자가 술에 젖은 내 모습을 보는 것이다. 눈이 벌겋게 충혈되고 혓바닥은 말러서 혀 꼬부라진 소리가 난다. 건널목을 건너면서 하늘을 보니 별이 총총 떠있다.

비닐문을 밀고 들어서니 주인 여자는 새벽일을 마치고 들어갈 준비를 주섬주섬 하고 있었다. 나를 보자 두 손을 꼬옥 잡아 주면서

"지금은 야단치면 안돼요. 그냥 놔둬요. 내일 아침에 병원에 가봐야 해요."

큰 소릴 지르려 하는 내 입을 손으로 막았다.

은수는 주인이 늘 누워 있는 골방 마루에 누워 있었다. 전기장판이 달궈져서 따근따근한 곳이다.

불길한 예감이 들었다.

주인 여자의 몸짓을 따라 가만히 은수를 바라봤다.

얼굴이 핏기가 없었다. 울어서 눈은 퉁퉁 부어 있었다.

이렇게 돌아 왔으니 얼마나 다행이냐며 앞으로 엄마 속을 썩이지 않을 거라는 말을 되풀이하는 주인 여자에게 오히려 반감이 생겼다. 우리의 잘못된 일들을 마치 즐기는 듯한 표정 같아 괜히 자존심이 상했다. 주인 여자의 목소리에는 힘이 들어가 있었다.

그녀는 은수에게 따뜻한 우동 국물에 밥을 말아 먹여주었다. 게다가 주인 여자는 종일 가게 안에 있으면서 퇴근시간인데도 은수를 보살피기 위해 집에 들어갈 생각을 하지 않았다. 이 시간에 잠을 못자면 잠자기 어렵다는 것을 알아서인지 더욱 미안한 마음이 들었다.

날이 밝아 오자 식탁 위에 쪼그리고 앉아 졸던 주인 여자는 은수와 나를 데리고 병원을 찾아 갔다.

이제 열여섯 난 딸이 왜 이 무시무시한 병원을 와야만 할까. 하필이면 내 딸이 이곳에 서 있다는 것이 믿어지지 않는다. 주인 여자는 자신과 잘 아는 산부인과 여자 의사와 한참 동안 이야기를 한 뒤 우리 딸을 데리고 하얀 천이 쳐있는 침대로 데려갔다.

가뜩이나 많은 상처를 안고 살아가는 내 마음에 그보다 큰 상처 하나를 더 남기면서 은수는 간간히 아프다는 소릴 질렀다.

의사 선생님의 말에 의하면 은수가 윤간을 당했다는 것이다.

집 나가서 어떤 남자들에게 끌려가서 다섯이나 되는 남자에게 상처를 입어 정신적으로 많이 아프니 야단을 쳐도 안 되고 소리를 질러도 안 된단다. 주인 여자는 특히 소문이 나면 안 된다는 말을 당부했다.

아직 덜 깨어 있는 나는 할 말을 잃었다. 이런 딸을 놔두고 자꾸만 잠자리를 같이 하자는 남편이 미웠다. 여자를 괴롭히는 남자가 없는 무인도로 은수를 데려 가고 싶었다.

안경을 낀 의사 선생님은 경찰에 신고를 해서 범인들을 잡아야 한다는 말을 했지만 주인 여자는 왜 대답을 하지 않는 걸까. 나중에 보호자가 후회할지 모르니 아는 경찰을 하나 불러 상담을 해야 한다는 것이었다. 주인 여자는 몸이 마른 경찰을 불러 왔다. 산부인과 의사와 남자경찰과 주인 여자 그리고 나는 산부인과 원장실에서 한참을 있었다. 무슨 말이 오갔는지 모두 잊고 싶은 언어들일 뿐이었다. 은수는 눈물을 흘리며 하얀 장갑을 낀 사내랑 말을 했다. 은수는 봉고차에 다섯 명의 남자가 있었다고 그리고 그들에게 돌아가면서 수모를 당했다는 말을 분명히 했다.

"망할 것, 망할 것…… 무슨 죄가 있다고. 이 짐승들……."

누가 결론을 내린 것도 아니지만 소문이 나면 되지 않는다는 생각 하나로 은수를 데리고 집으로 돌아왔다.

더럽다는 생각이 들었다. 내가 살아가는 인생에 밝은 빛은 나에게 비치지 않았고 늘 뿌연 어둠이 나를 에워싸고 있다는 생각에 눈물이 났다.

주인 여자는 밤새워 일을 하고도 집에 들어가지도 못한 채 가게 안으로 들어갔다. 또 저 여자는 무슨 죄가 있어서 우리 모녀를 이렇게 따라다녀야 하나. 가게 안에는 수북하게 내가 절여야 할 배추가 와 있을 거야. 그 배추를 내가 절여야지. 어차피 저 년을 데리고 무인도로 못갈 바에야 앞으로 계속 살아나가야지. 어두운 빛이 내 인생에 내린 것 하나만으로 족하지, 은수 착한 내 딸에게는 더 이상 어둠이 오면 안 돼. 한낮에 아파트

귀퉁이에 피어 있는 하얀 철쭉을 보며 몸을 바르르 떨어본다. 술이 확 깬다. 이렇게 살 수는 없어. 나는 그 놈의 인간과 헤어지지 않기 위해 술을 먹고 춤을 춘다. 이 얼마나 허망한 일인가. 나 같은 처지에 있는 사람은 모두 나처럼 술을 마시면서 춤을 추다가 미친년이 되겠네.

주인 여자 역시 어딘지 모르게 슬퍼 보이지만 말을 하지 않는다. 사연 없는 사람이 어디 있겠어.

은수에게 미역국을 끓여 억지로 퍼 먹이며

"살아야 해. 너는 나처럼 되면 안 돼. 어둡고 칙칙한 세월도 지나면 밝은 빛으로 색이 바뀔 수 있어. 우리 참아내자. 미안하다 은수야!"

은수는 울먹였다.

"엄마 정말 잘못했어. 이럴 줄 몰랐어. 엄마 어떻게 해, 나는 어떻게 해."

"참아야 해. 여자의 길이 그렇게 만만한 줄 알았어? 아무리 힘들어도 참아야 해. 엄마가 너를 지켜볼 거야."

은수의 얼굴에 흐르는 눈물을 닦아주었다. 그리고 화장실에 가서 소변을 보며 아파하는 신음소리에 귀를 막았다.

어둠을 밖으로 보내고 싶어 창문을 열었다. 작은 먼지 속으로 우리 안으로 들어 왔던 어두운 빛을 몰아냈다. 오래 창문을 열어 놓고 살고 싶다. 은수 속에 들어온 어두움이 삭을 때까지.

배추를 절이기 위해 집을 나섰다.

송충이는 솔잎을 먹고 산다는 것,

내가 이 집에서 제일 잘 할 수 있는 일은 김치 담그는 일일 것이다.

주인댁에게 김치공장에 다녀서 어깨에 골병이 들도록 담았던 김치 맛을 보여주리라.

 주인 여자의 반찬은 늘 김치 한 가지인데 그중에도 그녀는 파란 겉부분을 먹는다. 김치를 찢어서 꼭 숟가락 위에 올려서 맛있게 먹는다. 속으로 생각했다. 주인댁이 때로는 엉뚱한 말로 사람을 황당하게는 하지만 인정은 있구나. 그리고 먹는 모양새에 복이 있구나. 입안에 들어 있는 복을 나는 안다. 주인 여자가 가끔 큰소리로 웃을 때 이가 함께 웃는 모습을 나는 보았기 때문이다. 머리를 가지런히 빗어 한 갈래로 묶고 긴치마를 헐렁하게 잘 입은 주인댁을 위해 김치를 담갔다. 김치공장에서 지긋지긋하게 김치를 담글 때와는 달리 어깨가 아프지 않았다.

 주인 여자는 은수의 친구가 되어주었고 둘은 영화나 연극을 종종 보러 다녔다.

 나에게 은수 이야기는 그 후 단 한 번도 물어보지 않았다.

 은수가 고등학교 들어갈 때 임대 아파트가 재개발하게 되어 우리는 지원동으로 이사를 했다. 은평고등학교 근처로 잠시 방을 얻어 이사하면서 우동집과는 출퇴근이 너무 멀어져서 그녀와는 잠시 인연을 끊었다.

 이제 나와 딸아이가 가는 길이 우동처럼 매끈하게 쭈욱 뻗어 날거라는 좋은 예감이 들었다.

 그리고 주인 여자가 어쩌면 우리를 잊어주기를 바라기도 했다.

 꿈결처럼 구불거리는 길을 걸어 찾아간 우동집에서 일을 하다가 어느 기타 치는 시인아저씨가 지어준 이름, 벽오동 아줌마!

 처음에는 내 마음에 들지 않았지만 왜 이리 그 노래가 부르고 싶을까……

충주댐, 벚꽃들의 수다

충주댐, 벚꽃들의 수다

눈부시도록 환하게 목련이 피어 있는 날 아침에 출근하는 나를 보며 영구 임대 아파트에 함께 사는 이웃 아줌마들이 무엇 때문에 그렇게 열심히 돈을 벌러 다니느냐 몸조심해야지 몸 아프면 누가 고쳐 주느냐 말하며 웃었다.

서울에서 이사와 살아본 이 영구 임대아파트 아줌마들 중에는 일을 꾸준히 하지 못하는 사람들이 많았다. 돈이 없어서 아주 절박해지면 식당일이나 청소부 일용직 일을 구했다가 한 삼 개월이 지나면 일이 힘들다는 이유로 그만두어버리는 것이다. 그동안 번 돈이 다 떨어질 때까지 기다린 것처럼 느껴진다.

날마다 출근하는 나를 보며 이웃 아줌마들이 그 우동집 일이 보기보다 힘들다는데 무엇때문에 그렇게 오래 다니냐는 말을 종종 한다. 일을 그만두면 나는 쌍둥이 딸과 또 막내딸 이렇게 셋이 학교 다니는데 어려움이 있기 때문에 나는 벌어야 한다며 웃어 넘긴다.

이럴 때 정말 우동집 일이 힘든 일인가, 낮에 언니 나오기 전에 청소와 음식준비를 하는데 그렇게 힘들지 않고, 나에게 적당한 일이라 만족을 하는데, 사람들은 밤에 손님이 많아서 밤에 근무하는 아줌마들에 비하면 아무것도 아니라는 말을 하는데 밤에 근무를 안 해봤으니 잘 모르는 일이다. 하지만 이곳은 다른 식당 아줌마들에 비하면 근무 시간이 두 시간이 짧고 월급은 똑같이 주는 편이니 공무원 대접이 아니냐 하면서 스스로 만족해 하며 근무하는 밤 아줌마 이야기도 합당하다는 생각이 든다.

낮에 근무하는 동안에 나는 이곳에서 일을 빨리 끝내고 장미가 그려진 도자기 컵에 커피를 타서 마시며 이곳저곳에 붙여진 글을 읽어보며 슬그머니 웃어보기도 하고 마음이 찡해서 눈물을 글썽이기도 해본다. 손가락이 약해서 이 집에서 근무할 수 있을까. 그 손으로 반죽을 할 수 있을까. 처음에 내 숨어 있는 힘을 무시하듯 주인 언니는 고개를 갸웃거렸다.

서울에서 갓 이사를 왔다는 말에 잠시 생각을 깊게 하는 눈치였다. 그런데 이 집 광고를 보고 처음 전화했다는 이유로 나는 이곳에 취직이 된 것이다.

서울에서는 정말 이런 너저분한 집을 보지 못했다. 이제 막 겨울 코트를 벗은 듯한 낡은 포장마차 안에 겨울을 걷어내지 못한 무거운 그림자들이 눌려 있는 듯한데, 다닥다닥 붙은 글조각들과 사람들 사이에 따뜻한 온기가 흐르고 있었다. 걷어 부치고 이 집의 겨울 먼지를 털어내기 시작했다. 언니는 골방에 앉아서 일을 하다가 시간만 나면 오래된 컴퓨터 앞에서 자판을 두드리기 시작했다. 이것저것 늘어진 가게 안을 정리할 생각은 전혀 없는 듯 나에게 잔소리 한 마디 하지 않고 내 멋대로 하라는 식으로 컴퓨터 앞에 가서 앉았다.

그리고 한참을 혼자 뭔가를 생각하다가 시인의 공원 벤치에 앉아 하늘을 쳐다보다가 들어와 컴퓨터 앞에 또 앉았다.

무엇을 알아야 일을 할 것이지 이런 이상한 집이 있을까. 이렇게 늘어진 집으로 누가 음식을 먹으러 올까. 낮에 손님이 없는 것으로 보아 혹시 망해가는 집이 아닐까 걱정 되었다. 밤을 새워 장사를 한다는데 이렇게 주위가 고요한데 어떻게 밤에 손님이 온단 말인가.

죽어가는 가게를 주인 언니는 내팽개치고 혼자만의 생각에 빠져 있는 듯 했다. 언니는 밀가루 반죽을 하면서 이것이 이 집에서 제일 중요한 일이니 기계에 손을 조심해야 한다는 말만 계속 하더니 나에게 자신이 하는 것을 쳐다보라 했다. 손으로 밀가루 반죽을 차지게 해서 마지막 단계는 넙적한 모양으로 기계에 누르는 작업이었다. 손으로 반죽하는 것이 힘들지 기계에 누르는 일이 왜 위험하다는 것일까. 언니는 앞치마며 신발, 치마에 온통 밀가루를 뒤집어 쓴 모습이다. 머리에 무슨 생각을 하기에 저렇게 거칠게 일을 할까. 흩어져 있던 가루들이 소금물에 한 덩어리로 뭉치는 것을 보며 참 신기하다는 생각을 했다. 뭉치면 살고 흩어지면 죽는다는 생각이 들었다. 서울에서 못살아 떠밀리듯 이곳으로 이사를 오게 된 우리 가족들이다. 눈물나게 힘든 겨울을 서울에서 보내고 따뜻한 봄을 맞아 이곳으로 쫓겨 온 것이다.

남편은 택시 기사로 취직이 되었고 나는 이곳에 직장을 잡았으니 지난 겨울, 서울에서 망했다는 이유로 춥고 배고픔에 시달리다가 얼마나 다행한 일인가? 서울에서 슈퍼를 하다가 대형 슈퍼가 들어 온 후 5년을 버티다 결국은 모든 것을 다 잃었다. 작은 것이 아름답다는 말을 나는 믿지 않는다. 소박한 마음이 좋고 환경이 좋다는 말도 결국은 고객에게는 통하지 않았다. 동네 슈퍼라서 정감이 간다던 사람들은 가격 인하라는 말에 모두 파도처럼 밀려가고 말았다. 대출을 내서 슈퍼를 인수 받은 후 그동안의 고생한 대가는 커녕 대출을 갚지 못해서 남편이 낮에 노가다를 나가서 일을 해도 충당되지 않는 적자에 고생만 하다가 모든 것을 다 주고 아무 것도 없이 충주로 내려오게 되었다.

24시간을 잠을 자지 않고 슈퍼에 온 힘을 쏟아 붓다가 심신이 지쳐서 아무데나 계산이 없는 곳으로 이사를 가고 싶었다. 다시 열심히 일을 해서 일어난다는 희망을 포기한 채 현실을 도피하고 싶은 마음으로 이사 온 충주, 작은 도시에는 호수가 있을 거고 사과밭과 고추농사라도 지을 수 있지 않을까 하여 이곳으로 이삿짐을 싣고 온 것이다. 사람들은 이런 우리를 처음부터 찢어지게 가난한 사람, 노력을 하지 않은 무능력한 젊은 사람인 것처럼 여기는 듯하여 눈치가 보였다. 한 달을 발 벗고 따뜻한 방에 누워 정말 푸욱 잠을 자고 싶었던 사람이었다.

아무 일 하지 않고 먹고 자고 싶었다. 남편과 나는 기력이 다 빠져버렸다 할까. 작은 영구 임대아파트에 짐을 푼 후, 일을 해야 할 사람들이 일을 하지 않고 사는 사람들을 만나게 되어 화가 치밀기 시작했다. 없다는 말로는 해결이 되지 않은 세상이라는 것을 이미 알고 있는 터라, 느리게 살고 싶은 마음은 우리에게 욕심이며 사치라는 것을 깨닫게 되어 남편은 날마다 이삿짐센터에 나가다가 택시 기사라는 직업을 갖게 되었다. 이곳에서 열어가는 삼십대 중반의 삶은 이제 조금은 밝은 햇살이 보이는 듯하다.

언니가 일머리를 가르쳐 주지 않은 탓으로 오류가 벌어졌다.

밤새워 언니가 끓여놓고 간 우동국물이 쉴 것 같다는 생각이 들어서 물을 반을 더 부어서 펄펄 끓여놓았다. 언니가 출근하면 다시 국물을 낼 거라는 막연한 생각이 들었다. 끓이다 보니 작은 쪽지에 '국물을 끓여 놓으세요'라는 글귀가 있었다.

아직 잠이 덜 깬 얼굴로 비닐문을 문을 열고 들어선 언니는 맨 먼저 우동 국물통을 열어보더니 큰일이 났다면 어쩔 줄을 몰라 했다. 그냥 그 국물만 끓여놓으라는 뜻이었지 국물 통에 물을 채워 끓이라는 말이 아니었다는 것이다.

점심시간은 다가오는데 우동국물에 물이 반 들어갔으니 난리가 난 것이다. 언니는 아까운 우동 국물을 모두 쏟아 버리고 다시 국물을 내기 시작했다. 사람들은 우동을 달라 보채는데 오늘 장사를 망친 셈이다. 사람들은 우동솥에다가 물을 넣어 끓여서 간단하게 먹고 가게 해달라는 것이다. 언니는 절대 안 된다 고개를 흔들었다. 이렇게 국물 소동으로 우동을 팔 수 없었다. 내내 미안한 마음에 어쩔 줄 몰라 하는 나에게 언니는 단 한 번 기분 나쁜 인상도 주지 않았다. 그저 실수가 아니라 몰라서 그런 거라 했으며 본인의 책임이라 돌렸다. 언니는 국물과 면을 정말 정성을 다해 다루었다. 국물에 조금이라도 하자가 생길까봐서 겁을 냈으며 면을 뽑는데 적당한 물과 소금 그리고 손반죽을 정말 귀신처럼 똑같이 맞추었.

어떻게 이렇게 한 가지 일에 열중할 수 있을까. 언니는 늘어놓고 정리를 못하는 사람 같은데 우동에 대한 정열은 대단했다. 일을 하면서 내가 재미를 붙이기 시작한 이유는 언제까지 남의 집에서 머무를 수 없었고, 나도 이 기술을 배워서 다른 곳에다 장사를 한번 해보고 싶었기 때문이다. 그러기 위해서는 열심히 일을 하며 돈을 벌어야 한다. 남편에게 넌지시 귀띔을 해주었다. 이 집의 우동기술을 배워서 다른 곳에다 체인점을 내고 싶다 했더니 남편은 좋아하기는커녕 고개를 흔들었다. 택시기사들 말에 그 집은 맛이 그렇게 유별나서가 아니라 이상한 우동집 주인 여자의 웃음 때문이라 했고 사람들이 써서 붙여준 글 덕분이란 말을 했다. 택시 기사 아저씨들 사이에 주인 언니는 시인아줌마로 통한다는 것이다. 사람들 입에 오르내리는 시인아줌마 소문은 여러 가지 색깔이 있다는 것이다. 때로는 우아하게 웃으며 아주 인자한 어머니 상이란 말이 있고, 어떤 사람은 조금만 잘못해도 꼬투리를 잡아 혼낸다는 것이다. 큰소리로 나가라고 손님에게 말하는 집은 세상에 그 집 밖에 없다는 것이다.

　남편은 요즈음 같은 불경기에 가게를 열어서 살아남는 가게는 열에 한두 개인데 또 무슨 속을 썩이려고 가게를 여느냐 하면서 더 이상 꿈을 꾸지 못하게 했다.

　하지만 나는 남의 밑에서 굽실거리며 일을 하는 월급쟁이 스타일이 아닌가 보다. 포장마차를 하더라도 내 것을 해야 하는 사람이라는 것을 알았다. 남편이 아무리 말려도 나는 이 집의 우동기술을 배워서 정말 맛나는 우동집을 하나 개업하리라 다짐해본다.

　그런데 언니는 우동국물을 밤에 내기 때문에 그 비법이 무엇인지 감이 잡히지 않는다. 국수가락은 낮에 내가 하기 때문에 자신이 생긴다.

　어느 날 오후 남편이 일을 하다가 슬며시 이 집 문을 열고 들어섰다. 언니는 잠에 취한 모습으로 우동을 삶다가, 컴퓨터 앞에 앉아 있다가 그대로 옆으로 누워서 잠을 잤다. 남편은 나를 보더니 웃으며 손으로 입을 가렸다. 그래 아무도 모르는 거야. 내 남편을 언니에게 보이면 어쩜 나를 얕볼지 모른다. 택시기사 아저씨라고 떳떳하게 인사를 시키고 싶지 않은 까닭은 아직 내 안에 들어있는 자존심이 움직이기 때문일 게다.

남편은 식탁에 앉아 우동 한 그릇을 시켰다. 남편을 위해 오랜만에 점심 식사를 준비하는 중이다. 면을 넉넉하게 뽑아서 2인분 같은 1인분을 만들어 남편 앞에 내 놓았다. 남편은 후루룩 후루룩 우동을 먹었고 남편이 좋아하는 깍두기를 꺼내어 몰래 남편 상에 덤으로 내 놓았다. 한참 잠을 자던 언니는 부스스 일어나더니 흐트러진 머리를 손으로 빗어 묶으며 화장실을 향하여 걸어갔다. 부엌문을 통과한 화장실을 언니가 문을 열고 나간 뒤 남편이 말했다.

"시인이라 해서 어떤 사람인가 했더니 완전히 이상한 아줌마네. 잠자다 일어나 화장실 가는 모습이라 완전한 실망이다."

남편은 웃으면서 농담인 듯 진담인 듯 말을 했다. 언니의 흐트러진 모습이 하도 우스워서 덩달아 웃으며 소곤거렸다.

"조용히 해요. 저 언니 보기는 저래도 여간 눈이 밝은 게 아니어서 천리안이란 별명이 있어. 말을 듣지 않고도 무슨 말을 했는지 가끔 안다니까요."

남편은 웃으며 우동 한 그릇을 다 비운 채 이쑤시개로 이를 쑤시는데 언니는 들어와 수돗물에 손을 닦았다.

"오늘 날씨가 참 좋은데 충주댐에 있는 벚꽃놀이나 갔으면 좋겠다. 일곱 시 기차야! 우리 택시 타고 충주댐 한 바퀴 돌고 오자. 문 닫아 놓고 한 시간 외출 중이라 하면 돼."

아직 밀가루 반죽을 하지 않았는데, 김밥에 넣어야 할 시금치를 다듬지 않았는데, 계란도 부쳐야 하는데, 일이 태산같이 밀려 있는데 언니는 갑자기 벚꽃 운운한다. 엉뚱한 데가 있는 언니는 '인생은 저지른 사람의 몫'이라는 말을 하면서 때로는 목욕탕에 가자는 둥 아니면 오일장에 가서 부침개에 막걸리를 먹자는 유혹을 했다. 세상에서 이 집 주인 언니처럼 철이 없는 주인은 아마 아무도 없을 것이다. 남편은 물을 마시고 우동 값을 낸 후 언니에게 인사를 했다.

"안녕하세요. 제가 이 사람 남편 되는 사람입니다. 처음 뵙겠습니다. 제가 변변하지 못해서 집사람을 고생시킵니다. 모자란 부분이 있더라도 잘 봐 주십시오. 저는 택시 기사를 하는데 동료들에게 이 집 이야기를 많이 들었고 집사람이 다니고 있어서 어떤 집인가 하여 우동 한 그릇을 먹으러 왔습니다."

"제가 몰라봤어요. 어찌나 일곱 시 기차가 일을 잘하는지 그리고 인생의 멋이 우러난 사람 같아서 아주 만족하게 생활한답니다. 참 잘됐네요. 차 가져 오셨으면 우리를 좀 안내해주세요. 충주댐에 지금 벚꽃이 만개하여 벚꽃 피는 모습을 꼭 보아야 하거든요. 오늘 못 보면 눈처럼 다 떨어져 버려서 못 볼지 몰라요."

막무가내로 떼를 쓴 언니 때문에 남편은 택시에 언니와 나를 태우게 되었다. 나는 젖은 신발에 하얀 밀가루가 반짝였고, 언니는 부석부석한 얼굴을 손으로 매만지며 스웨터를 걸치고 활짝 핀 벚꽃처럼 웃었다. 십분

정도 가면 갈 수 있는 충주댐을 우리 부부는 언니의 응석으로 오게 되었다. 창밖에 피어 있는 노란 개나리가 어찌나 곱던지 내일은 노란 블라우스를 입고 출근해야겠다.

24시 슈퍼를 하느라 계절이 어떻게 바뀌는지 몰랐다. 숨이 탁탁 막혔던 서울생활은 생각만 해도 머리가 아팠다. 이렇게 개나리가 쭉 피어 있는 길이 충주댐 가는 길이었고 충주댐으로 들어서니 눈꽃처럼 하얀 벚꽃이 활짝 피었다. 눈이 부시도록 환한 이 길을 택시를 세우고 내려 걸었다. 언니는 소녀처럼 청치마를 나풀거리며 감상에 젖어 걸었고 남편과 나는 가슴이 벅차오른 아픔을 짓누르며 함께 걸었다.

"쌍둥이 아빠! 우리 이곳으로 이사 오길 잘했어. 서울에서 그 슈퍼를 지금도 하고 있었더라면 나는 아마 병이 걸려 죽었을 것 같아요. 돈이고 뭐고 숨이 틔어야 살지, 힘이 들지만 우리는 꿈이 있지 않아요."

"그 놈의 슈퍼 하고 싶어도 못하게 되었지 않아. 그런데 왜 당신에게 저 사장님은 일곱 시 기차라고 하는 거야."

남편은 벚꽃 사이에 들어오는 햇살에 눈을 응시하며 물었다.

"응, 그것은 이 집에 기타 치는 시인아저씨가 있거든. 그 아저씨가 식당 아줌마들에게 부쳐주는 애칭이 있대. 나를 보더니 첫 마디가 일곱 시 기차래. 곰곰이 생각해보니 일곱 시가 딱 되면 퇴근한다는 뜻인가 봐. 참 재미있지. 다른 식당 아줌마들은 가끔은 일곱 시 오 분이나 바쁘면 삼십분도 지체하는데 나는 일곱 시가 됐다 하면 당신 밥을 해주어야한다는 이유로 퇴근을 해버리거든. 이 집에는 이름들이 참 많아. 밤에는 계수나무 아줌마도 있고 느티나무 아줌마도 있다, 웃기지? 그 아저씨 참 재미있어. 이 집에서 매일 막걸리 얻어 마시며 기타치며 노래를 해. 언니랑 가끔 싸움도 하는데 또 풀어지곤 해. 알고 보니까 참 재미있는 집이야."

남편은 약간 무거운 목소리로 말했다.

"앞으로 그 아저씨 앞에서 히히덕거리며 웃으며 안 돼, 알았지. 자기 이름 있는 아줌마들에게 애칭을 지어주고 왜 그래. 시인이라 하는 사람들, 남자들은 조금은 이상하더라. 뭐가 그리 복잡한지……."

남편이 나에게 한 번도 보이지 않았던 관심을 보인다는 것이 어쩜 달콤하기도 했다.

언니는 벚꽃을 쳐다보며 한참을 서서 웃었다. 벚꽃이 웃음소리를 따라서 떨어져 내렸다.

지나가던 사람들이 간간히 언니에게 인사를 했다.

"시인 아줌마! 우동가게는 어떻게 하고 이곳에 왔어요."

벚꽃놀이에 언니가 안 어울린다는 뜻인지 우동가게가 걱정이 되어서 하는 말인지 한결같이 우동가게를 들먹이며 걱정을 했다.

"잠시 외출을 했어요. 이렇게 벚꽃이 만발해서 나를 부르는데 어떻게 우동만 끓이겠어요. 우동 솥에는 불을 끄지 않고 왔어요."

언니는 수줍게 웃으며 손으로 입을 가렸다. 봄 햇살 아래 보는 언니의 얼굴은 나이에 맞지 않아 보였다. 그토록 잠을 못자는 것에 비해 꽃잎처럼 맑았다. 그리고 사람들 앞에서 엄청 수줍어한다는 것이 참 이상했다. 우동가게를 시작하고 처음에는 아주 어설픈 미소를 지었고 부끄러워서 우동 그릇을 못 들고 나왔다는데 오랜 세월이 흐른 후 지금은 자연스럽게 잘 웃고, 다정다감한 언닌데 이곳에 오니 말을 잘못하며 부끄러워 사람들과 눈을 마주치지 못한다는 것이 믿어지지 않았다. 그렇다면 어떤 모습이 언니의 본 모습일까.

　남편과 나는 모처럼 꽃그늘에 서서 아이들 이야기를 했고 웃을 수 있었다. 그리고 나는 언제고 언니보다 더 멋있는 우동가게를 꿈꾸고 있다는 말을 하며 그러기 위해서는 돈을 악착같이 많이 벌어야 한다는 말을 덧붙였다. 남편은 그 말을 듣자 못마땅하다는 듯이 벚꽃이 끝나는 곳에 있는 휴게실에서 커피 세 잔을 종이컵에 들고 왔다. 언니는 우리를 보며 별 이야기를 하지 않았고 혼자서 쓸쓸한 듯 하늘을 보며 커피를 홀짝 거렸다.

　오후 해가 서산을 향하여 갔다. 언니는 일어날 생각을 안 하고 충주댐 물을 쳐다본다.

　"언니! 이제 빨리 가요. 요가 시간이에요. 그리고 나는 빨리 밀가루 반죽을 해야 한다구요. 저녁 언니들에게 혼날 것 같아요. 밤 장사 준비가 안 되었다고요."

　언니는 자리에서 일어나 정신 반짝 차리고 갈 준비를 서둘렀다. 남편은 차를 타고 우리 앞에 서서 빵빵 거렸다. 돌아오는 길에 언니는 말 한 마디 안하며 벚꽃을 쳐다봤다. 바람이 살짝 부니 벚꽃이 눈처럼 휘날리기 시작했다. 어느 영화에서 나오는 장면 같은 배경이었다. 벚꽃은 충주댐 물속으로 사르르 떨어진다. 그 맑은 물에 가볍게 꽃잎은 떠내려 간다.

　언니와의 외출은 이렇게 단순하게 즉흥적으로 이루어진 것이다.

　꽃이 만발하여 온통 꽃밭이 되어버린 충주의 봄. 사과나무와 배나무 꽃이 과수원에서 널널하게 피어나고 진다.

　꽃이 피는 시절에는 저녁에 근무하는 계수나무 아줌마와 이별을 해야 한단다. 언니는 밥맛을 잃었다며 좋아하는 보리밥도 잘 먹지 않았다. 언제나 우리 앞에서 계수나무 아줌마를 존경한다는 말을 해서 질투심을 일으킨 언니가 심하게 이별을 예감하며 감기를 앓는 듯하다. 계수나무 아줌마, 정말 내가 봐도 어쩜 그렇게 넉넉하며 너그러울 수 있을까. 이 세상의 번뇌에서 떠나 구름나무처럼 서 있는 존재 같다. 이 아줌마가 남편이 하는 조경 사업을 도우러 밭에 나무를 심고 가꾸러 가는 것이다. 언니는 고민에 쌓인다. 새로운 사람을 접하기가 두렵다는 말을 하며 이 집에서는 아줌마들이 그만둘까 봐 벌벌 떠는 이상한 집이다. 그러니까 그만둘 것처럼 말을 하면 금방 꼬리를 내리는 주인 언니다.

키가 자그만하며 눈웃음이 환한 계수나무 아줌마는 도대체 속에 무엇이 들어 있기에 늘 그렇게 웃으며 출근을 할 수 있을까. 언니와의 오랜 인연을 갖고 우동집 주인보다 더 큰 위치에 서 있을 수 있을까. 사람들은 계수나무 아줌마가 언제 출근하느냐는 말을 종종했다. 내가 퇴근하면 일곱 시에 온다는 말을 하면 그때 맞추어서 부침개나 홍어회를 먹으러 오는 사람이 늘어나기 시작했다. 물론 느티나무 아줌마도 내가 보기엔 아주 토속적인 표정을 하고 이웃집 언니처럼 편한 인상의 소유자지만 계수나무에 가려서 그 진가를 발휘하지 못하는지 모른다. 그래서 가끔은 느티나무 아줌마가 이 가게에 대한 불만과 언니에 대한 이야기를 조금 안 좋게 늘어놓는지도 모른다는 생각이 들었다.

계수나무 아줌마가 농사를 짓고 농한기가 되면 다시 우동집으로 돌아온다는 것만으로 언니는 만족한다는 말을 어느 날 했다. 그리고 이 세상에 태어나서 이렇게 좋은 아줌마와 만남이 이루어졌다는 것이 가장 큰 축

복이라면서 마음을 비운 소리를 했을 때 나는 한마디 했다.
 "언니! 저기 봐요. 저기 붙여진 글을 보라고요. '가는 년 잡지 말고 오는 년 막지말자' 이렇게 쓰여 있지 않아요. 언니는 맨날 인연은 마음대로 안 된다는 말을 하면서 늘 계수나무를 잡으려는 집착을 갖고 있나 봐요. 계수나무 딸이 서울대 대학원에 연구원으로 있는데 이제 신세가 피어나는데 언니 좋으라고 매일 일이나 했으면 좋겠어요?"
 오래 전에 누군가 한 해를 보내며 적어놓은 글을 쳐다보며 말을 했다.
 "일곱시 기차가 어떻게 내 마음을 알겠니. 이 가게를 운영하다보니 나는 너무 외롭더라. 손님이나 나랑 함께 일하는 아줌마들이나 모두 내가 비유를 맞추어야 한다는 거야. 나도 사람인데 사람들에게 위로 받고 싶단 말이야. 사람의 대우, 사랑, 관심을 받고 싶어진다 말이야. 그런데 이 세상에서 가장 나를 많이 아는 사람은 계수나무 아줌마야! 지난 김장철에 배추를 산더미처럼 절어놓고 들어갔는데 밤을 새워 일하고 들어가 잠을 자야 할 계수나무 아줌마가 다시 돌아와서 혼자 아무도 모르게 배추를 다 씻어 놓았어. 언니는 그때 귀신에 홀리는 기분이었단다. 추운 날 손을 불어가면서 나를 위해서 몸을 불살라주는 사랑 앞에 어떻게 감동하지 않을 수 있겠니? 일을 해주어서 고맙다는 뜻도 있지만 더 큰 것은 나에 대한 배려였어. 그리고 믿음이었다고……."
 언니의 말을 듣고 보니 저토록 신임을 얻으며 산 계수나무 아줌마가 바보 같기도 하고 부럽기도 했다.
 "일곱시 기차야! 농한기가 되어 계수나무가 다시 돌아올 때 까지만 나를 좀 도와달라는 부탁을 한다. 나는 꼭 계수나무를 기다려야 하거든. 그러려면 이 방법 밖에 없다. 네가 밤으로 일을 옮겨 언니 좀 도와줘라. 아무리 생각해도 너를 밤에 데려다 놓고 낮에는 예전에 근무하던 물결소리가 있어서 임시직원으로 도와달라 하면 될 것 같아서…….”

언니는 아주 진지하게 말을 했다.

어쩐지 예감이라는 것이 있나 보다. 요즈음, 밤에 일하는 이 집 풍경이 무척이나 궁금했다.

우동 국물을 어떻게 내는가 알아두려면 밤에 근무를 해야 된다는 생각을 가끔 하곤 했지만 밤에 잠을 자지 않고 일한다는 것이 엄두가 나지 않았고 아이들 문제도 있었다.

“언니! 나는 아직 아이들이 어리잖아요. 쌍둥이들도 사춘기고 또 막내딸도 저녁에 엄마가 필요해요. 그 물결소리 언니에게 밤에 도와달라 하면 안돼요?”

“그러니까 몇 달만 나를 도와줘 물결소리는 밤에는 죽었다 깨어나도 일을 할 수가 없어서 그래. 어쩔 수 없어, 무리인 줄 알지만.”

언니는 나의 확답을 들으려 하지 않고 막무가내로 밀어붙였다. 사실 이왕 일하는 거 밤에 하는 일이 봉급도 더 주니 솔깃하기도 했다. 이 집에서 오래 신임을 받기 위해서, 우동국물 만드는 방법을 알기 위해서, 또 봉급을 더 받아 빨리 자립하기 위해서 언니의 제안을 받아들이기로 결정했다.

낮과 밤의 차이가 이렇게 다를 수 있을까. 일곱시 기차가 떠난다는 뜻이 아니라 이제 일곱시에 기차가 도착한다는 뜻풀이가 되어버린 셈이다. 기타 치는 시인아저씨의, 낮에는 약간 어울리지 않는 옷차림이며 흰머리, 양말을 신지 않은 맨발에다 흰 구두가 밤에 빛이 나기 시작했다. 밤에 먹다 남은 막걸리를 훔쳐 먹는 것이 아니라 밤에는 언니가 손수 막걸리에 안주까지 갖다 주었다. 물론 안주는 다른 손님들이 시킨 것에 양을 조금 더해서 덤으로 갖다 준 셈이다. 시인아저씨는 늘 화장실을 갔다 오면서 산수유가 그림처럼 예쁘다는 이야기를 녹음기에서 나오는 테이프처럼 했다. 손님들이 불개미처럼 모여든 이 작은 우동가게. 언니는 낮에 축 늘어진 모습과는 달리 눈이 반짝이며 긴치마를 입고 이리저리 막 뛰어다니는 것 같았다.

손님들이 음식을 먹고 돈을 내는데 계산을 잘못하는 언니는 쩔쩔매며 어쩔 줄을 몰라 했다.

돈을 받는 일에 종사한다는 것이 제일 슬프다는 언니가 우동을 말면서 또 손님들 시중을 들면서 돈을 받기란 여간 힘든 일이 아니었다. 낮에는 손님이 많이 오지 않기 때문에 언니가 없을 때 그냥 자연스럽게 내가 돈을 받았지만 밤에는 손님들이 아무렇게나 찔러 주는 음식 값을 받다보니 마음이 묘해짐을 느꼈다.

언니는 음식 만들기에 정성을 다 쏟고 화장실을 자주 가는 편이다. 돈은 식당아줌마들이 받아서 돈통에 넣는다. 아주 자연스럽게 이 집의 돈을 만지게 되는데 공금이란 생각은 어디로 가고 자꾸만 돈이란 생각이 들어 가슴이 떨리기 시작했다. 일하는 것은 돈을 벌기 위한 목적이 제일이다. 빨리 한 닢이라도 더 저축해야 자립을 할 수 있다. 돈을 만지며 걷잡을 수 없는 유혹이 와 닿았다. 하지만 여기서 나쁜 짓을 하면 저 덜렁덜렁한 주인이 다 알 것이다. 장사를 몇 년 하다보면 눈만 보아도 얼굴만 보아도 돈과 연결된 일을 알 수 있지 않은가.

우리가 슈퍼할 때 처음에 24시간을 하다보니 너무 지쳐서 이웃에 사는 쌍둥이 친구 엄마가 도와주겠다고 하여 가게를 맡긴 적이 있었다. 인정이 있고 형제보다 더 친한 친구가 되어서 가게를 맡기고 목욕탕에도 갔다 오고 잠을 자기도 했다.

그런데 자꾸만 매출이 이상하다는 생각이 들었다. 사람의 마음을 못 믿는 것이 아니라, 그놈의 돈이란 아주 더러운 존재라는 생각이 들어서 하루는 그 믿음을 갖고 싶어서 돈에 볼펜으로 동그라미를 그어 돈통에 열장을 넣어 놓고 목욕탕을 갔다 왔더니 만 원짜리 열 개 중에 세 장이 없어진 것이다. 고개를 갸우뚱하면서 돈을 세니 그 친구는 말없이 나의 곁을 떠났고 그 후로는 다시는 우리 슈퍼에 오지 않는 가슴 아픈 사연이 있었다. 그런 경험도 있는데 왜 자꾸만 돈을 받아 돈통에 집어넣으며 마음이 흔들리는지 모르겠다.

언니는 돈을 별로 좋아하지 않는 것처럼 보이기도 하고, 장사가 잘되니 일하는 사람 덕으로 돈을 번다는 생각이 들어서 나도 모르게 돈에 눈이 어두워 밖에 포장마차에서 돈을 받아서 부엌 귀퉁이로 오는 동안에 아무도 보는 것 같지 않아서 앞치마에 아주 자연스럽게 돈을 넣어버렸다. 아니나 뿐만 아니라 이런 유혹은 이 집에 근무하는 사람들에게 있을 수 있는 기회를 주인이 만든다는 생각이 들어 합리화를 시키며 화장실에 가서 돈을 꺼내어 호주머니 깊숙이 집어넣었다. 언니는 아무렇지 않게 웃으며 나를 대했고 나는 양심의 가책이 와서 더욱 웃으면서 일을 열심히 했다.

첫날은 집에 돌아와 쌍둥이 딸들과 막내딸이 자는 모습을 보며 무서운 생각이 들었다. 혹시 아이들 앞날에 안 좋은 일이 생기면 어떻게 하지. 그 돈통에는 언니가 다니는 천주교 십자가가 붙어있는데 하느님에게 벌을 받으면 어떻게 하지. 아니 그 언니는 불교 책도 잘 보는데, 내가 믿는 부처님이 노하여 택시기사 하는 우리 남편에게 사고가 나면 어떻게 하지. 다시는 이런 양심을 어기는 일을 하지 말자 다짐했다가도, 내가 가져간 이만 원을 언니는 절대 모르는 것 같고 또 정신이 없는 이 집에서 내가 일한 돈을 좀 나눠 먹는 것도 죄가 되지 않을 것 같은 생각이 들기 시작했다.

바늘 도둑이 소도둑 된다 했던가. 처음에는 가슴이 마구 뛰었는데 언니가 돈을 셀 때면 가슴이 조마조마해서 다른 일을 찾아 슬그머니 언니의 시선을 피했는데, 날이 갈수록 아주 자연스럽게 나는 돈을 받아 호주머니나 앞치마에 슬쩍 집어넣는다. 내가 받은 돈이 아주 정당한 수당이 된 것처럼. 점점 도둑년으로 자리를 잡아가고 있을 즈음 내가 설거지를 하고 있는데 언니가 골방에서 잠을 자고 있었다. 이 집에 잘 오는 청년 한 사람이 언니 곁으로 와서 무슨 책을 찾아달라 보채다가 언니가 잠을 잤기 때문에 돈통에 파란 만 원짜리 지폐가 널려 있는 것을 보고 견물생심으로 자신도 모르게 소리를 내며 호주머니에 집어넣은 것이다. 그때 언니가 벌떡 일어나 말했다.

"삼촌! 책은 여기에 있어요. 그것은 책이 아니에요. 책인 줄 알았지요?"

청년은 호주머니에서 만 원짜리 지폐를 꺼내어 돈통에 넣으면서 사과했다.

"아휴, 정말 제가 술이 취했나 봐요. 정말 죄송해요. 용서해 주세요."

"아니요. 제가 잘못 놓은 거지요. 꼭 책처럼 보이지 않아요. 가끔 이런 착각하는 사람들이 있답니다."

언니는 아무렇지 않게 웃으며 청년 손을 잡아주며 청년이 원하는 책을 찾아 손에 안겨주었다. 설거지를 하다가 가슴이 철렁 내려앉았다. 잠이 깊이 들어 있었는데 코를 고는 소리까지 들었는데 언니가 어떻게 돈 집어 넣는 소리를 들었을까. 언니가 혹시 귀신이 아닐까. 내가 한 행위를 언니가 모두 알고 있으면서 참은 것은 아닐까.

가슴이 두근거리기 시작했다. 모두 고백해버릴까? 다시는 하지 말아야지. 내가 도둑년으로 지목이 되면 나는 어떻게 해.

그 청년은 그 뒷날 술이 취해서 그런 실수를 했다며 정중히 사과를 하러 왔고 언니는 아무렇지 않게 청년을 안아주었다. 그 후 청년과 언니 사이는 더욱 정이 두터워 보였고 결혼할 때는 꼭 청첩장을 달라는 이야기를 언니는 웃으면서 했다.

시인의 공원 느티나무가 제법 짙은 초록으로 물들며 밤일을 하면서 자꾸만 유혹에 빠지는 나는 양심에 대한 불감증 환자가 되어버렸다.

어느 날 옛날에 이 집에 근무했던 겨울햇살이란 아줌마가 와서 언니랑 다정다감하게 이야기하며 정종 한 잔씩을 나누는데 다른 손님에게 돈을 받아 부엌에서 앞치마에 자연스럽게 넣었더니 언니가 골방으로 와서 그 돈을 찾았다. 돈통에 돈을 다 비운 상태였는데 만 원짜리 지폐가 없으니 고개를 갸웃거리며 혼자 멍하니 허공을 바라보다가 이불을 뒤집어 써버렸다. 어느 날부터인가 언니는 돈을 챙기기 시작했다. 만 원권 지폐가 적당히 모이면 빠르게 언니 가방에 집어넣기 시작했다. 가슴에 찬바람이 불기 시작했다. 언니가 모든 것을 알고 있는 거야. 그래 기억력이 무지 좋은 것 같았어. 언니가 어린 시절을 그리워하면서 쓴 글을 봤는데 행동하는 것이랑 딴판이었어. 아주 섬세하며 예리했다고. 이런 언니를 함부로 보면 안 되지.

두려움 속에 나날이 흘러갔다. 그러면서도 고치지 못한 이 병을 어떻게 할까.

언니가 화장실을 가는 줄 알고 손님 돈을 받아 앞치마 호주머니 속에 넣는 순간 언니가 문을 열고 들어왔다. 아주 정면으로 언니의 눈앞에서 돈 훔친 것을 들킨 것이다. 언니는 혼자 멍하니 나를 보며 얼굴을 붉히며 서 있다가 힘없이 골방으로 들어가 이불을 뒤집어 써버렸다.

어떻게 할까. 이제 나는 모든 것이 끝났다. 차라리 잘된 일인지 모른다. 날마다 가슴조이며 이 집에서 좀도둑이 되어 사느니 이렇게 발각되었으니 오히려 홀가분해질 수 있는 기회가 온 것이다. 언니는 한참을 자고 나더니 아무렇지 않게 웃었다.

차라리 나를 보며 "야! 네가 그럴 수 있어? 너를 믿었는데 아니 진작부터 네가 도둑년이라는 것을 알았어. 그런데 네가 스스로 고쳐주기를 바랐다고. 나는 바보가 아니야. 이 장사를 얼마나 오래 했는데 느낌으로 다 안다고 이럴 수 있어. 그동안 우리 집에서 도둑질 했던 돈 다 내놔." 이렇게 나에게 덤볐으면 얼마나 좋을까. 왜 말하지 않는 것일까. 천사도 아니면서 나를 이렇게 도둑년으로 남겨두고 자신이 착한 사람으로 즐기려는 것일까.

정말 그만두고 싶었다. 그만두려면 무슨 핑계를 대야 하는데 곰곰이 생각해보지만 용기가 나지 않았다. 다 알고 있는 언니 앞에서 무슨 이유를, 무슨 말을 할 수 있을까.

속이 상했다. 어쩜 언니가 식당아줌마에게 돈을 만지게 하는 것도 반은 책임이 있지 않은가. 우동집을 멋있게 차려보고 싶은 생각이 없어졌다. 출근하기가 정말 싫었다. 엉뚱한 데가 있는 언니가 어느날 나에게 고소장을 내밀지 모른다는 생각이 들었다.

불안해 하는 나를 남편은 무슨 일이 있느냐하며 염려했다. 사랑하는 남편과 자식에게 정말 비밀이 되어야 한다는 생각뿐이었다. 예쁘게 교복을 입고 나란히 학교 가는 쌍둥이 여학생 귀여운 우리 막내딸 이제 모든 행복이 끝나지 않을까 겁이 났다.

어떻게 언니에게 고백을 해야 하나. 그리고 사죄를 해야만 한다는 생각이었다.

삼복더위가 기승을 부리는 밤에 우동집은 시인의 공원에서 몰려온 모기 때문에 다리가 무척 가려웠다. 언니는 아무렇지 않게 웃으면서 아이스크림을 사다 주었다.

언니의 시선을 피할 수 있는 일을 찾아보다가 아무래도 밀가루 반죽이 밤에 부족할 것 같아서 밀가루를 고무통에 반죽해서 반듯하게 기계에 눌렀다. 마음은 딴 곳에 있었고 손은 기계와 함께 움직이다가 그만 사고가 났다.

"언니! 나 손 아파, 손이 기계에 물렸어."

"뭐라고 아이구, 어떻게 해. 내가 조심하라 그랬잖아."

언니는 기계 스위치를 끄고 손잡이로 기계 사이를 벌려서 손을 빼려 했으나 잘되지 않았다.

누가 불렀는지 모르게 긴급구조대가 주홍색 옷을 입고 가게 안으로 여러 명 들어왔고 언니는 소리를 내며 손이 아파서 어떻게 하면 좋으냐고 울먹이기 시작했다.

여자 구조원은 걱정하지 말라면서 다친 사람보다 이 언니가 문제니 빨리 데리고 나가라 했다. 언니는 울면서 나가지 않으려 했고 구조원들은 가지고온 쇠막대기로 기계 사이를 벌려 물려있는 손가락을 뺐다.

병원 응급실에 구조대 차를 타고 언니는 맨발로 내 손을 붙잡고 갔는데 다행히 기계 칼날이 손에 닿은 것이 아니라 손톱이 빠지도록 물려서 치료를 받으면 괜찮다는 진단이 나왔다. 두 손가락이 몹시 아팠는데 모두들 그 정도에 감사하라는 말을 했다. 언니는 내 손을 붙잡았다.

"일곱시 기차야! 나는 너를 잃고 싶지 않았어. 이놈아 너, 요즈음 불안했지 않아. 조심해야지. 돈이 무슨 소용이 있니? 만약 어떻게 되었으면 어쩔 뻔 했니?……."

"언니! 미안해 용서해줘. 내가 잘못한 죄를 이 정도로 벌을 받았을 뿐이야. 언니가 나를 이렇게 때렸다고 알아들을래. 언니 정말 미안해. 언니야 나 정말 나쁜 애야. 언니를 배신했어. 하루도 아니고 솔직히 말하는데 언니! 나 그동안 날마다 언니 모르게 이만 원씩 돈을 훔쳤어. 나를 처벌하려면 하고 언니 용서해줘요……."

"일곱 시 기차야! 지금 이 지경에서 그런 말을 왜 하니? 나는 너의 인간성을 믿어. 너는 정말 가정적이고 열심히 살려고 노력하는 사람이야. 나에게 책임이 있다는 것을 알아. 그러니 걱정하지 마, 알았지."

언니와 나는 행복한 우동가게를 바라보며 병원에서 시인의 공원 앞으로 걸어 나왔다.

"언니! 아프지 않아. 조금 더 다쳐야 마땅한 사람인데 언니가 믿는 천주님은 속이 좋은가 봐."

"야! 그런 소리 하지 마. 너, 우동국물 내는 법 알려줄 테니 몰래 배우면 안 돼. 기가 막힌 우동집 열고 싶은 것이 너의 꿈이지 않니……."

아픔은 사라지고 언니와 나는 나란히 앉아 언니가 좋아하는 팥이 든 아이스크림을 사서 공원에 앉아 느티나무를 바라보며 깨물었다.

• 우동가게 문을 닫으며 •

    가슴이 아리다. 이렇게 아프기 위해 글을 시작한 것은 아니었다.
    때로는 미움과 갈등이 있어서 다 삭히지 못하고 내 곁을 떠나간 아줌마들이 그리웠다. 보고 싶었다.
    한 집에서 한솥밥을 먹으면서 한 가족이었는데 피붙이처럼 엉키지 못하고 떨어져 나가게 한 자신에게 가책이 왔다. 한결같이 어려운 환경에서 행복을 찾아보려고 우리 집 문을 두드렸던 선한 사람들이다.
    그런데 곁에 있으면서 왜 나는 그들에게 따뜻하게 안기지 못하고 겉돌았을까. 스스로 왕따가 되어 혼자 고민하며 힘들어 했던 시간들이 있었다는 것이 정말 미안하다. 무조건 그들에게 고마워했어야 했는데…….
    어린 아이를 업고 우리 집 문을 두드렸던 절박한 엄마. 예전에만 한국의 어머니상이 고생으로 이어지는 것은 아니다. 현 시점에서도 얼마나 많은 어머니들이 자식과 가족을 위해 뼈 빠지게 일을 하는가. 그때는 몰랐었다. 그냥 나와 함께 똑같은 일을 하기 때문에 동등한 식당아줌마들이라 생각했다. 그러나 그들은 모두 나의 일을 도와준 사람들이었다. 일을 나오기 전까지 무슨 사연들이 그렇게 많은지, 각각의 사연을 안고 이 집의 광고를 보고 들어와서 위안을 얻으려 했던 사람들. 그들의 고생이 끝난 것도 아니라 계속 그 수고의 끈을 잡고 살아가는 예쁜 사람들을 나는 이곳에서 흙을 많이 보았다.

 보고 싶어서, 그리워서 불러들였는데 그들과 내가 엉키지 못했던 이유 때문에 나는 다시 가슴이 아프다. 순간에 왔던 거부감이나 미움들이 이렇게 사르르 녹을 수 있을까. 묘한 일이다. 내 기억 속에 그렇게 달갑지 않았던 아줌마들이 참 좋은 사람들이었다. 그 사람들이 옆에 있을 때는 그들에게 위로 받고 싶었고 사랑받고 싶어서 그냥 외롭다는 말을 했는데 이제와 생각해보면 그것은 나의 착각이었다. 이렇게 엉성한 나를 그들은 받아주었다가 끌어안아준 것이다. 파 하나를 제대로 썰지 못했고, 밀가루 반죽을 하면서도 제일 힘들게 큰 소리를 내었다.

 그대들이여! 나는 그대들이 그리워서 그 체취를 느끼려 불렀는데 모두들 나를 용서한 눈치였어. 이야기 안으로 들어온 주인아줌마가 무지 독한 아줌마로 나올 줄 알았는데 그대들은 나를 무지 사랑했더라고. 그 사실을 이 글을 다 쓰고 나서 깨달았어.

 정말 보고싶은 밤이야. 지금 부엌에서는 이 글에 등장하는 아줌마들이 아직도 우동을 끓이고 있다네. 어떻게 하겠나. 지난 세월에 잘못했던 것은 그대들이 이렇게 받아주었으니 이제부터라도 이런 후회를 만들지 않게 내 마음을 열어 그대들 품속으로 파고들겠네.

오랜 세월 한솥밥을 먹으면서 내 진정한 피붙이라는 것을 왜 몰랐을까. 혹 이 글에 그대들의 마음 상한 이야기가 있거든 우리 모두는 서로 따뜻한 밥을 먹기 위한 한 가족이 되기 위한 몸부림이라는 것을 알아주기 바라네.

당신들 이름을 모두 지어준 기타 치는 시인아저씨는 '산수유'란 시를 다 완성했고, 그대들 이름을 부여안고 내가 이렇게 많은 잘못을 저질렀다는 것을 알면 무어라 할까?

그대들이 늘 물어 봤지 않았는가?

"언니! 기타 치는 시인아저씨는 어떻게 지내? 아직도 노래 부르며 우리들 이름을 짓고 있는 거야?"

그래. 그대들이 만든 한량회에 유일하게 청일점으로 끼어든 기타 치는 시인아저씨는 이 집에서 배운 기타 솜씨로 새벽이란 길을 열어 피안역에 도착해서 기타치며 노래를 부르고 있어.

우리 한번 신명나게 이곳에 모여 한량회 계를 하자고. 회비는 만 원이고 음식제공은 모두 내가 할 거구. 좋은 일이나 나쁜 일 있으면 서로 찾아가는 거야.

그리고 나 없을 때 내 흉도 좀 보라고.